奇迹的"切片"

——2020 位农民工口述脱贫

杨志明　主编

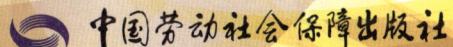

图书在版编目（CIP）数据

奇迹的"切片"：2020 位农民工口述脱贫 / 杨志明主编 . -- 北京：中国劳动社会保障出版社，2021

ISBN 978-7-5167-4983-8

Ⅰ . ①奇… Ⅱ . ①杨… Ⅲ . ①农民致富 - 成就 - 中国 Ⅳ . ① F323.8

中国版本图书馆 CIP 数据核字（2021）第 145694 号

中国劳动社会保障出版社出版发行

（北京市惠新东街 1 号　邮政编码：100029）

*

北京市艺辉印刷有限公司印刷装订　　　新华书店经销
787 毫米 ×1092 毫米　16 开本　37.75 印张　548 千字
2021 年 7 月第 1 版　2021 年 7 月第 1 次印刷
定价：128.00 元

读者服务部电话：（010）64929211/84209101/64921644
营销中心电话：（010）64962347
出版社网址：http://www.class.com.cn

版权专有　　侵权必究
如有印装差错，请与本社联系调换：（010）81211666
我社将与版权执法机关配合，大力打击盗印、销售和使用盗版图书活动，敬请广大读者协助举报，经查实将给予举报者奖励。
举报电话：（010）64954652

编委会名单

主　　编：杨志明

副 主 编：尚建华　张　斌　宋　娟　王　程

编辑人员：李　刚　赵　越　杜国羽　黄卫来　张新民　陈　兰
　　　　　高　尚　李　宏　张一名　武　唯　李　健　鲍春雷
　　　　　吴　帅　王　睿　陈玉杰　贾东岚　韩　巍　李付俊
　　　　　杨　洋　殷宝明　王　硕　姜琦梅　张沭阳　赵　源
　　　　　闫永志　张高洁　张赢方　白　阳　吴亚蓝　王　鹏
　　　　　朱云雪　李晓梅　刘天婵　王子怡

脱贫"切片"报告

贫穷是人类社会的顽疾,这一论断是随着经历逐步认知的。贫穷最可怕的是限制了人们的想象力,记得1961年我看到父亲下班带回点"豆渣饼",也很高兴,那时人们最大的愿望是吃顿饱饭,偶尔吃一次白面条或米饭,那是顶级的享受。而老家的亲戚来时,捎点鲜玉米棒子煮熟后当主食啃啃,觉得他们在农村很幸福。过了3年困难时期,才知道城市比农村生活要好得多。那是因为上到三年级时,班里赵树林等3个同学突然没来,老师说以后他们也不会来了。放学后,我就到赵树林家去看,才知道他父母因国家"62压"[①]要带他回河南山沟的老家,何时再回城也不知道,直到他回去半年后写信来告诉我,村里小学一个老师带语文、数学、体育三门课,可见贫困山区教育资源的匮乏。从那个时候,直至2008年搞农民工调查了解到农民工子女随父母进城上学基本都上了职业院校或大专,而在农村的留守儿童大多数初中毕业后就外出打工。"教育是阻断贫困代际相传最重要的手段"给我留下了深刻的印象。

1973年我下乡插队才深度接触了农民,对贫困山村的更深了解是

---

① 1962年很多人被政策性压缩举家回到农村。

1976年在太原市北郊区担任东社乡乡长时[①]，13个村多数是近郊蔬菜区，但到太原西山的上庄、上岩两个贫困村时才目睹了老百姓说的村委会是"一张桌子，一条凳子，一个戳子"的穷困。村里开不起灶，干部入户吃派饭[②]是惯例。吃派饭时农户家里蒸了一笼馒头，上层是两个白面馒头，下面两层都是玉米面和高粱面馒头，主人热情地先请我吃白面馒头，我那时21岁比较能吃，正准备吃第二个时，炕下站的小孩子突然哭了，才知道原来母亲告诉他今天馒头客人吃一个他也能吃一个。我这才意识到，白面馒头对农家来说的"稀罕"，便问小孩有多长时间没吃白面馒头了，小孩说从过完年就没吃过了。向村里了解得知，这里多数是山区旱地，只能种耐旱的玉米、高粱、小米，农闲时主要靠村里青壮劳力到西山废旧的石膏矿洞里冒着危险挖一点剩余"边角料"卖点钱、创点收，才能过年给各家分点肉和小麦。这时我对贫穷的山村搞点外包工，有点收入，才能撑个过年"门面"有了认识。

1983年在从上到下的"干部四化"中，我从山西省计划委员会下到太原市北郊区担任副区长。到太原东山小返乡的村里，看到村民从山间土窑洞里拿出一袋袋用塑料袋包装的"红五星"苹果招待我们，才知道山村种点玉米、高粱耐旱作物主要是够自己吃的，收入主要靠种果树、卖苹果。

---

① 那时的公社1984年改为乡，大队改为村。
② "派饭"指从上面下乡的干部被轮流派到农户家里吃饭。

由于有靠近太原的城郊优势,这里靠种植经济作物可以初步缩小和近郊菜区的收入差距。他们听说南方搞包干到户,也想将果树包干到户。我正好分管农业,就把这个期盼和1984年大力推行包产到户结合起来统筹推进。

1986年我在太原市清徐县推动城郊经济发展,到著名的葡萄之乡——马峪乡李家沟村考察小流域治理时,看到冬储葡萄可直供太原,窑洞里依靠自然通风把新鲜葡萄保存到春节就会卖个好价钱,收入就有指望。靠山吃山还得靠市场。清徐县是我国著名的老陈醋产地,发展起有一定规模的十多个醋厂,同时依靠吕梁山的煤焦铁资源和太原的大市场,兴办起二十多个暖气片厂。这两个"拳头"产品都占到"三北"[①]市场70%以上,吸纳吕梁山贫困地区5万多农民工。因本地农民种菜收入多,办企业主要是吸纳吕梁山区农民工。

1992年我调任山西省乡镇企业局工作,来到吕梁山、太行山国家级贫困县,看到了交口县利用本地主焦煤资源炼焦发展乡镇企业,就地吸纳贫困地区农民工的情况。通过进一步的调研,我提出了"山西两山"[②]31个贫困县发展乡镇企业增加农民收入的方案,得到山西省委省政府的重视并发文予以推进。

1996年我来到贫困县较多的山西省临汾市工作,到吕梁山国家级贫

---

① 指华北、东北、西北。
② 指山西境内的太行山、吕梁山。

困县吉县、隰县、大宁、方山、永和考察时，发现眼前真正是黄土地、土窑洞，农民面朝黄土背朝天，唯一可和市场交换的是黄河岸边种的苹果和梨，"甜殷殷、水灵灵、红彤彤、脆生生"，可是没有一条像样的公路，难以和外界发生市场联系。那时临汾市政府和中央电视台、凤凰卫视一起组织了晋陕大峡谷柯守良飞跃黄河的旅游扶贫，二三十万人云集到峡谷里使黄河岸边黄土地的苹果和梨一下子销售一空。随着壶口镇的出名、旅游热的升温、高等级公路的开通，贫困5县逐步地打开与外部市场的联系，山上种果树，山下搞加工，山外找市场。

2000年我参加西部大开发来到甘肃省，在当年左宗棠上书朝廷"苦甲天下"的定西市看到贫瘠的土地种土豆产量高，弃耕的盐碱地试种苜蓿收益好。深度加工黄芪的扶正药业公司就地吸纳近500名农民工。看来产业扶贫要跟踪市场、"对症下药"才能有成效。

2013年中央实施历史上规模最大、力度最大的扶贫攻坚，可以说将以往探索的有效扶贫做法集成起来，"三不愁两保障"通俗易懂，需要付出极大努力才能做到扶贫目标被从上到下所认识并付诸行动，尤其是到"三区三州"①最难啃的"硬骨头"时才深感难中之难、艰中之艰。我

---

① "三区"是指西藏自治区和青海、四川、甘肃、云南四省藏区及南疆的和田地区、阿克苏地区、喀什地区、克孜勒苏柯尔克孜自治州四地区；"三州"是指四川凉山州、云南怒江州、甘肃临夏州。"三区三州"是国家层面的深度贫困地区，是国家全面建成小康社会最难啃的"硬骨头"。

脱贫"切片"报告

在人力资源社会保障部工作时还兼任国务院农民工办公室的工作，8年中几乎每年都到贫困县调研，来到人力资源社会保障部扶贫点山西天镇县，周围都有煤，天镇却无煤，无煤却有水，种植大棚蔬菜可直送北京市东城区直销点，培训天镇保姆竟成了北京有点名气的"脸白、手勤、人靠实"的家政市场品牌。来到山西晋北的灵丘县看到"城归"①刘迎宾引种日本小西红柿，味道就和小时候吃的那样，就近卖到北京有了好价钱。在湖南芷江的碧云镇，看到胡应祥带领十几个山农就地就近开发本地野生甜茶有了收入。来到四川大凉山会理县，看到当年在广东搞建筑返回家乡搞电商平台的"城归"李春生，引进北非突尼斯皮薄、粒大、味甜、色红的石榴畅销全国。来到甘肃甘谷县看到，在昆山打工回来的"城归"张维林兴办的扶贫车间每年培训向外输出上千名农民工。这一个个真实的扶贫故事印证着"短期脱贫靠打工，长期脱贫靠教育，中期脱贫靠产业"。

"城归"是实现脱贫和乡村振兴有效衔接的先导力量。2015年我初次到贵州正安县，看到郑传玖兄弟俩从广州吉他代工厂学到技艺后返乡创业，在县委书记邓兆桃的支持下办起吉他厂，就地吸纳200多名农民工就近就业。2017年我再次来到正安县看到，一个崭新的吉他园区正在崛起，带动上下游十几个吉他制作及配套工厂吸纳近万名农民工就地就近就业。2019年我第三次来到正安县看到，这里已成为世界名琴的主要制

---

① "城归"相对于"海归"，是对农民工返乡创业的形象比喻。

作基地，年生产460万把，在遵义市的国家级贫困县中率先摘帽。2021年正安县委受到中央扶贫先进集体的表彰，确是实至名归。

"城归"正在异军突起，像热带雨林一样因生长环境而顺势发展，破解着长期以来中西部边远地区留不住劳动力的难题，招商引资签的多、落地少的难题，东部产业向中西部转移谁在末梢神经上"接盘"发力的难题，成为农民工具有城乡之间劳动力、资金、技能双向流动特点并在乡村振兴中释放能量的生力军。去年在前所未有的新冠肺炎疫情防控与复工中，最"吃劲"的是给予贫困地区农民工稳岗技能培训、以工代训的助力，是国家财政、货币、就业政策"组合拳"最有效的发力点，是如期实现脱贫目标的最有力保障。

眼下写脱贫文章的很多，尤其"第一书记"多是大学生，写一线扶贫事迹的优势发挥得更出色，包括去年防疫与复工中如"黑马"一样蹦出来的网络直播带货也迅速蹿红，但贫困地区农民工自己口述脱贫的故事鲜见。载入史册的减贫奇迹已经创造，一个一个有血有肉的鲜活个案尚需进一步挖掘，由此中国劳动学会联合人民网、新华财经、中国劳动社会保障出版社、研究出版社、中国口述史研究中心等开展了"2020位农民工口述脱贫"案例的征集和整理，力求通过原汁原味的材料讲好农民工脱贫故事。这些故事只是中国脱贫奇迹中的一部分"切片"，但却有着独特的价值、意义和内涵。

这些"切片"中，有农村初、高中毕业"两后生"打工脱贫的，也有因种种缘由错过上职业院校但在实践中勤学苦练掌握一技之长的工匠；有攀上世界技能竞赛顶峰、技艺精湛的新工匠如新星升起，也有被智能制造吸引产生劳动兴趣和动力的新生代打工者；有踏遍高楼大厦隧道桥梁"电焊捆钢筋"的建筑农民工，也有"战两山"（雷神山、火神山）装配式新型建筑施工员；有餐饮、酒店、零售、文旅等劳动密集型企业的服务员，也有投身快递、送外卖、出租车、客户寻呼、家庭服务和网络营销服务的平台网约劳动者；有经过打工学到技术、技能和积累起资金、经验返乡创业的"城归"，也有"种养、加工、营销"融合就地创业就近带动乡亲打工脱贫的农民工企业家；有千千万万进城务工经商"前店后仓"的个体经营户和实现脱贫回乡参加乡村振兴的老一代农民工，也有海外以高技能从事制造和建筑被称为中国专家的"海工"（技工），等等。"打工一人、脱贫一户"和"创业一企、脱贫一拨"交织发展，构成脱贫攻坚的壮阔图景。

实现脱贫是人间奇迹，是集聚诸多生产要素对绝对贫困地区"动了大手术"。无论是走出深山老林外出打工的，还是就地就近就业的，都在用勤劳的双手改变着自己的命运，更从自己成功的实践中丰富了想象力，拓宽了发展路径，走向市民化，走入中等收入群体。今天我们用 2 000 位农民工的奋进故事和 20 个"城归"案例，通过一个个的"切片"式故事使奇迹历史留痕。参与案例征集、访谈及整理的36位中青年博士、硕士也从这些活生生的实践中得到充实和升华，实现了"精神脱贫"——从学院派研究的局限中走出来，真正植根于劳动一线的农民工群体中，在田野调查中和农民工接触越深，越能意识到需要将论文写在扶贫的大地上。那些照抄照搬的外来思想不能准确解读中国农民工脱贫故事，更不会有益于实现从脱贫到乡村振兴的思想升华。我和他们一起在前所未有的防疫与复工两不误的创新实践中淬炼了自己，从脱贫的实践中深刻感受到实现中国梦需要的是进取和务实的精神力量。

我将所看所想所悟记录下来，这些亲身感受和思考让我在主编这本书时总有一种社会责任感的冲动。农民工题材是一个蕴藏着丰富而宝贵资源的"富矿"，需要社会各个层面像看到"宝藏"一样去开发，即便是贫困地区农民工尘肺病这种解决难度极大的问题也要去"攻坚"。令人欣慰的是，这些中青年博士、硕士加入研究团队中，注入了新鲜血液，不是被动地完成课题，而是主动地探索和作为。

当建党百年越走越近时，更对劳动者尤其是以农民工为主体的现代产业工人肃然起敬。学习党史的原点在劳动者，对尊重劳动者更加有了深刻的感悟。已经脱贫的农民工走出大山，正经历着"文化低、身体壮、人老实、能吃苦"的体力型向应用型、创新型、技能型的现代产业工人转变，加入以高技能人才引领的"技工时代"的行列里，已经脱贫的2 800万贫困地区农民工将成为巩固脱贫的支柱力量，成为乡村振兴的宝贵人力资源。脱贫的"切片"故事正是在这种历史性转折的拐点上做了翔实的记录。

杨志明

2021年5月于北京

目录
Contents

制造业篇

柴　松：从操作工到生产组长 / 003

胡东方：普工变工匠 / 005

李玉英：专业技术新生代 / 008

王俊利：勤学苦钻成骨干 / 010

马么克录：端好幸福的"饭碗" / 012

陈芳东：当老板不忘打工者 / 014

刘海洋：精益求精的"首席技师" / 016

马振鹏：传统编织工艺的"贵港工匠" / 018

黄丽萍：康达公司的技术"劳模" / 020

蓝振发：弘扬工匠精神的"钳工状元" / 022
刘存权：电力设备的"妙手神医" / 024
庞书翠：行车班长的奋斗旅程 / 026
黄旭记：积极进取的"95后" / 028
陈少波：不平凡的高级焊工 / 030
贾太凤：吃苦耐劳的包装工 / 033
沈成能：正能量的质检工 / 035
杨顺军：农民出身的项目经理 / 037
张月林：刻苦努力的机修工 / 040
陈爱双：像老黄牛般勤勤恳恳 / 042
李运强：新时代的"螺丝钉" / 044
马长卫：用汗水浇灌青春 / 046
沈　猛：始终将安全放在首位 / 048
仇振春：跑遍千山万水的营销员 / 050
韩　英：创业一人，脱贫一拨 / 052
曹　斌：平凡岗位上实现人生价值 / 054
孔凡柳：临危请缨，勇抗疫情 / 056
邓芳园：成为一个有技术专长的人 / 059
段　俊：担负起人大代表责任的打工者 / 061
陈金莲：脱贫带头人 / 064
王珍胜：身残志坚的打工者 / 067
李伦锋：有发明爱较真能奉献的工段长 / 070
韩金玉：爱琢磨的焊工班长 / 073
李耀梅：小扫帚编织大梦想 / 075
撒红梅：越努力越幸运 / 077

杨宝云：走出大山到沿海 / 079

郭玉稳：一线钢板技术工，潜心研艺脱贫困 / 081

孟伟超：最美菏泽老乡 / 084

张建伟：临时工成长为技能培训讲师 / 086

逯晓婷：易地搬迁后的新生活 / 088

胡思农：创出"懒阿三"辣椒酱 / 090

刘兵剑：平凡的岗位不平凡的成绩 / 092

石窝舍：彝族女农民工的优秀代表 / 094

周朝兴：从农民工到省人大代表 / 096

吉建成：打工实现美好人生 / 098

吉克以走：走出大凉山成为职业蓝领 / 100

拉克菲土：唱响青春奋斗脱贫之歌 / 102

李大兴：乘脱贫东风圆幸福生活梦 / 104

李力挖：夫妇打工脱贫困 / 107

孙子尔次：外出务工实现脱贫梦 / 109

胡绍兵：焊工中的大国工匠 / 111

林中桥：带领农民工走上稳定就业路 / 113

曲　登：带动少数民族脱贫致富的榜样 / 115

赛力克·哈拉泰：精诚掘进三千尺，掘出乌金万人薪 / 117

熊春明："小学生"进取成为工程师 / 119

余冉朵：全家打工奔小康 / 122

艾尼瓦尔江·肉孜：新疆青年在杭州的奋斗故事 / 125

董文学：乐于分享的劳动模范 / 127

刘　波：开拓创新的弹簧班组带头人 / 129

王洪光：下罐区，进炼厂，钻油罐，进窑炉 / 131

建筑业篇

张海滨：从收废品到公司创始人 / 135

韩九恒：打工者有了技术专利 / 138

唐于碗：做事要吃得起苦 / 140

常小军：从建筑工地上走出来的企业家 / 142

刘劝平：打工有成，桑梓情深 / 144

曾　强：精益求精铸就工程质量基石 / 146

王世刚：挑战不可能的挖掘机操作员"王战士" / 148

朱加贤：从干苦力活到副总工程师 / 150

郝保德：一个热心肠的"好大哥" / 153

刘振礼：用热忱工作创造无尽乐趣 / 155

苏永秀：不畏艰苦扎根一线 / 157

赵长亮：青藏铁路的修路人 / 159

张　华：脱贫致富多面手 / 161

杨清清：技术能手的脱贫路 / 163

徐洪刚：实实在在做好每件事 / 165

龚　涛：战两山的农民工 / 167

殷炎炎：从打工者到企业家的华丽转身 / 169

郭大新：高中毕业成长为总工程师 / 171

韩树龙：吊车行当的技术专家 / 173

孙延宝：执着努力的谦和工匠 / 176

周毅海：从小工成长起来的技术能手 / 178

石金良：精益求精的山里娃堪比公路养护"操作仪器" / 181

杨国连：不忘家乡的木工班长 / 184

张银军：打工支撑家庭幸福生活 / 187

母全兵：退役不褪色的脱贫带头人 / 189

胡正春：从建筑工到文物修复专家 / 191

邢　瑞：从"靠着墙根晒太阳"到"撸起袖子加油干" / 193

林中桥：焊工队长的情怀 / 195

鲁德权：带领团队获得"鲁班奖" / 197

王启刚：带领乡亲开启创业路 / 199

胡智勇：小砖厂筑起幸福路 / 201

吐尔洪·库尔班：光伏扶贫站长 / 203

王正树：在太原闯出名气的川工老板 / 205

服务业篇

赵海霞：餐厅服务也有盼头 / 209

万小红："自尊、自信、自立、自强"的新型女员工 / 212

翟向峰：从环卫工人到安全控制人员 / 214

王敬伟："我要成为一个名厨师" / 216

魏二明：创出属于自己的天地 / 219

张喜忠：化粪池里的奋斗 / 221

赵小虎：让贫困家庭的妇女走出大山 / 223

郑艳玲：为千万家庭贡献自己的力量 / 225

范信贵：苦在前乐在后，脱贫靠双手 / 227

吴春梅：照护小孩中成长的育婴师 / 229

贾少斌：进万家门，暖万人心 / 231

王振乾：为打工者搭建家政平台 / 234

刘海娟：农家女升职记 / 236

鲁鸿鹏：用奋斗摆脱贫困 / 238

孙芳芳：大众工匠 / 240

马孝明：劳务经纪人架起村民脱贫致富"金桥梁" / 243

许玉英：不停顿努力的出彩人生 / 245

陈　琪：从优秀导游到餐厅服务的佼佼者 / 247

陈荣香：不平凡的最佳城市美容师 / 249

胡秀英：客户至上的最美家政人 / 251

黄忠金：学无止境的烹饪大师 / 253

梁春杰：因为热爱，所以成绩突出 / 255

潘利建：广西最美环卫工人 / 258

秦　青：认真细腻、极富魅力的青年花艺师冠军 / 260

许泽星：中邮的快递"火炬手" / 262

杨燕珊：家政行业的"巾帼标兵" / 264

张　源：以路为业，以班为家 / 266

邓源俭："最美家政人"的逆袭人生 / 268

潘彩珍：从农民工到企业高管 / 270

岑龙猛：搬出深山"拔穷根" / 272

郑义超：苦尽甘来感党恩 / 274

曾　羽：只有努力才能改变，只要努力就能改变 / 276

崔艳霞：在老人笑容中寻找自身价值 / 278

牛三东：用实际行动诠释本色 / 280

周　弘：带领乡亲们过上好日子 / 282

孙秀英：最美家政服务员 / 284

向成桂：向阳树木易为春，成桂盛开香满径 / 287

曹志娟：兢兢业业做物管 / 290

安登锋：现实中的活雷锋 / 292

林国伟：靠努力脱贫致富 / 294

杨　婕：幸福生活都是靠努力奋斗出来的 / 297

马攀龙：通过不断的努力奋斗获得幸福生活 / 299

新业态篇

管　林：搭建教育信息化高速公路 / 303

杨文丽：我愿做一颗小小螺丝钉 / 305

陈丽华：用一颗感恩的心温暖千万家 / 307

陈香妹：细致入微的好月嫂 / 309

陈玉蕊：科学育儿的践行者 / 311

胡小凤：保洁行业的一缕清风 / 313

黄丽英：让阿姨客户都放心 / 315

黄良芬：心细手快的家政员 / 317

刘建华：生活给我压力，我却还你奇迹 / 319

卢水连：疫情无情人有情 / 321

檀兰香：如饥似渴学习，练就真本领 / 323

唐淑琴：家务保洁一把手 / 325

叶兴玉：一生执着，努力实现自我价值 / 327

温文溪：授茶艺，助脱贫 / 329

余海燕：创明艳茶品牌，助乡村脱贫 / 331

路玉龙：打响庆阳黄花菜品牌 / 333

辛　亮：开发食用菌的荣耀 / 336

何　伟：眼里有光的副班长 / 339

秦娇妹："猪场＋基地＋农户"的新模式推广者 / 342

罗　靖：将蔬菜地变成了聚宝盆 / 344

刘闫杰：不辞辛劳的销售员 / 346

龙启才：养殖生态鸡，"啄"开致富门 / 348

潘汉华：薪火相传的三代"红" / 351

王启忠：昨日贫困户，今日"致富人" / 353

罗才菊：当年因学致贫，如今种柑脱贫 / 355

瞿国红：用一技之长，解他人之忧 / 357

白茹云：靠毅力出彩 / 359

缴艳霞：带动姐妹们学习葫芦技艺 / 361

陈世君：组织乡亲"入社"脱贫 / 363

胡　兵：带动一方群众脱贫 / 365

胡　磊：敢于超越自我 / 367

李建梅：以食用菌助力贫困户 / 369

李　伟：帮助乡亲就地就业 / 371

刘玉荣：用智慧照护老人 / 373

左文明：优蓝的劳务经济人 / 375

张临英：知、智、志给我脱贫的力量 / 377

周艳文：我将"草民"做下去 / 380

徐广伟：走养大鹅的脱贫路 / 383

张红霞：让电商助乡亲增收 / 385

管延丽：带领大家共同富 / 387

杨子亮：让大伙富是我的追求 / 389

李爱红：家政服务带头人 / 391

程东政：从开餐馆到滴滴司机的脱贫路 / 393

李　俊：疫情下"逆行"的顺丰速运司机 / 395

杨明富：京东物流的"配送速神" / 397

孟庆飞："90后"退役军人搭上脱贫直通"车" / 399

谭周海："剥板栗机"的网络营销 / 401

苏占武：借助直播平台卖牛，带动村民增收致富 / 403

段召军：科学发展养殖，勤劳务实致富 / 405

技能人才篇

刘发生：打磨家具也是好手艺 / 409

朱付军：传承和创新泥塑 / 411

柴少娟：勇于奉献的"女焊子" / 413

喻银灯：尝到电焊技术的甜头 / 415

赵小梅：钙业公司的技术能手 / 417

龚伟贵：掌握挖掘技术的乐趣 / 420

段建灵：打磨好装配钳工技术能力 / 422

张小花：从绣娘到掌舵工坊 / 425

熊日刚：脚踏实地，迎难而上 / 427

杜承三：坚持中国千年工艺传承 / 429

吕忠民：帮助他人，快乐自己 / 432

郝艳锋：理论成熟、政治坚定的劳动模范 / 435

朱云兰：哈密瓜中的致富之路 / 437

陈有生：传统美食的传承之路 / 439

吴武江：坚定信念，勤奋努力，成就美好人生 / 441

余康义：讲究信誉为本的企业家 / 443

占绍林：一双泥手，拉起了陶瓷行业创新的风帆 / 445

刘敏捷：扎根土地的"土专家" / 448

郭希娟：高新技术办农场，巾帼撑起半边天 / 450

蔡盛坤：寻求新方式传播闽菜文化 / 452

卢宜松：用心做菜，用心做人 / 455

柴卫国：扎根煤海献身矿山的新时代农民工 / 457

罗成福：用汗水铺就脱贫之路 / 459

于镇榕：新型职业农民打响威海招牌 / 461

刘向东：满腔热血为群众，发家致富共脱贫 / 463

陈小英：绝望山谷开出的涅槃之花 / 465

梁　波：一人富不叫富 / 467

刘红花：政策帮助，个人努力，建档立卡户如期脱贫 / 470

马海军：带领大伙做家具脱贫增收 / 472

城归创业篇

郑传玖：吉他"弹"响致富曲 / 477

张维林：奋斗在"扶贫车间"里 / 480

刘迎宾：书写山沟里的绿色文章 / 483

柳中辉：打造可复制的乡村振兴样板 / 486

翟云玲：辛勤劳动脱贫致富 / 489

辛宝同：扶贫协作助残疾人脱贫致富 / 491

唐小翠：身残志坚，自强助人 / 494

黎凤珍：创办瑶族蓝靛染布扶贫车间 / 496

莫丽珍：脱贫"巾帼标兵" / 499

陈梅珍：从毛衣编织铺到农资连锁店 / 501

陕成才：雨伞撑起一片天的扶贫车间 / 503

冯升晖：瞄准番石榴的创业者 / 505

谢　珺：靠生态养殖脱贫 / 507

吴绍林：电商让"苗乡辣味"走出苗山 / 509

骆礼军：承包国有林场的打工族 / 511

蔡　群：山里姑娘传承蜡染刺绣 / 513

胡广芬：辣椒品牌练就品牌人生 / 516

李　利：巧村姑刺出美锦绣 / 519

周礼贵：小香葱，大发展 / 521

崔应朝：造福桑梓看今朝 / 523

胡全波：奋力拼搏，化荒山为金山 / 525

胡贤利：为民致富，一往无前 / 528

彭国名：问渠哪得清如许，为有源头活水来 / 530

向士红：组建劳务团队改命运 / 532

黄建龙：迫于生计南下打工，带着梦想返乡创业 / 534

李贤辉：在颠沛流离的生活中走出了小康路 / 537

张仁伟：打工创业回馈家乡 / 539

蒋宇霞：当好"孩子王"的乐趣 / 542

陈二霞：响水湖畔的黑山羊产业 / 545

蔡灿平：小箱包助推大扶贫 / 548

彭学诠：从"打包"中掘得了第一桶金 / 550

舒龙岗：养殖生态"小虫"的致富人 / 552

张燕红：淘宝网上的葡萄店 / 555

吴朝辉：让留守妇女老人有活干 / 557

曾存良：与钢化玻璃结缘 / 559

陈权宝：靠香芋种植脱贫摘帽 / 561

刘彦文：独腿青年创业记 / 564

吕妙霞：草莓种植大王 / 566

王竹红：创建魔术第一村 / 568

胡应祥：脱贫路上的追梦人 / 570

后记 / 575

制造业篇

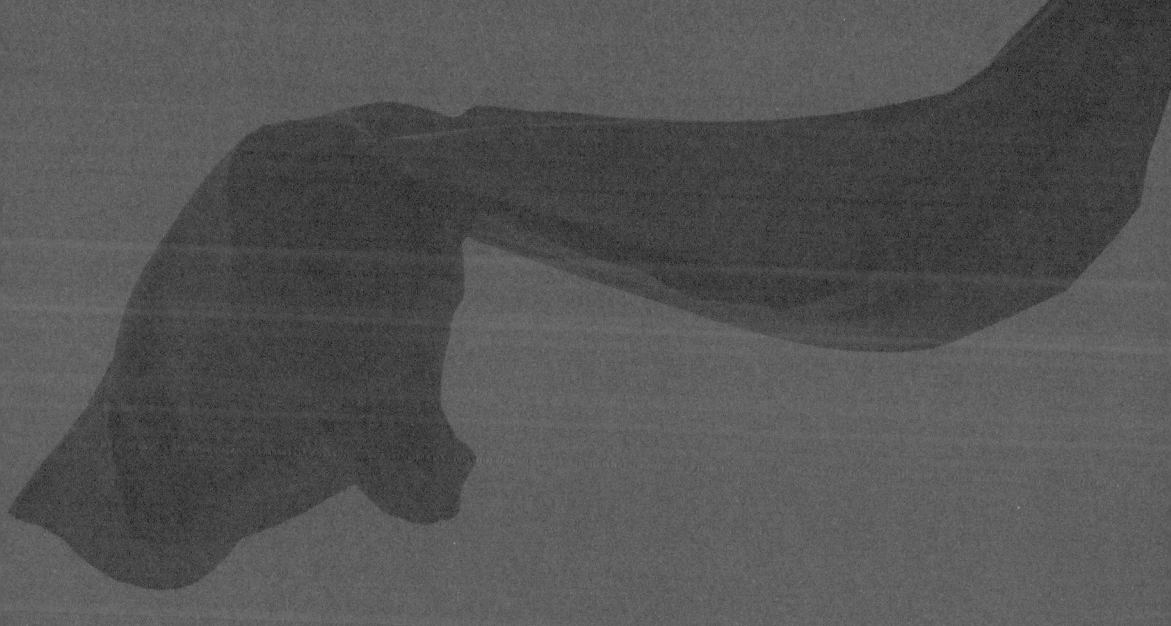

制造业 篇

柴松：
从操作工到生产组长

人物简介

柴松，男，1990年生，安徽省寿县人，现任上海康达化工新材料集团股份有限公司第二车间生产班组组长。

人物故事

柴松出生在安徽的农村，从小家境贫寒，父亲在县城打零工，母亲在家务农并照顾年迈的老人。刚结婚不久，妻子就被检查出患上红斑狼疮疾病，丧失了劳动能力，全家的经济来源全压在了柴松一人身上，一家人的生活更拮据了。因为柴松文化水平不高，他到小县城也只能打一些零工，但零工终究不长久，小县城的就业机会也很少，于是他萌生了出去闯一闯的想法，有了想要改变生活模式的冲动。

他凭着一股闯劲，先后辗转浙江、江苏多个城市打工，在工地上当过水泥工，在餐馆里当过服务员，在物流市场当过搬运工。2年时间过去了，柴松虽然没有赚到很多钱，但是增长了阅历，开阔了眼界。长时间的漂泊以及经济压力，让他意识到找一份相对稳定的工作很重要，后来听说上海就业机会多，2018年就带着自己的憧憬来到上海。刚到上海之初，柴松依然是四处打工，寻找合适的职业。一次偶然的机会，他看到了康达化工招工的消息，他抱着试试看的态度来到康达面试，在了解了基本情况后，他意识到这是一个非常好的就业机会。

进入康达后，由于缺少专业知识，工作上效率不是很高，于是他主动向老员工请教。思路决定出路，柴松很快便熟练掌握了机器操控，并拿下当季度优秀新人员工奖励，这样的激励促使他更加努力。踏实淳朴的他，工作受到领导和其他同事的一致认可，并成为"车间工作能手"。因公司业务繁忙，车间时常要加班，有时年长的员工承担不了较大的工作量，年轻的柴松都会为他们分担，由此每月到手的工资也很可观。每月他总是将大部分钱转给家里，渐渐地，家里的生活条件有了很大的改善。

转眼到了2020年，柴松已经在康达工作了两年，也由一个操作工晋升到了生产组长。这两年的时间也让柴松家里发生了翻天覆地的变化，有了儿子的支持，父亲不再做零工了，在小县城里做点小买卖，家里还建了新房子，不仅成功脱贫，还逐步迈入小康生活。这样的变化，让柴松很是欣喜，感谢康达给了他稳定的工作机会，以及对他的用心栽培。柴松表示，会怀着感恩的心，继续在康达奋斗，争取取得更大的成绩，与康达共创美好未来！

【访谈时间】2020年12月20日
【访谈地点】上海市
【访谈对象】柴　松
【整 理 人】卢婕妤

胡东方：
普工变工匠

人物简介

胡东方，男，1970年生，安徽省东至县人，现任浙江晨泰科技股份有限公司研发项目负责人，高级技师、工程师。

人物故事

1986年，胡东方以全县第一的成绩考入了当时热门的无线电机械制造专业学校。1990年学校毕业以后，胡东方被分配到安徽安庆一家国有模具企业工作，从基层一线做起，他先后做过模具钳工、模具设计。那个时候工作环境恶劣，工作条件简陋，每天回到家，手掌上满是嵌入的铁屑，必须要用尖嘴钳一根一根拔出来，长时间下来，明明才20出头的年纪，胡东方的双手却早已爬上老茧。

艰苦劳累的工作并没有让胡东方退缩,他反而加倍努力,沉下心来,扑下身子工作,对每一种模具都反复"抚摸",不断积累宝贵的基层经验。这样子一"摸"就"摸"了整整9年多。1999年年底,正当胡东方心无旁骛、一门心思研究模具设计的时候,这家国有模具企业由于经营效益不好而半停产了,胡东方也被迫下岗分流,挥泪告别了自己为之付出近10年青春的工作单位。

2000年,胡东方30岁,而立之年的他成了失业人员,又再次面临着就业问题。接下去近3年的时间,胡东方一直在寻找适合自己的工作岗位,先后辗转安徽、广东等地的模具企业,在不断求职的同时,他也没有停止过对模具的钻研创新。

2003年,胡东方受邀加入浙江晨泰科技股份有限公司,当时的晨泰刚起步不久,而且没有新的电能表产品,他和几个新来的同事通宵达旦地工作,一下钻研出7款产品,"当时整整一个星期扎在车间里面,每天只睡一个小时。"在那个星期后,他们拿出一款样表到河北省投标,一炮打响,拿到了大量订单,这款产品的企业标准也被采纳为河北省的省级标准。

从此,胡东方便在晨泰扎下根来。他埋头研究、设计模具,对工作问心无愧,但提起家人却"很愧疚"。工作、学习让胡东方停不下来,家里的事情便都是他妻子一人在操持。2005年的一天,胡东方仍在公司加班,妻子在1楼洗衣,胡东方当时年仅5岁的儿子独自一人在3楼,因无大人看顾,孩子从3楼阳台摔到1楼水泥地上。万幸的是,孩子只是摔断了腿,并无其他大碍。"当时下定了决心,以后要多陪陪孩子,可是后来也没有做到。"

在晨泰工作至今已是第18个年头,胡东方十八年如一日,伴随着企业几乎从零开始,他把青春和对工作的一腔热情,化作实实在在的行动和默默的奉献。他大胆创新,将接线柱的外形控制在0.01毫米以内,外箱堆码8层后高度误差控制在1毫米内;他曾通过机加工和手工修配制作样表去参加孟加拉国的国家防窃电表的投标,整机一次性测试通过,成功中标;在国家重大工程建设工业和农村电网改造升级节能减排项目中,他深入西藏、新疆、四川、云南、安徽、江西等20余个省份，设计出多款专利电表，解决国家多个电网改造难题；他设计的"上进下出式五重防窃电表"，有效解决窃电问题，开创行业先河，在国家电表招标中荣获全国技术评分第一名，入选2017年浙江省科技成果库。

一枝独秀不是春！胡东方除了做好自己的工作，一直致力于培养更多的技术人才。胡东方成了温州职业技术学院客座教授，经常在学校做专题讲座。胡东方高技能人才（劳模）创新工作室入选"中国长三角地区劳模工匠创新工作室联盟"，带徒传技500多人。所带成员在参加温州市职业技能大赛中荣获温州市第一名的好成绩。工作室取得发明专利及软件著作权100多项，成为国家级高新技术企业研发中心和国标修订组成员单位。

胡东方在生产技术一线从事国家电网电能表产品设计、结构设计和模具设计及疑难攻关30年，一直潜心钻研模具技术，为了学习国外的电表前沿技术，他在工作之余还长期自学英语。30年来，他多次荣获各级优秀新产品奖和科技进步奖，获得6项发明专利和14项实用新型专利，参加20项国家标准制定和主起草1项行业标准，研发8项省级工业新产品新技术，均达到国际国内领先水平。

胡东方说："模具设计在产品中处于非常重要的地位，模具的质量直接决定了产品的质量和效率。如果在设计时没有做好，那么模具寿命会缩短、生产效率会降低甚至产品会报废。所以，在设计时要特别仔细认真地对待每一步骤，不能有丝毫的马虎和差错。"这也是他所理解的"工匠精神"。2020年，胡东方当选全国劳动模范。

【访谈时间】2020年12月14日
【访谈地点】浙江省温州市
【访谈对象】胡东方
【整 理 人】邵瀚妮

李玉英：
专业技术新生代

人物简介

李玉英，女，1993 年生，安徽省临泉县人，现任龙利得包装科技（上海）有限公司技术研发负责人。

人物故事

2008 年，李玉英毅然远离家乡，在懵懵懂懂的年纪独自一人来到上海这座大都市开始了求学生涯，进入上海新闻出版职业技术学校学习计算机及应用。她在学校耳濡目染慢慢地对包装印刷产生了浓厚的兴趣，通过自己的努力在 2010 年顺利通过印刷制作员中级职业资格考试。

2010年，通过学校的介绍，她进入龙利得包装科技（上海）有限公司实习。对于一个刚踏入工作岗位，没有任何实际操作经验的农村娃来说，她对于此次机会格外重视，因此在工作中任劳任怨，只要是领导交办的事情全部完成，从来不说一个"不"字，对她来说，做事就是她学习技能的教科书。经过自己的艰苦奋斗，她终于掌握了过硬的设计研发的软件技能。她勤奋、踏实肯干、积极上进，在同事中树立了良好的口碑。由于工作突出，她在2011年被公司推选为优秀员工。

岁月如梭，光阴似箭，不知不觉间李玉英在龙利得工作已有八个年头。八年里，她慢慢地走上了技术设计研发的领导岗位。在她的带领下，团队不断地提升进步，而公司对知识产权的保护与研发的投入也逐渐重视起来，并任命她为技术研发中心的负责人。2012年至今，在李玉英的倡导与带领下，公司实现国家授权专利从零到百的突破，目前公司拥有各种授权专利106项，而且每年都有新增。她淡泊名利，所有的授权发明中发明人都不写自己的名字，而署上部门其他人员的名字，以提高大家的积极性，但是每一件授权发明都有她悉心的指导与倾心的投入。

她作为龙利得的技术研发负责人不断潜移默化地影响着客户，引领着市场的转变，倾尽全力帮助客户提供包装综合解决方案，为公司在行业内树立了良好的口碑及形象。

【访谈时间】2020年12月15日
【访谈地点】上海市
【访谈对象】李玉英
【整 理 人】毛丹丹

王俊利：
勤学苦钻成骨干

人物简介

王俊利，女，1981年生，河北省邯郸市邱县梁二庄镇人，现任中芯国际集成电路制造（北京）有限公司助理工程师。

人物故事

2003年，王俊利离开家乡来到北京打工，经人介绍进入北京经济技术开发区知名企业中芯国际。

从第一天走进公司生产线，王俊利就刻苦学习生产技术，很快成为所在部门的岗位能手。由于半导体集成电路生产工序极其精密，操作工人任何微小的失误都可能造成产品报废，而王俊利在17年的工作中却保持了零操作失误的纪录。不仅如此，她还多次发现生产工艺和设备上的漏洞，并及时提出改进方案。正是凭借扎实的技术和对工作的强烈责任感，王俊利为公司挽回了上百万元的经济损失。

王俊利是中芯国际北京公司的第一批一线生产员工，在中芯国际制造部这个年轻的团队里就是一个大姐姐，她关爱年轻同事，毫无保留地将自己的技术和经验传授给他们。多年来，她共带出30多位徒弟，有15位徒弟成长为生产线的班组长。

"团队"是中芯国际企业文化的重要内容。于是，王俊利把带领大家参加集体活动作为班组建设的重要手段。在2007年中芯国际第一届舞林大赛上，她带领班组荣获第一名，被评委誉为"非专业组最专业的舞蹈"。2008年代表公司参加了"改革开放30周年"文艺大赛，与团队荣获"北京市最佳表演奖"。她还带队参加了2008年奥运会啦啦队舞蹈表演，公司举办的环保服装设计表演赛、"达人秀"、羽毛球比赛等多项活动，并多次将冠军收入囊中，极大地带动了所在班组的士气，成为"来之能战、战无不胜"的优秀班组。

为了提高工作能力，2006年王俊利参加了"中芯微电子专班"进修，经过半年的学习，通过国家统一考试，拿到了集成电路制造中级工艺员证书。她还参加在职专升本考试，经过3年努力，2012年获得北京石油化工学院本科毕业证和学士学位证。

在17年的工作中，王俊利始终兢兢业业、刻苦钻研，现已成为部门的业务骨干和中坚力量。

【访谈时间】2020年12月17日
【访谈地点】北京市
【访谈对象】王俊利
【整 理 人】白　阳

马乙克录：
端好幸福的"饭碗"

人物简介

马乙克录，男，东乡族，1983年生，甘肃省东乡县北岭乡仓房村人，2018年7月至今和妻子在福建省厦门市湖里区漳州立达信公司务工。

人物故事

今年37岁的马乙克录住在北岭乡仓房村，该村山大沟深，资源欠缺，田地产量低，交通不便，地处偏僻，人多地少，多年来，村里人除了耕种少得可怜的一点耕地外，再无其他收入，是全乡出名的贫困村。

走进东乡县北岭乡仓房村，马乙克录正和家人坐在院子里吃午饭，他家建有六间砖瓦房，小日子过得红红火火。"这房子是我打工积攒的钱修建的。两年前，由于自己文化水平低，又没有专业的技术在手，就凭一身力气和妻子两人在外打零工维持生计,先后干过收废品、装卸工、货车司机等营生,尝尽了外出务工的艰辛和冷暖,很渴望能有一份固定的工作,当一名正式的工人,无奈没有门路。2018年7月,县上统一组织人员到厦门湖里区务工,我们看到了希望,尽管心中对两个孩子很是不舍,但为了今后能过上更好的日子,还是毅然踏上了去厦门的打工之路。"

"厦门一年四季温暖如春,不像老家冬天那样冷。刚开始上班,每天手里弄着细小的零件,在流水线上跟不上操作,几小时下来,不但眼花了,手麻木了,人也晕头转向。但我从不叫苦,坚持反复练习,很快就熟练了。2019年年初,我凭着肯吃苦、能力出众、业绩突出,很快被升职为小组长。如今,我们夫妻俩有了稳定的工作和收入,年收入加起来有12万多元,比来厦门之前翻了很多倍。除了每个月给老家寄回的生活费及基本日常开支,绝大部分收入都存起来了,因为我们还想着在老家县城买一套属于自己的楼房,让孩子能接受更好的教育。2020年,我们夫妻俩的存款数字继续稳步增加,到明年,应该能攒够在老家县城买房的首付款了,这不仅能解决孩子上学的问题,还能让父母过上更好的生活。我们出来打工,政府还发钱。不久前刚收到老家县劳务办发放的6 500元劳务奖补,感到幸福来得有点突然,现在干劲更大了,政策这么好,我要好好在厦门干下去。"

马么克录没有忘记生他养他的故乡,更没有忘记故乡的父老乡亲曾经给予他的支持。在他的鼓励帮助下,仓房村的村民纷纷外出务工,马么克录成了北岭乡仓房村有名的劳务带头人,村民们跟着他一道走上了致富奔小康的道路。

【访谈时间】2020年11月2日
【访谈地点】甘肃省东乡县
【访谈对象】马么克录
【整 理 人】赵修华

陈芳东：
当老板不忘打工者

人物简介

陈芳东，男，1976年生，江西省赣州市大余县樟斗镇蕉坑村人，现任广州市泰亦信电子科技有限公司经理。

人物故事

1976年，陈芳东出生在江西赣州一个普通农村家庭。初来广东打工时，陈芳东曾任广东步步高电子工程有限公司技术员、品质主管和部长、分厂厂长等职务，2010年起在番禺区沙湾镇创业办企业。走上了管理岗位的陈芳东始终保持着强烈的事业心和责任感，他真心关爱员工，把自己的个人价值和企业发展融为一体，默默奉献着自己的青春和汗水。

为了把企业办好，他经常琢磨着要进行技术和管理的创新与发展，致力于用创新促使企业得到健康持续发展。尤其是为沙湾镇前来打工的农民工提供好的就业岗位，按时发放工资，缴纳社会保险，改善住宿条件，帮助开展技能培训，有时还帮助农民工解决子女就地上学等问题，赢得了员工和来穗人员的一致好评。近年来他先后被评为大余县优秀共产党员及樟斗镇优秀共产党员、大余县十大优秀外出务工青年，当选为大余县第十四届政协委员；2018被评为广州市番禺区第七届"金雁之星"十佳来穗人员及番禺好人，在平凡工作岗位上作出了不平凡的业绩。

2014年3月，陈芳东加入了沙湾镇义工联。他经常参加、组织开展各种党员和义工活动，积极参与党组织和义工联开展的中秋春节敬老爱老送温暖、青少年关爱之旅、扶贫助学、义务献血等活动和志愿服务。在沙湾镇义工联青少年服务组多年开展的助学活动中，他不但自己带头捐款，还发动乡贤捐款，累计发动捐款共计1.5万多元，以自身实际行动弘扬社会正能量。在我国多次地震、干旱、水涝等自然灾害中，他带头捐款，并积极组织公司员工踊跃捐助灾区。

【访谈时间】2021年2月
【访谈方式】网　络、电　话
【访谈对象】陈芳东
【整 理 人】赵　源

刘海洋：
精益求精的"首席技师"

人物简介

刘海洋，男，1981年生，河南省商丘市柘城县伯岗乡伯西村人，现就职于东莞新技电子有限公司。

人物故事

踏出校门以后，刘海洋来到技研新阳公司，从事技术工作。12年来，刘海洋在技术攻关中埋头钻研、磨炼，这本应是枯燥的技术工作，但对于他来说，反而成了有趣至极的事情。作为一名设备技术人员，他一直秉持锲而不舍、刻苦钻研、精益求精、锐意进取的工匠精神，对职业敬畏，对工作执着，对待设备就像自己的小孩一样呵护，从最初操作 1 台锡炉的技工，经过 10 多年的努力，已成长为一名备受同事喜爱、上级认可、客户尊重的设备技术骨干，负责一个车间整体设备技术工作，多次获得公司优秀职员、先进科技工作者、先进安全工作者、技术标兵、优秀讲师等荣誉称号，为公司设备技术水平的提升做出了突出贡献。

刘海洋非常喜欢钻研自动化技术，由他主导开发的自动刷锡粒机、自动耐压测试机等已在集团范围内使用，他主导攻克了多个精益自动化技术难题，为公司创造了近 500 万元的经济效益。

刘海洋勤于学习，参加了精益六西格玛、机械设计等多类培训，2014 年参加东莞市专利布局分析班，顺利拿到结业证书；自学通过 CAD 中级职称考核；2016 年通过维修电工国家高级职称考核。刘海洋也积极参与公司各项技术竞赛，设计制作的自动点胶机获得公司科技进步奖二等奖，设计制作的上料精益样板线获得公司首届精益装置大赛特等奖，成为公司评选的首批"十大技术能手"之一，得到大家的好评。经过近 20 年的摸爬滚打，2018 年他获得东莞市"首席技师"称号。

【访谈时间】2021 年 2 月
【访谈方式】网　络、电　话
【访谈对象】刘海洋
【整 理 人】赵　源

马振鹏：
传统编织工艺的"贵港工匠"

人物简介

马振鹏，男，1970年生，广西贵港市平南县平山镇榄垌村人，现任贵港市平南县荣泰工艺厂技术员。

人物故事

马振鹏的家乡平山镇，距县城约70公里，山多地少，无任何区位优势，是平南县南部最偏远的山区乡镇。因为家境贫苦，马振鹏10岁时就开始了自己的编织生涯，在父辈的耳濡目染下，他的编织技艺非常了得。

初中毕业后，马振鹏到广东一家藤竹工艺品家具公司当样板设计员。2003年，在平山镇党委政府大力支持下，大批企业落户平山镇，竹木芒藤变成了工艺品，远销到多个国家和地区。得知家乡的竹木芒编织企业从无到有发展迅速后，马振鹏毅然回到编织正火热的家乡，开启了他在平南县荣泰工艺厂的编织生活。

马振鹏除了负责工厂所有产品的生产质量外，还担负着研制产品新模型的重任。十多年的时间，马振鹏和他的徒弟们不断创新竹木芒编织工艺，研制出了数百种模型，又根据模型生产出新产品，获得了大量的外国订单。在平南县荣泰工艺厂竹木芒编制品展厅里，除日常使用的花篮、果盘、垃圾篓外，还有栩栩如生的动物篮子、惟妙惟肖的南瓜藤编、小巧精致的迷你提箱等上千种产品，这些都是销往欧美、日本等地的出口产品。

马振鹏对编织怀有深厚的感情，"编织工艺不仅带给我多姿多彩的生活，还给我带来了不同的人生感受"。编织属于纯手工活，跟现代的机械化生产相差甚远，很难产生倍增经济效益，许多年轻人不愿再干，手工编织面临着失传的危险。"现在只想把这种传统工艺传承下去，发扬光大"，马振鹏说。为了让贫困户学到技术，也为了竹木芒编手工艺得以发展下去，在公司的支持下，马振鹏开办了技能培训班，他亲自授课，悉心指导农民学习编织技能。

在马振鹏的带动下，越来越多的农民开始从事竹木芒编工作，生产方式也从原来的工厂式生产，发展到现在的居家灵活生产，许多农民正是在马振鹏的带动下通过从事竹木芒编产业，实现了脱贫致富奔小康。现在，竹木芒编产业已经成为平山镇的重要支柱产业，平山镇也被评为"广西竹木芒编工艺小镇"，列入贵港市特色小镇培育名录。

一件件优质的竹木芒编工艺品，无不凝聚着马振鹏的心血和汗水，做专、做精、做细、做实的精神在马振鹏的身上体现得淋漓尽致。如今，马振鹏依旧在自己的岗位上坚守着，他用自己平凡的双手编织着他的"编织梦"，也为帮助更多贫困户获得编织技能、实现脱贫致富而努力着。

【访谈时间】2020 年 2 月 12 日
【访谈地点】北京市
【访谈对象】马振鹏
【整 理 人】武　唯　张赢方

黄丽萍：
康达公司的技术"劳模"

> 🟢 **人物简介**

　　黄丽萍，女，1987年生，广西南宁市马山县人，现任上海康达化工新材料股份集团有限公司研发中心体系工程师。

> 🟢 **人物故事**

　　马山县是国家扶贫开发工作重点县，当地地貌普通农作物无法生长，交通不便捷。家境贫寒的黄丽萍从小就聪明懂事，在学校学习之余，就回家帮忙做家务，割草放山羊，以求能够增加点经济收入来维持自己的读书生活。

高中期间在学校读书，路途遥远，养山羊的收入根本无法负担起高昂的学习住宿费用。很多亲戚都劝她放弃，但她想要通过自己的努力走出大山，看看外面的世界。因家境贫寒成绩优异，学校领导最终同意给她减免一部分的学杂费用。她通过三年的不懈努力，考取了河池学院，这是桂西北地区唯一的一所普通本科院校。

收拾行囊，怀揣着梦想起航，她开始了自己期待已久的大学求学生涯。大学毕业后，她回到家乡，成了一名光荣的小学英语教师，为家乡建设添砖加瓦。可惜天不遂人愿，家里突遭变故，她不得不放弃自己热爱的教育事业来到上海这座繁华的都市寻求新的发展。

一次偶然的机会让她进入上海康达研究中心，起初只是一个普通的文员，做着基础的工作。从英语这样文科性质的专业想要跨行进入以化学物理为基础的研发体系工作，很不容易。但她身上的韧劲、好学的态度支持着她。面对晦涩难懂的专业问题她上班虚心地请教同事，下班认真刻苦地学习钻研，考取证书，提升自己的专业技能。坚持不懈的努力和超高的悟性让她终于成为一名研究中心体系工程师，也获得了"2019年度康达十大劳模"荣誉。她很感谢康达给予了她发挥才华的平台。当然她的努力也得到了回报，她在自己的家乡市区里买了房子，脱贫致富。同时，黄丽萍也没有忘记那些孩子们，她致力于慈善事业，给希望小学工程捐款捐物，希望自己微薄的力量能够帮助到更多的孩子们。

【访谈时间】2020年12月16日
【访谈地点】上海市
【访谈对象】黄丽萍
【整 理 人】孙 想

蓝振发：
弘扬工匠精神的"钳工状元"

🔵 人物简介

蓝振发，男，壮族，1987年生，广西忻城县城关镇猫洞村人，钳工技师，现任柳州市五科机械制造有限公司工模班班长。

🔵 人物故事

蓝振发2011年毕业于广西机电技师学院模具制造专业，毕业后进入柳州五菱汽车工业有限公司，成了国家级技能大师郑志明的徒弟，在郑志明大师的培养和带领下，从事智能制造装备加工制作及安装调试工作。刚开始工作时没有经验，没见过世面，蓝振发在车间看到的很多机床都是他以前没有见过的，他意识到在学校所学的东西远远不够用，于是他勤奋学习，师傅也毫无保留地将自己的经验传授给他，使蓝振发的综合技能水平得到了很大的提高。

2012 年至 2015 年，蓝振发在师傅的带领下，以提高设备的综合利用率为目标，积极探索加强设备管理的新思路，为设备高效运行提供了有力保障。他参与的项目最终提前保质保量地交付生产，验证了生产工艺的可靠性，提高了产品质量，降低了后期生产验证的劳动强度，改善了焊接操作环境。

2015 年后，蓝振发到现在的工作单位柳州市五科机械制造有限公司从事工装夹具、智能制造装备加工制作及安装调试等工作。他平时工作细心负责且效率高，善于发现问题并且能够及时提出解决方案，熟练掌握整台设备每个零件的加工工艺流程，不到一年时间就成为自动化装备生产组的带头人。他所带领的团队出色完成了多个项目，为公司提高效能、降低成本保驾护航。

蓝振发在专业上秉承"匠人精神"，谦虚进取、积极上进，对专业技术始终保持着热忱和初心。他在业余时间还进修机械工程及自动化专业，获得本科学历，并不断在各项任务和竞赛中打磨自身的业务技能，在区市县技能竞赛中取得好的成绩。

【访谈时间】2020 年 1 月 19 日
【访谈地点】北京市
【访谈对象】蓝振发
【整 理 人】武　唯　张赢方

刘存权：
电力设备的"妙手神医"

🔵 人物简介

刘存权，男，1989年生，广西合浦县山口镇山北村委会新城村人，现任广西新电力投资集团上思供电有限公司变电工区主任。

🔵 人物故事

刘存权进入公司以来，始终坚持弄清每个元件、设备的来龙去脉，数不清的继电器在他的手下"起死回生"。面对各站改造工程不断进行，电力设备不断更新，刘存权都能做到提前熟悉新设备、新技术、新工艺，对每个运行设备更是了如指掌。

"作为一名青年岗位技术能手，光有吃苦精神和十足干劲还远远不够，还要具备干好工作的过硬本领，要向实践学习，向他人学习，走知识与实践相结合的道路。"身为一名大专毕业生，刘存权深深感到自己身上担子的沉重，他认识到自己的文化水平远远达不到新技术的要求。他先后自学了电脑操作、变电站监控后台系统编辑等多种专业知识，为自己的工作奠定了坚实的基础。

针对设备经常出现故障的现象，刘存权根据年度检修试验计划，完善了检修管理制度，制订了月、周检修计划，他要求所有检修必须做好检修记录，做好隐患闭环管理台账。对每年的冬检和电气预防性试验大型检修工作，他都是提前做好计划、做好准备、做好方案，周密安排，使每次的工作有序进行，大大提高了工作效率。

刘存权始终坚持"以人为本"的管理思想，重点抓劳动纪律和安全生产。"安全是天字号工程，是员工的最大福利。"为提高班组成员安全意识，防止设备、人身事故的发生，即使检修任务再繁忙，刘存权都会结合安全工作中的薄弱环节，分析、讲评每周的安全情况；施工前对现场危险点进行针对性的分析和控制，做到"三不伤害"，确保"零违章、零事故"。

"促他人成才就是促自己成才，成就他人就是成就自己。"对一些刚走上工作岗位的徒弟，刘存权除了将自己掌握的专业技术毫无保留地传授外，还将自己的切身经历告诉他们，让他们学会找准自己的人生定位，对待工作不要心浮气躁，要踏踏实实、认真仔细、团结协作。

刘存权刻苦钻研，努力学习新知识、掌握新技能，体现出了工人阶级的先进性和时代特征；他拼搏进取，争创一流，为公司、为集团争光；他团结协作，友爱互助，无私奉献，展现出了工人阶级的崇高品格和风范，反映了新一代技术工人的时代精神和豪迈气概。

【访谈时间】2020 年 1 月 31 日
【访谈地点】北京市
【访谈对象】刘存权
【整 理 人】武　唯　张赢方

庞书翠：
行车班长的奋斗旅程

人物简介

庞书翠，女，1980年生，广西北海市铁山港南康镇扫管龙村人，现任北海诚德金属压延有限公司固溶分厂行车班长。

人物故事

2013年，庞书翠走进北海诚德公司的大门求职。她没有相关工作经验，也没有高学历，连行车是什么东西都不懂。凭着不恐高的优势和充满干劲的精神，她成了行车学徒。经过培训，庞书翠鼓起勇气参加了考试，并一举拿下了这一特种岗位的作业证书。她的表现被领导看在眼里，几个月后，她所在班级的班长离职，班长真诚地向领导推荐由她接任职务。

入职短短几个月，庞书翠就考取了行车证，并且接任班长的职务，但是她知道自己还是个"新人"。为了提高行车操作技能，她不断磨炼自己，经常大晚上到厂里观摩、学习到半夜。为了提高班级管理水平，她总是虚心向领导、前辈们请教和学习，她受过委屈，挨过批评，当然也获得过更多的表扬，由此锻炼了她过硬的技能和心理素质。

庞书翠带领的班组，从班长到班员均能时刻关注设备运行状态，并在第一时间规范处置异常，减少故障损失；能通过定时召开协调交流会，提出存在问题和需整改提高的环节。通过全面的安全培训和班员的积极参与，她所在的班组在2018年度未发生安全事故、设备生产事故、安全环保事故，因此被北部湾港务集团评为"2018年度先进班组"。

班组的行车工很多都是庞书翠手把手带出来的，她不仅帮助班组人员提升工作技能，还常给大家做心理疏导工作。她带领的行车班组总能认真负责地完成各项生产指标，配合相关单位完成检修、物资吊运等任务；积极参加公司安全消防演习、分厂安全呼吸器穿戴比赛及其他安全培训，全面提高安全意识和技能；积极主动学习落实公司降本增效"48字方针"，并全员参与"5S"综合整治活动。她在开展各项工作时，注重培养加强班员之间的工作能力和凝聚力，使得行车班组甲乙丙三个班团结奋进，共同进步，营造了精诚团结、积极向上、努力拼搏的工作氛围，为公司有序生产打下坚实的基础。

多年来，庞书翠辛苦耕耘，用农村人特有的勤劳和勇敢，把平凡的自己从对行车一无所知锻造成了行车技能能手。庞书翠说，她将不忘初心，继续奋斗，为家庭和公司发光发热，踏上人生的新征程。

【访谈时间】2020年1月21日
【访谈地点】北京市
【访谈对象】庞书翠
【整 理 人】武　唯　张赢方

黄旭记：
积极进取的"95后"

> **人物简介**

黄旭记，男，1996年生，贵州省遵义市务川县云丰村人，现为上海谊众药业股份有限公司药物质量检测员。

> **人物故事**

黄旭记出生于贵州省一个偏远的山村，父亲在他年幼的时候因病去世，母亲独自一人在浙江某个工地上打工，每月工资4 000多元，靠这些微薄的收入养大黄旭记和他弟弟。深知母亲的不容易，懂事的黄旭记经常利用休息时间帮助家里干农活，同时为了不辜负家人对他的期许，凭借自身的努力考上了长春中医药大学。为减轻家庭的经济负担，黄旭记在村委会的帮助下获得了国家助学金，申请了助学贷款8 000元，并凭借优异的学习成绩获得过3次奖学金。

黄旭记在大学四年期间，经常利用周末及寒暑假时间做兼职，曾派发过传单、做过家教和酒店服务生等，凭借一己之力于 2020 年 8 月还清国家助学贷款。他大学毕业后在一家药厂实习，每月工资 2 000 元，2020 年 9 月在上海奉贤区人社局与贵州务川县人民政府共同组织的招聘会上，成功应聘到了上海谊众药业股份有限公司药物质量检测员一职。黄旭记作为家中的长子，为扛起家庭经济重担，取得家人支持后独自一人来到上海打拼。

　　药物质量检测工作不是普通的文职，需要有一定的技能，为了更快地适应新岗位，黄旭记白天跟随着带教师傅进行实操学习，晚上则利用休息时间学习公司药品知识，以防药物质量检测工作出现问题，最终在 1 个月后能够独立开展检测工作。在职业发展规划上，他渴望终有一日能走上药物研发的岗位。为了离梦想更近一步，他利用周末的时间学习药物研发的基础知识，为跨入研发岗位积累资格条件。

　　2020 年 9 月，黄旭记的弟弟如愿考上贵阳职业技术学院机修专业。为了减轻母亲的负担，黄旭记每月给母亲打款 3 000 元用以贴补家用，剩余 2 000 元则用于自己的日常开销。他坚信未来会越来越好，盼望着弟弟顺利毕业后，兄弟俩能一起在上海打拼奋斗。黄旭记热心公益，在学校曾积极参加红十字会的活动，如献血、捐赠衣物等。他说："未来如果有能力，想回家乡创业，带动乡村经济发展，让更多同村人能够有就业的机会。"

【访谈时间】2020 年 12 月 21 日
【访谈地点】上海市
【访谈对象】黄旭记
【整 理 人】毛丹丹

陈少波：
不平凡的高级焊工

人物简介

陈少波，男，1967年生，贵州省安顺市平坝区白云镇白云村马硐组人，现任贵阳长之林公司贵安新区马场镇170分厂高级焊工。

人物故事

中学毕业的陈少波，因为家庭的压力不得不外出打工，年仅18岁便进入贵阳长之林公司（原名黎阳远公司）从事烧锅炉的工作。虽然最初靠体力谋生，拿着计时的工资，但他有着一股不认命的劲头，除了认真严谨地完成自己的工作任务外，在有时间的情况下陈少波还会不遗余力地帮助其他人。他的勤劳与真诚博得了大家的认同和好感，于是有人劝他去学习一门技术，不要老是靠体力谋生。认真思考过后，陈少波选择了学焊工。

　　学徒期间，陈少波的钻研和韧劲得到了师傅的肯定。他通过不懈的努力，几年后取得了高级焊工资格证，成为长之林公司里为数不多的具有锅炉安装资质的技术骨干之一。用他自己的话说，只有自己不断进步，才会有更大的力量去服务他人。他没有把自己的技术垄断起来，而是把自己的经验毫无保留地传授给大家。在工作需要时，他总是耐心地为同事讲解焊工技术。在他的带动下，长之林公司好几个焊工相继取得了高级焊工资格证。

　　陈少波是个朴实的人，豪言壮语不会挂在嘴边，他的行动大于声音。2008年1月，长之林公司热力站就锅炉改造项目进行研讨，陈少波提出的改造意见得到了到场专家的认可，并建议由他具体实施改造方案。他毅然接受了这个艰巨的任务。二十多个日夜的攻坚，二十多个日夜的辛劳，终于换来了巨大的成功。热力站二号锅炉改造成功，不仅节约了购买新锅炉的30多万元，而且降低了能耗。未改造前，二号锅炉每天耗煤量为6吨多，改造后每天耗煤量最多为2吨，在节能减排工作上可以说是惊天动地的大事，为此长之林公司特别嘉奖了陈少波等人。

　　陈少波不仅在日常的工作中不吝啬自己的时间和精力，在突发事件面前，他也总是第一个奔赴前线。在贵州遭受凝冻期间，为保证工厂正常的生产秩序，陈少波等人不辞辛苦地奋斗在水暖战线上。凝冻肆虐，却挡不住他的脚步，锅炉房、输汽管道线路旁会经常看到一个并不高大的忙碌身影。长之林公司并没有要求他这样做，但是他一如既往地坚持着，为的就是能及时排除故障，给战斗在军工生产一线的职工送去温暖。有一天，长之林公司机关大楼楼顶输送暖气的管道突然发生冻裂，整个大楼暂停送暖。陈少波临危受命，不顾零下四度的严寒，冒着冰雨爬上了顶楼。经过近两个小时的抢修，机关大楼供暖正常了，陈少波却因此将手脚冻坏，感动了在场的所有人。

　　陈少波不仅在技术上积极提升自己，还活跃在各种工会组织的活动中，始终追求着热情、乐观、健康的精神生活，靠自己不懈努力，不断进取，用自己的平凡造就了伟大，书写着自己壮丽的人生！突出的工作业绩让他获得了诸多荣誉，2008年被国务院农民工工作联席会议办公室授予"全国优秀农民工"荣誉称号，2010年获得公司颁发的"创新创效能手"荣誉称号。

【访谈时间】2020年12月11日
【访谈地点】贵州省平坝区
【访谈对象】陈少波
【整 理 人】吴亚蓝

贾太凤：
吃苦耐劳的包装工

人物简介

贾太凤，女，1974年生，贵州省遵义市凤冈县人，现为上海欧伯尔新材料有限公司包装工。

人物故事

贾太凤出生在贵州省凤冈县的一个山村，由于家境贫寒，小学毕业后一直在家务农，直至女儿考上大学后才外出打工。她的丈夫在杭州一家小厂开叉车，因为丈夫身体不好，一有感冒发烧等症状就需要到医院里挂水治疗，所以年均家庭净收入仅万把块钱，夫妻俩靠这些微薄的收入养大了女儿，并培养女儿考上了西南大学师范专业定向生，不仅能免去大学期间的学费，毕业后还包分配工作，夫妻俩甚感欣慰。

女儿大一时，贾太凤经同村姐妹的介绍，到温州一家电子零件厂工作，主要负责包装锁芯，月收入虽然只有 2 000 多元，但是对于无任何工作经验的贾太凤而言，她很珍惜此次打工的机会。由于刚上手不熟练，为了按时保质完成订单任务，贾太凤总是最早上班最晚下班，凭借着吃苦耐劳、任劳任怨的精神，持续做了 2 年多。后因家里突发情况不得不辞职回家，于是又开始了务农的生活。

2020 年 3 月在当地政府组织的线上招聘会上，贾太凤应聘到上海欧伯尔新材料有限公司当包装工，主要是做手工活。由于欧伯尔公司实行的是计件制度，为了赚多一点的钱，给家人更好的生活，贾太凤每天早出晚归不间断地干活。付出总是会有收获的，贾太凤平均收入能在 4 000 元左右，订单旺季甚至能达到 5 000 多元。近一年的时间，虽无法彻底改善家庭的经济状况，但比之前拮据的生活好了不少，由此，贾太凤每次都会由衷地感谢政府，感谢欧伯尔公司提供的工作机会，让她能靠自己的劳动逐渐改善家里的生活。贾太凤总是笑着说："趁现在还年轻，多做几年攒点钱，以后等女儿结婚生子了，让外孙子（女）能过得好点，早点过上小康生活。"

【访谈时间】2020 年 12 月 21 日
【访谈地点】上海市
【访谈对象】贾太凤
【整 理 人】毛丹丹

制造业 篇

沈成能：
正能量的质检工

● 人物简介

　　沈成能，男，1996年生，贵州省遵义市余庆县狮山村人，现为上海欧伯尔新材料有限公司质检员。

● 人物故事

　　沈成能出生在贵州省遵义市的一个小乡村，祖祖辈辈都是地道的农民，父母靠微薄的农作收入养大沈成能和他弟弟。2016年6月拿到重庆能源职业学院录取通知书的他既高兴又担忧，担心因为自己的学业而加重家庭的经济负担，在当地村委会的帮助下，他成功申请到了国家助学金。

　　2019年6月顺利毕业的沈成能，怀着梦想在重庆开启了他的打拼之旅。他通过校招应聘到重庆海天地信科技有限公司，担任测绘员一职。为了更快独立上岗操作，他每天7点到公司，一边学习测绘方面的理论知识，一边给带教师傅泡好茶，虚心向他们求教实际操作中的困惑，最终在半个月后能够扛起全站仪随师傅一同去现场测量。当时工资每月税前3 200元，尽管每天在外工作10小时以上，但沈成能总能够以饱满的精神应对各类挑战，成了公司测绘方面的佼佼者，这为他日后的职业发展奠定了基础。

2020年3月，因新冠肺炎疫情被困在老家的沈成能，在当地人才市场与奉贤企业的线上招聘会上，看到了上海欧伯尔新材料有限公司的招聘启事，他通过投递简历及与人力资源管理人员的交流，顺利应聘到欧伯尔公司的质检员一职。为了梦想，为了改善家庭的生活质量，沈成能与父母商量后，辞去重庆的工作前往上海打拼。质检员和测绘员的工作是不一样的，为了更快地适应新单位新工作，沈成能经常在下班后独自研究检测仪器，遇到不懂的问题第二天虚心向其他同事请教，很快掌握了仪器的操作。

由于沈成能的质检工作做得细致到位，不到一年时间他就赢得了客户和同事的信任。因公司业务繁忙，车间时常要加班，有时其他员工需要请假，这时年轻的沈成能就会为他们分担工作，由此每月到手的工资能有4 000元以上。公司还提供食宿，这减轻了他的生活负担，他每月都会给家人打款2 000元贴补家用，改善家里的生活条件，剩余的钱则用于自己的职业规划，他希望通过自己的努力获得相应的职业技能证书，为自己的人生道路添砖加瓦。

沈成能还热心公益，大学期间曾参加过红十字会举办的无偿献血、学生会举办的植树造林等活动。他总希望能用自己微薄的力量去帮助更多的人。他憧憬着能通过自己的努力，减轻爸妈的经济负担，提高全家的生活质量。他也希望自己可以做一个正能量的带头人，鼓励身边的人勇敢追梦。

【访谈时间】2020年12月18日
【访谈地点】上海市
【访谈对象】沈成能
【整 理 人】毛丹丹

制造业 篇

杨顺军：
农民出身的项目经理

人物简介

杨顺军，男，1974年生，贵州省册亨县坡妹镇同心村人，现任福建省闽安制造服务外包有限公司嘉士伯（大理）项目部项目经理。

人物故事

杨顺军出生在贵州一个偏远的小山村，祖祖辈辈都是地道的农民。因为家境贫寒，读完初中，1997年他就跟随老乡到浙江打工。由于没有什么技术，他只能在啤酒厂里面做普通操作工，一个月就800多元钱，住宿条件也不好，没有空调，夏天热、冬天冷，常常整宿整宿都睡不着觉，可是恶劣的环境没有打倒杨顺军，因为他坚信有了收入，他家脱贫就有了希望，他认真学习技术，勤劳肯干，工作认真负责。

对于一个刚踏入工作岗位、没有任何经验的农村娃来说，能够进入公司工作，他深知自己专业技能的欠缺，懂得科学文化知识的重要性，于是在认真工作的同时利用业余时间学习，提高自己的业务技能和文化素质。在工作中，他任劳任怨，只要领导交办的事情都全部完成，从来不说一个"不"字。对他来说，做事就是他学习技能的教科书，在工作中也主动向同事请教，不懂就问。

付出就会有回报。也正是他勤劳肯干、工作认真负责、爱岗敬业的态度得到车间经理的赏识，他的职场之路一路绿灯，从一个操作工晋升到了工段长，从工段长晋升到了主管。相应的，工资也从800多元涨到1 000多元、2 000多元。

2016年，公司转型，杨顺军放弃了厂里的这份工作，重新入职到福建省闽安制造服务外包有限公司，开始做项目部主管。万事开头难，做外包管理和车间管理业务上的变化，让杨顺军又面临新的挑战，但是同样的，由于勤奋好学，他很快熟悉了公司的流程和管理方式，在公司的发展也是越来越好，3年多来，多次被评选为优秀员工、先进工作者。

2020年，杨顺军晋升为公司嘉士伯（大理）项目部项目经理，同样的，又一次新的挑战等待着他，新的项目、新的环境、新的流程，他作为项目的主要负责人倍感压力。他深知自己的责任重大，他没有畏惧，将压力化作动力，更加勤奋学习，探索新的管理模式。

杨顺军明白，只有不断学习，才能跟上社会发展的步伐。他白天上班，晚上还会在手机上学习很多管理知识。面对新项目中割箱线效率低下问题，杨顺军提出了薪资计量的革新，使割箱线的产量取得了显著的效果。有时候工厂临时任务安排特别频繁，他总是会陪着工人干活到深夜，饿了有时候吃盒饭，有时候用八宝粥、泡面充充饥，然后继续工作。理瓶线人手不够时，他还会亲自去干活。他亲力亲为的管理赢得了员工的一致好评。

如今，杨顺军已经从一位普通的农民工成长为公司的高层管理人员，年收入15万元左右。通过他的努力，家庭早已脱贫，在老家买地盖房，家人也已过上了小康生活。地位和身份的改变并没有使他忘掉劳动者的"本色"，对待员工，他满怀爱心。与此同时，他也不忘回馈家乡，带领了很多贫困山村的老乡进城工作，帮助他们脱贫，过上小康生活。

未来，杨顺军将会走得更远，走得更好！

【访谈时间】2020年9月29日
【访谈地点】福建省莆田市
【访谈对象】杨顺军
【整 理 人】赵润坤

张月林：
刻苦努力的机修工

人物简介

张月林，男，1995年生，贵州省遵义市余庆县人，现为上海雨鹭塑料科技有限公司机修工。

人物故事

张月林出生在贵州省一个偏远的小山村，祖祖辈辈都是地道的农民，父母长期务农，用微薄的收入养大一女一儿两个孩子，同时含辛茹苦地培养张月林上了大专。虽然家里条件较为困难，但是面对当地政府的集中安置，老夫妻俩并未接受，坚守着自家的农地不肯离开。张月林的姐姐已经结婚生子，在当地工地打工贴补家用。作为家里唯一的男孩，张月林深知父母和姐姐的辛苦，为了不辜负大家对他的期许，他必须扛起家庭的经济重担，于是在当地一家小厂打工，工资大约在 3 000 元。

2018 年，上海奉贤区人社局组织区内企业于 2 月前往对口支援的务川、余庆、凤冈三县开展春风行动招聘会，以此帮扶建档立卡贫困人员能够顺利就业。在当地人社部门的指导下，通过现场与招聘企业面对面交流，汽修专业毕业的张月林成功应聘到上海雨鹭塑料科技有限公司机修工一职。

在短短的两年时间里，张月林通过刻苦努力的学习，成长为一名优秀的机修工，工资也比在老家有所增长，并且顺利拿到了政府的交通费补贴等。2019 年在工作稳定后，张月林和女友回到贵州老家结婚生子，并重新回到雨鹭公司继续工作至今。2020 年，继夫妻俩顺利在奉贤扎根后，在张月林的介绍下，他的姐姐也来到了奉贤，就在雨鹭公司的隔壁厂找到了一份满意的工作。现在一家人的生活发生了根本的改善，在张月林的人生规划中，计划等孩子再大点，就接父母孩子一起到奉贤来共同生活，阖家团聚共享天伦之乐。

【访谈时间】2020 年 12 月 17 日
【访谈地点】上海市
【访谈对象】张月林
【整 理 人】毛丹丹

陈爱双：
像老黄牛般勤勤恳恳

人物简介

陈爱双，男，党员，1966年生，河北省唐山市丰润区人，现就职于金隅冀东水泥（唐山）有限责任公司唐山分公司。

人物故事

1987年7月，高中毕业的陈爱双成为水泥厂的一名学徒工。从一名学徒工到今天的工序长，陈爱双从没有离开过生产一线，勤奋好学、踏实敬业、爱企如家是他始终如一的工作态度。工作之余，他还通过自学考试，圆了自己的大学梦。

在日常工作中，陈爱双始终把降本增效、创新提质作为企业发展的动力来源。他带领团队攻坚克难，创新思路，对设备实施技术改造，不断优化水泥配料方案，重点解决制约水泥生产和发运的瓶颈问题。2017年，水泥磨改矿粉磨项目开创了国内辊压机＋管磨生产水泥兼容生产矿渣粉的先河，此项目荣获了金隅集团2017年度科学技术进步三等奖。2018年，他带领团队成功将水泥窑余热引入烘干窑替代燃煤热源，年可节约燃煤1.9万吨。该项目是"国内首创"技术成果，年创效约1 700多万元，减排二氧化碳4万多吨，为公司环保治理和降本增效探索出了一条新路。为了降低生产成本，他与质检人员积极尝试新型可替代原材料，经过反复试验和设备技术改造，通过使用干粉煤灰替代矿粉，使得公司每吨水泥降低成本1.5元，为公司年创效达1 300余万元。

2020年年初突如其来的新冠肺炎疫情使生产陷入被动，为配合政府战胜疫情，涉疫物资"城市污泥"必须通过焚烧进行无害化处理，阻断病毒从粪便传播渠道。可工地停工，生产的水泥哪里去找。重担再次落到陈爱双的肩上，他担任总指挥，面对地方严峻的环保形势，面对疫情防控的关键时刻，面对人员的短缺，他协调各方，2天制定出存储方案，5天制定出环保发运方案及设备图纸，15天一座200平方米的"抑尘落地熟料发运技改项目"完工。从2月13日开始，历经160天，30万吨熟料从存储到发运圆满结束。

【访谈时间】2021年1月26日
【访谈地点】北京市
【访谈对象】陈爱双
【整 理 人】白　阳

李运强：
新时代的"螺丝钉"

人物简介

李运强，男，党员，1981年生，河北省定州市赵村镇人，现就职于河北长安汽车制造有限公司。

人物故事

2006年，李运强被河北长安汽车制造有限公司招入工厂，在焊接车间当了一名焊装工。上班的前一天晚上，父亲跟他说："要踏踏实实做事，堂堂正正做人！"十几年来，李运强无论在什么岗位，都牢记父亲的叮嘱，秉承和发扬着劳动人民的光荣传统。

踏入车间的第一天，面对复杂的机器设备、标准化的操作流程，还有一大堆数据资料，李运强头脑一片空白，但他对自己有股狠劲儿，"明知山有虎，偏向虎山行"。那段时间，他一边跟着师傅摸索流程，一边思考如何在理论上充实自己。他买了汽车制造方面的大量书籍，利用工休时间，争分夺秒加强理论学习。在工作中，他有不明白的地方或遇到疑难故障就及时向别人请教，并认真加以归纳，总结常见问题的原因和防范措施。经过不懈的努力，他从汽车制造的"门外汉"成为公司的技术骨干。

李运强总说干一行就要爱一行，哪怕是最小的螺丝钉，也要坚守岗位，发挥它的价值。只要与汽车有关的技术和知识，他一有机会就抓紧学习。李运强还毫无保留地将自己掌握的技术传授给身边的同事，使同事们业务技能得到很大提升。

李运强立足岗位做贡献，奋力拼搏创一流，用自己的实际行动塑造出新时代农民工的工匠精神。

【访谈时间】2021年2月4日
【访谈地点】北京市
【访谈对象】李运强
【整 理 人】白　阳

马长卫：
用汗水浇灌青春

人物简介

马长卫，男，1982年生，河北省深州市魏家桥乡人，现就职于天俱时工程科技集团有限公司。

人物故事

2009年，马长卫开始从事电气调试工作，负责现场设备的电气调试、运行。为了能够履行好本职工作，他白天在现场调试设备，晚上自学电工知识，在床头堆满了各类电工书籍，笔记写得密密麻麻。通过不断学习和实践，他从一名外行成为电气调试能手，经他手的电气设备，调试运行全部一次成功。马长卫做事沉稳有韧劲，乐于帮助他人，短短几年就成长为一名高压运维专业领域的技术尖兵。他经常带领大家开展设备隐患排查治理工作，从源头上预防和减少各类事故的发生。

由于工作业绩和工作能力突出，公司安排马长卫到仪表调试部门担任班长。他坚持要从一名最普通的仪表调试员做起，从零开始。在仪表调试工作中，他肯动脑、善总结，积极与工艺人员沟通交流，了解仪表设备的相关参数，并将各个环节有机结合起来，充分保证仪表设备安全运行。他还利用业余时间学习仪表安装规范、工业自动化仪表与控制装置安装等相关知识，弥补理论上的不足。短短一年时间，他就成了项目部的技术权威。几年来，马长卫先后参与了冀衡化肥厂、华北制药二期、华北制药三期、伊犁川宁生物一期、伊犁川宁生物二期等工程，在仪表调试方面形成了一套行之有效的工作标准。

随着集团项目的不断增多，马长卫承担起更多责任。在项目上，他深感个人力量薄弱，需要充分发挥团队优势，形成"1+1 > 2"的效果。于是，他在项目部开展技能竞赛、学习互助组等活动，不仅讲解在仪表调试中的关键技术点、技术方法，还请厂家人员来授课，全面介绍分析仪表调试过程中的注意事项，在项目部形成"比、学、赶、帮、超"的学习热潮，全面提升了仪表调试员工的基础能力。同时，他深入推进工序流程标准化建设，以"高标准、严要求、零容忍"的态度实施调试过程控制，对关键工序全过程严密盯控，确保各道工序符合设计和安全技术规范要求。

10 余年间，马长卫用青春和汗水为产品质量严格把关，更为美丽中国建设贡献着自身力量！

【访谈时间】2021 年 1 月 21 日
【访谈地点】北京市
【访谈对象】马长卫
【整 理 人】白　阳

沈猛：
始终将安全放在首位

人物简介

沈猛，男，满族，党员，1985年生，河北省承德市滦平县人，现任河北省承德市信通首承科技有限责任公司调度工长。

人物故事

2006年，承德信通首承矿业有限责任公司在滦平县金沟镇建成投产，沈猛顺利通过了公司各项考核，成为一名喷煤工。沈猛深知喷煤工岗位责任重大，稍不注意，就会造成生产线停机、停产，他在上班时间严格按规程对设备进行检查保养，确保设备正常运转，不发生停机事故；下班后记录设备数据，建立设备档案。正是靠着细心和负责，他在当班期间没有发生过一起因喷煤而出现的停机、停产事故。

沈猛在工作中有很强的安全意识，始终坚持安全第一的原则。煤制粉是公司的动力区域，是重要危险源，如果控制不好，易发生火灾。为此，他在每周一次的安全活动中踊跃发言，分析身边存在的危险因素，对不合理的地方向安全部门提出合理化建议。自工作以来，他从未出现过一次安全事故，他所在的班组被评为先进班组。

由于工作表现出色，2011 年沈猛被调到主控室工作。有一天，其他岗位把进厂矿粉品种写错，造成两车约 160 吨矿粉卸错车，沈猛正好当班，在检查过程中发现品种不对，及时制止并更正，从而避免生产过程中出现质量问题，给公司挽回损失约 15 万元。在工作中，沈猛精益求精，能够根据现场实际情况，提出合理化建议。2014 年 7 月，沈猛提出对链箅机鼓风干燥段进行改造，实现每年节省电量 170 多万千瓦·小时，每年节省电费 92 万多元。2015 年 3 月，他提出对环冷机 3 号鼓风机操作进行调整，每年节省电费 32 万元。同年 7 月，他又提出对环冷机三冷段回热风取风点进行改造，将取风点向前移两个风箱，日节省电量 712 千瓦·小时，每年节省电费 10.68 万元。2013 年，沈猛所在的班组根据配矿计划精细配矿，节能降耗，全年完成降成本任务约 1 000 万元，2014 年完成降成本任务 1 088 万元，2015 年上半成完成降成本任务 463 万元，为公司降成本、增效益做出了突出贡献。

【访谈时间】2020 年 12 月 26 日
【访谈地点】河北省承德市
【访谈对象】沈　猛
【整 理 人】白　阳

仇振春：
跑遍千山万水的营销员

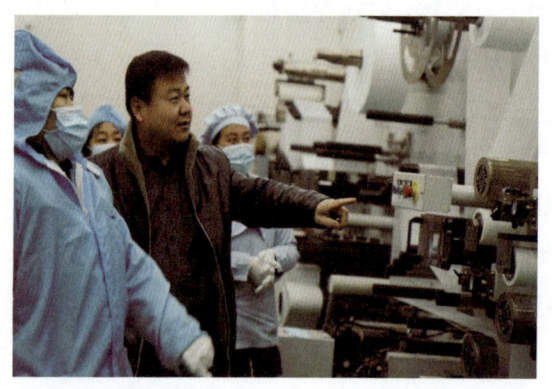

人物简介

仇振春，男，1972年生，河北省衡水市枣强县王均乡人，现就职于河北华强科技开发有限公司。

人物故事

自仇振春怀揣梦想进城闯荡以来，他始终把学习放到第一位。只要他回到公司，就一头扎进车间，跟工人师傅学技术，年复一年，他熟悉了公司上百种产品的性能级工作流程，历练了做好市场销售人员的自信和勇气。他还利用工作之余，不断加强对营销知识的学习，向书本学，向前辈学，向同行学，以求能熟练掌握专业知识和技能，提高自身的业务素质、工作能力和办事效率。

对待市场走访，在常人看来，只要走访到客户，了解一些基本情况就可以了。可是，仇振春不这么认为，在他眼中，客户就是上帝，如果自己只是简单对客户走访，不深入与客户沟通交流，对一些问题不闻不问，客户也不会把他当作诚信销售人员来看待。如果要对客户的信任负责到底，日常工作中需要付出许多额外劳动。在仇振春看来，这样做才是对客户负责。比如，有一次回访客户，竞争对手的产品出现了小问题，仇振春坐在一旁认真听他们讨论如何解决。晚上回到住处，他联系了公司技术人员，商量出一套解决方案，第二天一大早就递到客户手中。客户为他的认真态度所感动，马上决定把下一个项目交给他来做。正是这小小的额外用心，使仇振春获得了意想不到的收获。客户对仇振春的评价是："跟他做业务，我们放心！"

仇振春常年在外跑市场，双亲需要赡养，孩子需要照顾，他只能把这些撂给妻子，而工作上他一天都没有耽误。记得有一次，老人生病住进医院，家人打电话想让他回去看看。可当时正赶上屋顶通气器验收，仇振春把心一横，给妻子打了个电话，让她多费心照顾。他每每说起这些，总会流下愧疚的眼泪。

仇振春用自己的实际行动，为公司发展做出了自己最大的贡献，赢得了客户和公司上下的广泛赞誉。

【访谈时间】2021 年 2 月 5 日
【访谈地点】北京市
【访谈对象】仇振春
【整 理 人】白　阳

韩英：
创业一人，脱贫一拨

🔵 人物简介

韩英，女，1982年生，河北省石家庄市行唐县只里乡连家庄村人，现任行唐县鑫尚手工制品公司总经理。

🔵 人物故事

韩英出生在新乐市农村，与行唐县连家庄毗邻。爱人张卫是连家庄老实巴交的农民，自嫁到连家庄后，她孝敬公婆和爷爷奶奶，村里人人夸韩英是百里挑一的好媳妇。小夫妻都只有初中文化，先后养过牛、养过羊，但由于缺资金、缺技术，几年下来没有挣到钱。后来去过石家庄市、行唐县打工，但都是从事些零星的、间断性的工作，朝不保夕，收入也比较低。再加上家里增添了小孩，家庭收入只能勉强维持基本生活费用，孩子买奶粉钱都是亲戚朋友接济的。

　　按照贫困户评定标准，韩英家在2014年被认定为建档立卡贫困户。2016年，倔强、不服输的韩英经过再三思考，丢下年幼的女儿，赴石家庄市学习了半年的服装加工技术和管理知识。知识的力量使她萌生了创业的念头。但是，资金、设备、场地怎么办？韩英充分利用国家的金融扶贫政策，积极申请"小额贷款"，同时四处向亲朋好友借钱，租下村北闲置的100平方米简易厂房，购置了10台二手缝纫设备，招聘员工，依托行唐、新乐地区服装来料加工的特点，加工床上用品、学生用品、电热毯、电暖宝等。依靠诚信、产品质量、严格管理等，公司规模不断扩大，业务量逐渐加大，员工不断增加，目前安置员工20人，其中建档立卡贫困户12人。韩英家庭收入由2014年建档立卡时人均不足2 800元，提高到2020年的8 556元。连家庄及周边村了解韩英的村民，无不跷起大拇指，异口同声地说，韩英不仅自己富裕了，还引领20多名姐妹走上了致富路，是大家的榜样啊！

【访谈时间】2020年11月15日
【访谈地点】河北省石家庄市行唐县
【访谈对象】张　卫
【整 理 人】王华清

曹斌：
平凡岗位上实现人生价值

> 人物简介

曹斌，男，预备党员，1983年生，黑龙江省龙江县龙兴镇人，现任黑龙江辰鹰乳业有限公司设备动力车间主任。

> 人物故事

1996年，曹斌初中毕业，为了不给本已贫困的家庭增加负担，他决定不升学而外出打工。由于没有学历和打工经历，他只能凭借自己的肩膀和双手去建筑工地做一名建筑工人，挑灰浆、修扣件、烧电焊、打杂活。2003年，曹斌经人介绍来到黑龙江辰鹰乳业有限公司，开奶车收购鲜奶。他开车技术还可以，但不懂鲜奶化验相关知识。于是，他在认真工作的同时，利用业余时间学习鲜奶化验知识，不到一年基本上可以独立操作了。2009年，他被单位派到动力车间学习维修技术，这对他来说是机遇，更是挑战。除利用业余时间学习外，他多次主动与厂家联系，积极学习维修技术。他在很短的时间内就掌握了过硬的设备维修技术。2010年12月的一天，公司锅炉坏了，生产急需供应蒸汽，曹斌已经上班24小时，疲惫不堪，又感冒发烧，但为了公司的生产，他带病坚持工作，带领工人奋战了十多个小时，终于修好了锅炉，保证了生产蒸汽的持续供应。

2015年，曹斌任动力车间主任，他不仅在工作中是员工的表率，在生活上还处处关心和照顾员工，看到有员工上班精神恍惚，便会上前询问、开导，并积极帮助有困难的员工，解除员工的后顾之忧。工作中遇到问题不管时间早晚，他随叫随到，毫无怨言，总是满腔热忱地投入工作。工作十几年来，曹斌时时刻刻严格要求自己，多次被评为公司的先进工作者。

曹斌还积极回报社会，在扶贫济困、抗洪救灾、抗旱救灾、玉树地震等活动中积极捐款，奉献爱心。

【访谈时间】2020年12月30日
【访谈地点】北京市
【访谈对象】曹　斌
【整 理 人】白　阳

孔凡柳：
临危请缨，勇抗疫情

人物简介

孔凡柳，女，1986年生，武汉市江夏区五里界镇群益村余孔湾人，现任稳健医疗（黄冈）有限公司车间主任助理。

人物故事

我从小家境贫寒，有姐弟4人，劳力少，初中一毕业便外出务工。稚嫩的我跟随村里的长辈四处漂泊，几经波折，做过服务员，去过工厂，打过杂工，吃过很多的苦。2013年我来到了稳健医疗（黄冈）有限公司（以下简称黄冈稳健），无依无靠的我凭着一股农村娃的诚实、勤奋和吃苦耐劳的精神，由一名普工成长为车间主任助理，并多次荣获公司"优秀员工""先进标兵"荣誉。

制造业 篇

2020年年初新冠肺炎疫情袭来,口罩和防护服供给严重短缺。在公司动员大家自愿报名参加春节期间生产口罩的战斗时,我直面危险,逆行而上,毫不犹豫地首先报名。

大年三十,我匆忙赶回家,和家人吃完团圆饭就起身要连夜赶回公司,家人坚决反对,丈夫和孩子根本不能接受我这个决定,丈夫横眉冷对,孩子抱着我的大腿不放。在这样的情况下,我也想过留下来,哪怕住一个晚上,但是我深知,如果没有按时上岗,会严重影响到整个车间的正常生产,对于一个团结战斗的团队,影响多不好!想想那些医护人员冒着生命危险战斗在病房里,等着我们的口罩……我不得不含泪扒开孩子的手,狠心冲出家门!

此后我以厂为家,吃住都在公司,主动放弃所有的休息,每天工作达15小时以上。超负荷的工作量和千丝万缕的繁杂事务让我身心疲惫、体力严重透支,体重下降15斤。后来就连母亲住院做手术我也没去看上一眼,每每想到此事,我都会感到内疚而泪流满面!随着口罩车间的快速扩产,人员由原来的200人增至500人,设备由35台增加到77台,面对大量人员、设备的增加带来的新难题、新挑战,我和团队没有畏惧,始终抱着克服万难的决心。我主动申请带夜班,疏导和帮助同事们消除恐慌情绪,一边组织生产计划实施、物料跟催和人员、生产协调及订单的完成跟进,一边在抓好生产质量的同时,严把车间生产安全关,严格规范员工洗手、消毒、测体温程序和车间定时消杀工作,取得口罩车间全体员工零病例、零感染的优异"战绩"。

在疫情最严峻的一个月时间,口罩车间坚持24小时两班倒生产,不断扩大产能:N95口罩日产量由3.6万片提高到4.5万片,医用外科口罩扩产到30万片以上,产能提高了3倍多。危急时期,为全国的医院、药店生产、发送出1亿多只口罩,提供了约占全国市场1/3的口罩量,为疫情防控工作做出了重要贡献,公司被授予"全国抗击新冠肺炎疫情先进单位"殊荣。

我会继续用自己平凡的力量书写不平凡的人生，以自己的实际行动诠释平凡人的人生价值。

【访谈时间】2020年6月3日
【访谈方式】电　话
【访谈对象】孔凡柳
【整 理 人】贾东岚　蔡婧娟

制造业 篇

邓芳园：
成为一个有技术专长的人

人物简介

邓芳园，男，1988年生，甘肃省合水县蒿咀铺乡人，现为和龙双昊高新技术有限公司工作人员。

人物故事

2006年，邓芳园高中毕业后因高昂的学费，不得不放弃大学的学习机会。2007年3月，邓芳园来到天津双昊车用空调有限公司做了一名普通学徒工人。刚来到公司的那几个月对他来说非常难熬，看见别的师傅操作起来娴熟自如，而他却笨手笨脚，不仅数量做得少，合格率还不高。回到宿舍他反复思考，下定决心要让自己成为一个有技术专长、有能力的人。

邓芳园先后购买了《数字控制的基本原理》《数字控制的实际应用与操

作》《MASTERCAM 实例加工教程》等书籍，弥补这方面知识的不足。

  2008 年年底，公司从天津迁到了吉林省和龙市，成立了和龙双昊高新技术有限公司。邓芳园对当地的饮食、环境、气候都不太适应，他把这种不适应当成锻炼自己的契机，把生活环境上吃的苦当成是对自己的磨砺和财富，由此调整了心态，逐渐适应了这里的生活和工作。

  2012 年 5 月，公司决定产品的外购塑料件由自己研发制作。领导看中了邓芳园的能力，把他调到了项目小组。邓芳园在项目小组提出，要研究软件编程。为了达到项目开发进度，项目组一起进行了软件编程学习。经过两个月努力，第一套模具用 MASTERCAM 实现了加工，编程软件加工在实际工作中得到了应用，保证了整个项目的推进进度。目前，这套加工工艺已全部推广应用到公司的实际工作中，为公司填补了不能生产注塑件的空白。

  2017 年，公司购进了一批工业机器人，准备进行自动化改造。邓芳园提前做功课，学习工业机器人与自动化有关知识，为下一步自动化改造做准备。为了使加工中心与机器人完美结合，他和团队一起不分昼夜地工作。经过一个月的努力，完成了第一台机器人控制加工中心作业。随后，经过 8 个月的时间，他又和同事依次完成了 10 台配套机器人作业，使整个加工流程变得更流畅、更有效，为公司提高了生产效率，创造了可观的价值。

  2018 年，在公司面临汽车市场向新能源发展的情况下，邓芳园积极参与了汽车气液分离器的研发工作，取得了重大成果，在当年 12 月获得了汽车空调气液分离器的一项专利证书。

【访谈时间】2021 年 3 月 7 日
【访谈地点】北京市
【访谈对象】邓芳园
【整 理 人】白　阳

制造业 篇

段俊：
担负起人大代表责任的打工者

人物简介

段俊，女，1975年生，四川省安岳县人，现任嘉联益电子（昆山）有限公司副总室副理。

人物故事

1993年的夏天，刚刚中专毕业的段俊随着打工潮来到了昆山。在经历了一番曲折后，段俊终于找到了第一份工作。随后，她做过仓库原材料和成品管理、生产管理外包、生产管理安排等各种工作。面对经常超负荷的工作量和工作上进步的局限性，段俊常常在深夜思考自己的未来。思考再三，段俊看准了电子类企业的发展前景，辞职进入了嘉联益电子（昆山）有限公司。刚开始，担任普通检验员的她，工作主要是凭肉眼检验 FPCB 板的外观是否有划痕、脏污、凹凸不平，使用高倍放大镜检验线路是否连接正常。看似机械的工作，她却用工匠精神的细致对同机种、同型号产品检验流程、检验方法、检验重点不断总结分析。19 年间，段俊靠着吃苦耐劳、认真好学的精神从一名基层员工做起，先后担任储备干部、股长、课长、工段长。

段俊不仅工作严谨而且力求创新。2004 年，通过积累工作中的经验，段俊提出了一份关于优化工作的详细报告，得到了领导的支持，自此，检验人员的人均产能从每小时 100 片提高到 200 片，总产量也从原来的每天 8 万片提高到 17 万片。此后，段俊在自己的岗位上不断创新，公司流水线分工更趋完善，产能得到了提升，成本也大幅下降，创造了昆山厂入库 744 万美元的新纪录。

段俊对自己近于严苛的要求使得历年集团制定的质量目标都能够在她的带领下超额完成。她也十分关心员工生活，员工困难时会想到她，快乐时也会想到她。正是因为她平时的关心和照顾，在 2008 年年底金融危机来临时，公司员工队伍非常稳定。在 2009 年 3 月订单回暖时，她带领员工队伍将产量提升了两倍以上，有力支撑起公司的发展。现在，段俊已成为员工心目中的"段大姐""段妈妈"。

2014 年，段俊第一次作为群众代表应邀参加教文卫体人士和基层群众代表座谈会，她将一线农民工的心声反馈到会上，同年她被选为江苏省人大代表、全国妇代会代表。2018 年，段俊首次当选全国人大代表。农民工租房问题、人大代表提建议和议案的区别、十九大报告的心得感想等，段俊都一一做好记录。她时刻关注身边的人，倾听身边的事情，将一线农民工的心声反馈到全国两会上。

2019 年，再次步入人民大会堂，段俊更加从容淡定，对履职尽责充满信心。特别是聆听了李克强总理所作的政府工作报告，她感到非常振奋，会后第一时间将报告内容发到朋友圈，向亲朋好友表达了"人民的生活会越来越美好"的强烈心声。让段俊倍感欣喜和振奋的是，她在履职中提的建议正在一步一步变为现实。"我的心里暖暖的,希望把政府工作报告中的好政策快点传递给身边的朋友、同事,和他们分享这些利好。"段俊说,国家有惠民好政策,干部有实干好作风,老百姓一定会过上好日子。

  作为工段长,段俊总是本着爱岗敬业的精神,默默耕耘,在平凡的岗位上作出了不平凡的成绩,成长为广大工友心中的带头人。作为全国人大代表,段俊始终牢记使命和责任,她说:"一个头衔就是一份宝贵的荣誉,也是一份沉甸甸的责任,只有做回普通人,做好本职工作,才能真正对得起这份荣誉,担当起这份责任。"

【访谈时间】2020 年 12 月 5 日
【访谈方式】微　信
【访谈对象】段　俊
【整 理 人】吴亚蓝

陈金莲:
脱贫带头人

人物简介

陈金莲,女,1981年生,江西省赣州市宁都县会同乡人,现任江西省赣州市宁都县会同乡晨星服装厂负责人。

人物故事

陈金莲出生于江西省赣州市石城县的一个偏远山村。家里小孩多,本就不富裕的家庭无力供所有的小孩上学,陈金莲读到小学三年级就辍学回家帮忙做农活贴补家用,在当时当地这是常有的事,陈金莲虽然还想继续读书,但也只能接受这个事实。

2001年，经朋友介绍她与宁都县会同乡的李荣生相识相恋。两人感情逐渐升温，并认定对方就是可以相伴一生的人，两人携手步入婚姻殿堂，陈金莲成了一名会同媳妇。2003年，大女儿降生，喜得千金，一家三口其乐融融，但夫妻俩的压力也更重了，家中农活所得只能维持基本日常生活。夫妻俩斟酌了良久，决定要通过自己的努力改变生活。

2005年随着改革开放的不断推进，许多农村的年轻人都出门务工去了，陈金莲夫妻俩也想看看村子外面的世界，于是带着对未来的憧憬全家踏上了福建三明之行。第一次出远门的陈金莲发现三明和家里真的很不一样，家里是一眼望不到边的山，三明是随处可见的高楼和工厂，那时候陈金莲小小的心里有大大的梦想，希望能让自己的生活和自己的家乡都变得更好。

打工之路并不像想象中的顺利，因为没有学历又没有技术，陈金莲在求职的过程中处处碰壁，夫妻俩带着女儿和父母挤在一个20平方米左右的出租屋里。眼看家中带来的钱已经用得差不多了，纠结再三，陈金莲选择了一个包吃的餐馆干起了服务员的工作，做了3个月左右，餐馆旁边新建了一家电脑绣花厂，不要求工作经验就可以上岗，陈金莲想着学门技术才是长久之计，下决心辞去了服务员的工作，开始学起了电脑绣花。这可不是一个轻松的工作，实行的是两班倒，基本一天需要连续工作10小时以上。做了两年多，陈金莲觉得这也不是长久之计，加上父母有了一定的年纪，大女儿也面临上学等问题，再三权衡，2008年陈金莲和父母及大女儿回到会同。当年，会同遭遇低温雨雪冰冻灾害，大量农作物受损，陈金莲看到辛苦劳作的农民面对天灾时的无奈，她想着应该做点什么。

2008年到2017年期间，陈金莲从事过多种工作，二女儿和小儿子也在这期间降生。在会同生活的日子里，陈金莲也在关注着家乡的点滴，许多农村妇女要么和丈夫背井离乡让自己的孩子留守，要么在家务农扛起家庭的重担，生活却没有太大的起色。一边是生活的压力，一边是心中小小的希望之火，陈金莲一直在积攒力量，她坚信一定会迎来属于自己的春天。

2018年，在村干部的帮助和扶贫政策的推动下，陈金莲把家中的积蓄全部拿出来，同时申请了扶贫产业贷款，积极联系温州的厂家，深入了解服装加工行业情况，在会同乡办起服装加工厂——"晨星服装厂"正式成立。从最初的两个人，发展到现在28个工人的规模，吸纳了10多个贫困劳动力，解决了他们的就业问题。农村出身的陈金莲也十分体谅员工们的难处，鼓励家中农活较重或需要照顾老人的将布料带到家中去做，大大激发了员工的工作积极性，成了公认的脱贫带头人。晨星服装厂加工的服装主要出口意大利等国，质量要求高、发货时间紧，陈金莲没有把过重的生产压力放到员工头上，而是经常一个人默默赶工期，同时还要照顾家中的老人和小孩，是典型的"拼命三郎"，现在该厂年产量达到十几万件。

说到未来，陈金莲希望能通过自己的努力，拥有一家自主研发、生产加工销售一体的品牌服装厂，带领更多的乡亲们脱贫致富。

【访谈时间】2021年1月21日
【访谈地点】江西省赣州市宁都县
【访谈对象】陈金莲
【整 理 人】廖祝云　邹　剑

制造业 篇

王珍胜：
身残志坚的打工者

人物简介

王珍胜，男，1970年生，江西九江市德安县磨溪乡宝泉村人，现任德安县永顺竹木专业合作社竹制品加工厂车间组长。

人物故事

今年50岁的王珍胜和36岁的妻子程金俭都是磨溪乡宝泉村的村民，天生聋哑的他们还抚养着两个正在上学的小孩。由于身体原因他们无法像村中大多数年轻人一样选择外出打工，多年以来只能依靠打零工、干农活以及政府低保金维持日常生活。然而身体的疾病和艰难的处境并没有使两人向生活投降，他们借助党的扶贫好政策，在乡、村及脱贫攻坚工作组的帮扶下，凭借两人勇敢坚毅的品质以及乐观积极的心态，通过就业扶贫走上了致富路。

身残志坚，自强不息勇拼搏

"我们两个都是聋哑人，一般的工厂都不敢招我们去工作，家里的事情也需要我们管着，更别说跟其他人一样去临乡工作了。平时就是在家做做农活、附近打点零工。家里也没有什么积蓄，加上两个女儿又在读书，学费、生活费……孩子的书一定是要读下去的，需要花钱的地方实在太多了。"王珍胜用手语比画道。

被认定为贫困户以后，王珍胜夫妇便下定决心要靠自己的双手摆脱贫穷，摒弃"靠着墙根晒太阳，等着别人送小康"的思想。勤劳吃苦的他们，依靠宝泉村拥有的独特自然优势，积极主动发展种植业、家庭养殖业，种植了水稻、花生、红薯等多种农作物，闲暇之时还不忘外出打零工增加收入。他们坚信，一定可以凭借自己的双手早日摘掉贫困户这顶帽子。

抓住机遇，辛勤劳作终脱贫

2018年10月，德安县永顺竹木专业合作社竹制品加工厂正式投产，为村里开辟了一条产业扶贫新路，不仅解决了当地丰富毛竹资源的销路，还直接带动了王珍胜等6户贫困户到加工厂上班增加收入。

竹制品加工厂成立之初，王珍胜、程金俭夫妻俩便立刻到加工厂上班了。如今，他们也通过产业扶贫带来的就业岗位实现了脱贫。每天忙碌在加工厂，虽然辛苦，王珍胜夫妻俩却很满足，他们用手语说道："我们现在每天工资在150元以上，孩子也渐渐长大，老母亲身体也慢慢变好，加工厂也在发展中，日子就像芝麻开花节节高。人穷并不可怕，只要勤勤恳恳地干，就一定能脱贫致富！"夫妻俩脸上露出了朴实而幸福的笑容。

充满信心，努力创造新生活

惟其艰难，方显勇毅。面对贫困，不等不靠，这就是对王珍胜一家人最真实的写照。

茶余饭后，夫妻俩通过手语与我们谈起了未来的生活，夫妻俩充满信心，表示"多亏了有党的扶贫政策，让我们重新树立起生活与致富的信心，一步步敲开了致富之门，走上了致富之路，才有了现在的生活，这在以前想都不敢想！"

屋舍俨然，青烟几缕，老人倚靠在门边看着院子里玩耍的孩童，夫妻俩的脸上洋溢着止不住的笑容，那是历尽千帆后期待美好未来所散发的熠熠光芒。

【访谈时间】2020年12月26日
【访谈地点】江西省九江市德安县
【访谈对象】王珍胜
【整 理 人】黄 伟　夏泽民

李伦锋：
有发明爱较真能奉献的工段长

人物简介

李伦锋，男，1972年生，辽宁省瓦房店市复州湾镇夏屯村人，大连新光彩船舶工程有限公司劳务派遣员工，现任大连中远海运重工集团有限公司上建工区新光彩工段工段长。

人物故事

李伦锋的老家在辽宁省瓦房店市复州湾镇的一个沿海小村，这个村虽然临近宜养蛤蜊的滩涂，但受传统小农经济思想束缚，村民却不能靠海吃海，因此一直是当地有名的贫困村。李伦锋13岁那年，在镇办水泥厂工作的父亲因为一场工伤事故失去了左臂，全家5口仅靠父亲微薄的伤残补贴和家里贫瘠的几亩地维持生活。作为家里唯一的男孩，为了维持家里生计和两个姐姐的学费，刚读满初中一年的他，就放弃学业到滩涂挖蛤蜊、钓蛏子养家糊口，从此，李伦锋就顶起了这个贫困家庭的大梁。看到小小年纪的他，每天都泡在海水里拼死拼活地干，心疼他的父母含泪劝阻他不要再干了。在村里没出路了，怎么办？必须走出去！不满20岁的他，独自来到大连闯荡，凭着自己的心灵手巧，成为一名家庭装修工人。刚来大连的时候，每天最多能挣到60块钱，但这和过去挣扎在温饱线上相比，已经是天壤之别了。

一个偶然的机会，李伦锋走进了船舶舾装这个行业，从钢板数控下料到钢结构制作，勤奋好学的他在船体内部装修改造上积累了丰富的经验。

2014年，李伦锋作为大连新光彩船舶工程有限公司的劳务派遣员工来到大连中远海运重工有限公司上建工区新光彩工段做了一名内装工人。仅仅半年时间，有着娴熟技艺和负责态度的他便成为内装班班长。刚出任班长时，这个班组一直处于亏损状态，李伦锋一手抓培训、一手抓管理，3个月内就实现了扭亏目标。2015年，李伦锋走上了管理岗位，成为公司上建工区新光彩工段工段长。

在中远上建工区，一提起李伦锋，大家都会说到他的几大"爱好"。

一是爱发明。船舶上生活区黑灰水灌水试验以往都是通过焊接码板进行封堵，不仅损伤船体母材，同时还存在火灾隐患，李伦锋发明了可以拆卸的盲板工装，简单实用，还可以重复利用，大大减轻了劳动强度，杜绝了火灾隐患。在某修造项目中4艘船使用的角钢折角过大，手工焊接既影响质量又费工时，李伦锋看在眼里急在心上，连夜把二氧角焊机搬到办公室，经过反复琢磨，设计出加长的焊机连杆，一下子提高了工效和焊接质量。在该项目浮动地板安装过程中，工人们按以往经验使用角磨机切割镀锌板，切割片消耗量大不说，切割过程中的粉尘极易造成工人锌中毒，李伦锋果断提出用等离子切割机的建议，工效一下子提高了5倍。在李伦锋身上，类似的发明革新俯拾皆是，据不完全统计，他每年的发明给公司节约资金都在20万元以上，一些项目还获得了公司的"降本增效"奖。

二是爱较真。几年前，PE管作为新型管材刚开始在船舱供水系统使用时，好多人都是根据热熔器的焊接参数施工，李伦锋在检查中发现，这样照搬数据的操作很容易出现焊接漏点。于是，他找来不同口径的PE管，会同班组长和热熔器服务商一起，从焊口清洁、热熔温度、对接速度、对接口翻边等一系列细节问题入手，反复验证，终于取得了船舶 PE 管焊接施工的技术数据，使生活区供水系统校验合格率达到了 99%。在某外轮船修理过程中，船东要求对该船的大型冷库进行全面翻新改造，在一无图纸二无数据的条件下，李伦锋带领两名工人，自行设计自行施工，在规定时间内完成了冷库的拆除和再造，受到了船东的高度赞誉。

三是爱奉献。担任班组长期间，李伦锋就是"加班狂"，每到船舶修造工程紧张时，"697"就成了他的家常便饭。当上工段长以后，李伦峰更是把全身心投入工程上去，节假日都难得休息。奋战某修造项目的时候，正赶上他女儿临近高考，李伦锋在现场连续奋战 20 多天，只能偶尔深夜回家看女儿一眼。

类似这样的"爱"，李伦锋身上还有许多——爱工友：对家里有困难的工友，他经常自掏腰包给予资助；爱计较：对绩效考核、安全质量，他没有丝毫含糊；爱带徒：对新来乍到没有多少经验的工人，他毫不吝啬，倾囊传授技艺……在李伦锋的带领下，上建工区新光彩工段每年的经济指标完成情况都在公司名列前茅。

从少年时代的磨难，到青年时代的闯荡，再到壮年时代的稳定，李伦锋从最初食不果腹的贫困少年成长为今天年薪 20 多万元的工段长，他的奋斗历程也是中国改革开放 40 多年农民工致富的一个缩影。说到这里，李伦锋朴实的脸庞充满了自豪："是党的政策给了我美好的生活，我在大连已经有了两套房，天天开着自己的车上下班，女儿也上了大学。这些年不仅我自己的生活好了起来，家乡的面貌也起了翻天覆地的变化，村里充分利用海滩资源优势，大力发展滩涂养殖，家里也盖起了 5 间砖瓦房，父母都有了农村合作医疗，我们的日子确实是应了那句老话，芝麻开花节节高啊！"

【访谈时间】2020 年 9 月 25 日
【访谈地点】辽宁省大连市
【访谈对象】李伦锋
【整 理 人】孙　涛

韩金玉：
爱琢磨的焊工班长

人物简介

韩金玉，男，内蒙古呼伦贝尔市扎兰屯市哈拉苏镇人，现任神华电力集团公司呼伦贝尔市宝日希勒煤业公司维修中心焊工班班长。

人物故事

1984年韩金玉初中毕业后在家务农，仅凭几十亩土地谋生活，家庭境况十分困难。面对生活困境，韩金玉萌发了外出打工挣钱的想法。经过3个月电气焊培训，掌握了一技之长的韩金玉于2000年6月只身到外地务工，先后在浙江省宁波市中远船务公司、江苏省南通造船厂务工，从事船体焊接工作。

2006年8月，韩金玉来到神华电力集团公司呼伦贝尔市宝日希勒煤业公司工作。2008年至2014年，他连续7年被公司评为优秀职工。

韩金玉爱岗敬业，肯钻研、爱琢磨，在中远船务公司务工期间，改进焊接工艺 11 次，提高工作效率 3 倍以上，创造直接经济效益 200 万元以上。来到宝日希勒煤业公司工作后，韩金玉更加爱岗敬业，尊重领导，团结同事，热心公益事业，展现了当代农民工的风采。10 年间，他带领焊工班 8 名同事，紧密结合工作实际，改进焊工工艺 32 项，使焊工作业工效明显提升，直接为公司创造经济效益达 400 万元以上。他带领的焊工班从未发生一起焊工作业安全事故，也从未因焊工班原因，耽误公司生产运行。因此，韩金玉多次荣获公司"优秀职工"称号，并作为公司技术带头人被重点培养。

韩金玉在外务工获得了丰厚的经济回报，家庭生活发生了翻天覆地的变化，但他没有忘记生他养他的家乡。15 年间，他始终坚持为家乡的乡亲们提供外地就业信息，帮助联系务工单位，每年他都带出多名老乡到外地打工。

2005 年，家乡扎兰屯市遭受了特大龙卷风和暴雨袭击，哈拉苏社区道路损毁严重，极大地影响了区域经济发展和群众生活。他得知后，主动拿出务工积蓄 35 万元，资助家乡灾后重建。从 2005 年开始，他每年资助家乡一名困难家庭孩子上学，现在靠他资助的孩子已有 11 名。

2020 年，韩金玉凭借过硬的技术本领，打工年收入已近 6 万元，比原来做农民时 2 万多元的收入翻了一番多。韩金玉作为家里的顶梁柱，对生活充满了热情和责任感，他希望通过自己的努力，让家庭过上更好的生活，同时也帮助更多的人。

面对家乡政府、领导和乡亲们的赞扬，人到中年的韩金玉仍然感到回报社会、回报家乡太少。他多次表示，是党和政府的好政策使他走上了外出打工、就业致富的路子。他一定更加积极努力工作，更加刻苦钻研焊工技术，为社会做出更大的贡献。

【访谈时间】2020 年 8 月 4 日

【访谈地点】北京市

【访谈对象】韩金玉

【整 理 人】武　唯　张赢方

李耀梅：
小扫帚编织大梦想

人物简介

李耀梅，女，1964年生，宁夏红寺堡区大河乡龙源村人。

人物故事

2008年，无法忍受家庭暴力的李耀梅离异后与女儿相依为命，由于身体不好，她主要靠到集市售卖自己扎制的扫帚获取收入。2014年，她随老家整村搬迁至红寺堡区龙源村后，被认定为建档立卡贫困户。在日复一日的勤劳耕耘中，李耀梅和女儿的生活逐渐走上了正轨。2015年，命运又跟她们开了一个天大的玩笑。李耀梅在送女儿上学的返途中突然遭遇车祸，落下了四级残疾，还因此欠下30多万元外债。李耀梅回忆道："那段时光真的很痛苦，也曾想过放弃，但一方面挂念年幼的女儿，另一方面也不能让帮助过我的人寒心。"于是，出院回家休养近两个月后，李耀梅便开始连轴转起来，喂羊、养鸡、捡破烂、扎扫帚，她不怕苦不怕累，从早忙到晚，一心只想着还清债务。

功夫不负有心人，在这样的努力下，李耀梅不仅用3年多的时间还清了债务，还供女儿上了大学。因为李耀梅诚实守信和自强不息的奋斗精神，2019年她被授予"全国脱贫攻坚奖奋进奖"。

2019年6月，李耀梅成立了耀梅洁具专业合作社，从事笤帚、扫帚、拖把的制作，她雇用了6名工人，带动当地贫困户一起就业。为了提高制作效率，小学文化水平的李耀梅开始制作扎扫帚机。白天在建材市场搜集材料，晚上在网上搜索扎扫帚机的制作方法和原理。找到材料后，"我专门买来焊接机、切割机、抛光机等机器，自己动手组装、焊接机器设备，让扎扫帚、笤帚实现机械化"。经过两个多月时间，她根据自己多年扎扫帚的经验做出了半自动扎扫帚样机，并通过快手平台将自制的剥草皮机出售到周边省区，短短半年时间就卖出了400多台，获得了更高的利润。

2020年7月，为了支持李耀梅扩大生产，同时带动更多的贫困户就业脱贫，当地政府专门为李耀梅建起了150多平方米的扶贫车间，她的耀梅洁具专业合作社也逐渐步入了正轨。目前，李耀梅不仅自己通过创业实现脱贫致富，还聘用了8名正式员工，让他们不出门就脱贫致富，年纯收入10万多元。

李耀梅说："我通过努力奋斗实现了脱贫，现在就希望踏踏实实供女儿去争取更加美好的生活，也希望未来自己可以好好经营厂子，为大家多拿一点订单，让大家都可以再多挣一些钱。"

【访谈时间】2021年1月25日
【访谈地点】宁夏吴忠市
【访谈对象】李耀梅
【整 理 人】刘世锦　张高洁

制造业 篇

撒红梅：
越努力越幸运

人物简介

撒红梅，女，回族，1985年生，宁夏固原市西吉县人，现任宁夏金蛋蛋农业食品有限公司仓储物流部主管。

人物故事

撒红梅出生在大西北黄土丘陵地带一个普通的农民家庭，父亲是赤脚医生，母亲是农民，家里兄弟姐妹众多，因此还没上完高中的她就已辍学在家了。辍学后她总是想尽办法在县城打工挣钱贴补家用。她先后在餐厅当过服务员、收银员，也在后厨帮过工，甚至还在砖厂拉过板车。2005年，撒红梅听邻居说县城组织劳务输出，要大批招人到北京打工，一心想要闯荡出一片天地的她不顾父母的反对，满心希望地报了名。在北京的工厂里她从事加工鸡肉的工作。肯吃苦的她从普工做起，兢兢业业，认真负责，很快便被提升到了班长，后来又被提升至拉长，工资也从 800 元涨到了 3 000 多元。就这样，撒红梅在北京奋斗了将近十个年头，其间也收获了自己的爱情。她回忆道："当初来北京，工作上很多事都不懂，作为回民，生活中也有很多困难，但好在自己都坚持下来了，现在的日子也越来越好了。"

2012 年，撒红梅和爱人一起返回宁夏迎接孩子的降生，在家乡翻开幸福生活新的篇章。她开了一家童装店，做起了自己的小生意，丈夫跑跑运输、打打散工，在他们的共同努力下，他们在县城买下了自己人生中的第一套房子，面积不大，但温馨温暖，足够遮风挡雨。2020 年，他们又买了自己的代步小车，尽管是一台二手车，但撒红梅觉得非常满足，"我相信通过奋斗、努力换来的幸福之路，一定会走得更远，因为我不仅仅有爱我的丈夫，还有一双可爱的儿女，更重要的是我能自食其力地打工挣钱，实现一个农村妇女之前想都不敢想的社会价值"。

现在，撒红梅的爱人继续在外打工，而她在西吉县工业园区宁夏金蛋蛋有限公司找到了一份新的工作，不仅可以赚钱，还可以就近照顾两个孩子。踏实敬业的撒红梅很快便得到了领导的认可，担任了仓储物流部主管兼库管一职，主要负责进出货、配发货的工作。夫妻二人每月的收入已经达到 1 万多元。撒红梅计划在厂子里好好干，谋取更广阔的发展空间，进一步提升自己的职位和收入。

"我一直相信一句话，越努力越幸运。打工之路虽然很难，但确实帮我增长了见识，改变了对于很多事情的看法。作为年轻人，我们不能颓废，要在能折腾的时候多折腾，只有这样，才能抓住更多机会，拥有更加幸福的生活。"撒红梅说。

【访谈时间】2021 年 1 月 25 日
【访谈地点】宁夏固原市
【访谈对象】撒红梅
【整　理　人】王　鹏　张高洁

杨宝云：
走出大山到沿海

人物简介

杨宝云，男，回族，1989年生，宁夏固原市西吉县人，现为福建长城华兴玻璃公司印花生产部工艺员。

人物故事

杨宝云出生在大西北黄土丘陵地带一个普通的农民家庭，他小时候家境贫寒，初中毕业就开始帮家里种地。后来为生计所迫，15岁的他就开始四处打零工贴补家用。杨宝云回忆，自己第一份比较正式的工作是在乌鲁木齐的一家拉面馆上班，那时给他的工资只有850元一个月。他干了3个月后实在攒不下钱，就狠狠地回到了宁夏。之后他又辗转呼和浩特等地打工，参与建筑桥梁的工作，收入在1 200元左右，就这样又在外漂泊了三四年。之后，在父母的要求下，他返回了宁夏老家，安心种地。

2019年，在村主任的介绍下，杨宝云得知去福建打工可以享受多项优惠政策：政府给补贴路费，干满半年还能有5 000元现金补助。于是，他带着从未去过福建的迷茫，踏上了千里赴闽打工的征程。2019年3月4日，杨宝云正式开始在华兴玻璃厂上班。初到福建，炎热的气候让他很不适应，同时，作为回民的他在饮食上也有着诸多不便。还有，工作中也是困难重重，头一次进厂的他对大型进口机台设备一无所知。尤其当得知自己的工作全部需要用电脑操作时，他更是在心里打起了退堂鼓。可是，年轻有冲劲的他不甘心就这样再次回到西吉老家，他下定决心要在福建闯出一片天地来。于是，杨宝云白天工作，晚上自己再对着教材琢磨工艺。经过半个月的努力，他终于克服了对数控印刷设备的"恐惧"，不管是德国机械还是美国机械都能熟练地操作。厂里也给了他很多帮助，不仅为七八名来自宁夏的回族员工开设了回民食堂，还特地聘请专家对大家进行培训。杨宝云就这样一点点克服了生活和工作上的困难。2020年，他顺利通过了华兴公司的考核，晋升为一名印花工艺员，工资也从最初的3 000元涨到了4 500元。现在的他对未来充满了希望，他计划2021年将妻子也接到福建打工，两个人共同为更好的小日子奋斗努力。

杨宝云说："出来打工让我看到了更广阔的世界。以前在家里农闲的四五个月，大家就只能看电视打牌，日子很安逸却一直过着穷日子；而到了外面，大家的干劲都很足，都在为更好的日子努力拼搏着。我希望以后自己也能在这里多赚钱，最好可以把孩子也接过来，在这边接受更好的教育。"

【访谈时间】2021年1月26日
【访谈地点】宁夏固原市西吉县
【访谈对象】杨宝云
【整 理 人】张杨森　袁龙贵　张高洁

郭玉稳：
一线钢板技术工，潜心研艺脱贫困

人物简介

郭玉稳，男，1981年生，山东省菏泽市定陶区南王店乡东郭村人，现任嘉兴红忠钢板加工有限公司技术科科长。

人物故事

菏泽位于山东省西南部，鲁苏豫皖四省交界地带，当地的百姓大多以农业为生。郭玉稳出生的那个年代，中国改革开放起步不久，对于偏远农村的百姓来说，还远远没有过上好日子。郭玉稳的父母亲都是农民，这年的收成好不好，都得靠天吃饭，而为了抚育他与弟弟妹妹三个孩子的成长，一家人的日子过得十分清贫，负债累累。

1999年，郭玉稳18岁，而这正是他从一个男孩长大成人的人生重要转折点。在当地一家中专技术学校毕业后，郭玉稳第一次背井离乡，来到河北唐山打工，在一家小型钢厂里当一线轧钢工人。高温、粉尘、噪声……小型钢厂里恶劣的作业环境让这个刚踏入社会的小青年吃了不少苦头，可郭玉稳心中有对家人的牵挂，他强烈的责任心驱使他咬牙坚持。靠自己勤劳的双手获得第一笔 606 元工资，他欢喜自豪，并毫不犹豫地给老家寄去了 500 元。

在河北唐山的这家小型钢厂打工，一干就是 6 年，郭玉稳的勤劳付出为家里减轻了许多负担。然而，天有不测风云，2005 年，郭玉稳遭遇了一场车祸，受伤严重，前后做了两次手术，巨额的治疗费、康复费像是一块块大石头从天而降，让这个刚有起色的家庭又被这场意外的交通事故"打回原形"。

2007 年 3 月，正是春暖花开的时候，郭玉稳身体已恢复得不错了。他第二次远离家乡，机缘巧合来到了浙江嘉兴，在偶然一次路过时，他看到了嘉兴红忠钢板加工有限公司门口挂着招聘启事，于是，他投了简历，又从一线操作工做起。每月 960 元的基本工资，加上五险一金的待遇，让郭玉稳心里十分踏实。

踏实肯干，总能干出一番天地。郭玉稳凭着这份信念，只用了 6 个月，他就把生产线上所有的技术牢牢掌握，2008 年，他晋升为生产线班长。同年，他结婚生子，双喜临门。

真正的实力不是一夜间爆发的，而是要靠平时的日积月累。2009 年至 2015 年间，郭玉稳又从生产线班长成为制造科代理科长，兼任品质科科长，而后又晋升为如今的技术科科长。每一次的升职，都是靠他脚踏实地的努力而得来的。尤其在 2011 年至 2012 年间，公司为适应市场需求，需要研发新的钢板产品，郭玉稳自告奋勇，勇担重任。为能保质保量完成任务，大半年里郭玉稳一日无休，废寝忘食，每日 7 点准时到公司，不是在车间，就是在书桌前，每晚 12 点前也不熄灯睡觉，他只专注着学习、调试、安装、检验、研究压延、退火工艺技术，力求精益求精。当新产品终于实现了量产，郭玉稳激动得眼泪夺眶而出。

在工作中，郭玉稳还为公司贡献了有关品质改善、安全、节能等方面的许多合理化建议，曾包揽了公司"金点子"一二三等奖；他把自己的经验梳理成专业的作业指导书，挂在生产车间里，供一线工人查找翻阅；他获得的技术证书不计其数。2020年8月25日，他参加了在浙江温州经济技术开发区举行，由中国开发区协会、全国新区开发区工会工作论坛理事会共同主办的首届国家级新区经开区高新区班组长管理技能大赛，因表现出色，他成功跻身全国前十强，获得优秀班组长荣誉。

"我不知道自己是不是千里马，但嘉兴红忠一定是我的伯乐。"郭玉稳与公司同成长，在赢得事业丰收的同时，全家人的生活也蒸蒸日上，10年前，家庭负债已清零，5年前，他的工资又翻了一番。幸福的真谛刻在他勤劳粗糙的双手上，映在他甜蜜的笑容里。

【访谈时间】2020年12月17日
【访谈地点】浙江省嘉兴市
【访谈对象】郭玉稳
【整 理 人】韩晓华

孟伟超：
最美菏泽老乡

人物简介

孟伟超，男，1987年生，山东省菏泽市牡丹区东孟村人，现任上海日衡电子制造厂技术团队负责人。

人物故事

2003年6月中专毕业后，孟伟超怀着梦想外出打工，扛起家庭经济重担。他第一份工作是在苏州的一个工厂车间当一名操作工，他每天都是第一个进入、最后一个离开车间，即使水土不服导致生病，也丝毫不影响工作热情。他通过自身潜心钻研和虚心求教，5年间从基层员工晋升到车间科室主管，为他走向更广阔的天地奠定了扎实的基础。

2008年8月，孟伟超放弃月薪近万的苏州车间科室主管一职，为实现梦想，毅然选择辞职到上海打拼，在上海吉基电子有限公司负责技术研发。孟伟超爱钻研技术，2013年至2017年间申报六项实用新型发明专利，目前均已获得知识产权局的受理通过。同时，为弥补学历上的不足，他在2014年报考了工商管理成人自考专科课程，以及南京大学人力资源管理的成人自考本科课程，于2016年12月完成了所有学科考试并取得学士学位。孟伟超像拧了发条的马达，不停地为自己的梦想而奋斗。

他深知机会永远留给有准备的人。随着公司业务的大幅度扩张，上海吉基电子有限公司决定在奉贤庄行镇设立新公司，即上海日衡电子制造厂，并任命孟伟超为技术团队的负责人，全面负责新公司生产技术研发的日常管理工作。同时，他还兼任公司工会主席一职，密切关心公司职工的工作和生活。这些年来，孟超伟坚持带头给公司困难员工捐款，同时积极向公司申请困难职工补助，帮助员工10多名。遇到不愿意公开接受捐助的困难员工，他私底下掏出个人积蓄来帮助大家，在点滴中把公司构建成了和谐劳动关系示范企业。孟超伟本人也由此成功当选松江区第四届青联委员、"最美菏泽老乡"。

出身农村的他深知雪中送炭带给他人的帮助有多大，所以他热心社会公益事业，曾经无偿献血6次，是上海市造血干细胞捐赠志愿者之一。有一次，他通过上海市援藏干部得知西藏日喀则定日县的贫困儿童冬日生活艰苦后，迅速组织发动公司全体员工捐款12 000多元，为20多名困难儿童解了寒冬取暖的燃眉之急。他常说："我没有那么伟大，不过想用自己的言行给孩子多一点正面的力量。"

【访谈时间】2020年12月15日

【访谈地点】上海市

【访谈对象】孟伟超

【整 理 人】毛丹丹

张建伟：
临时工成长为技能培训讲师

人物简介

张建伟，男，1976年生，山东省潍坊市临朐县人，现任临沂宝恒钢结构有限公司总经理。

人物故事

初中毕业后，张建伟为了给原本就不富裕的家庭节省开支，放弃了读高中的机会，去了职业技能培训学校学习电工。1996年职业学校毕业后，张建伟成为山东电建一公司的临时工。

2003年，张建伟来到临沂，入职华盛江泉集团，从事电力设备的焊接、起重、保温作业以及生活用水、后勤等设备的检修工作。工作时,他留心学习师傅的操作技巧,做好难点、重点记录;下班后,他找来《焊接装配工艺》《焊接材料》等书籍,一边看书对照,一边用找来的废料苦练电焊焊接基本功,琢磨焊接操作中的各种技巧。经过理论与实践的双向强化,2004年张建伟考取了电焊工高级工证书。

2007年、2009年、2010年他代表罗庄区参加临沂市"劳动之星"职业技能大赛,分别获得2个二等奖和1个一等奖。2011年、2012年连续两年荣获罗庄区"十佳劳动之星"称号。张建伟继续刻苦钻研,获得国家焊接高级技师职业资格证书。

2012年,张建伟成为华盛江泉集团电气焊职业技能培训讲师,编写了《华盛江泉集团电焊工技能培训与鉴定考试用书》,培训了600余名职工。

【访谈时间】2020年9月10日
【访谈地点】山东省临沂市
【访谈对象】张建伟
【整理人】王　睿

逯晓婷：
易地搬迁后的新生活

逯晓婷（左）和父亲逯军、母亲韦海燕

人物简介

逯晓婷，女，山西省大同市天镇县卅里铺乡范家屯村人。

人物故事

过去的 20 多年，我们全家一直生活在农村。爸妈在干旱贫瘠的黄土地上辛勤劳作，省吃俭用养育我们姐弟三人，每天追着太阳的步子操劳忙碌，生活的重担压弯了腰背也染白了鬓角。多亏党和政府精准扶贫的好政策，2013 年我们家被认定为贫困户，得到了多方面的帮扶，解除了我和弟弟上学的后顾之忧。但几亩薄田的收入只能勉强维持生活，尤其是我考入大学以后，家里的负担更加沉重，爸妈供养我们姐弟同时上学，生活也变得更加拮据。

2018年根据县里的易地搬迁政策，我们村划入了整村搬迁范围。这个好消息仿佛一束光穿破黑暗，点燃了我们五口之家奔小康的信心。测量平房院落面积、审核户籍人口、核查房产信息、抓阄排队选房、土地流转、搬迁入住……在驻村工作队和第一书记的帮助下，村两委一件一件紧锣密鼓地为我们办好了手续，终于在2019年4月我们全家高高兴兴地搬进了万家乐移民安置小区。宽敞明亮的房间、花红树茂的小区、健全便捷的设施，都让人真切地感受到党和政府对人民的关怀。

为了不让农民住进一个没有收入的空楼房，县里专门配套建设了扶贫产业园，面向全国招商引进各种工厂。爸妈也从春种秋收的农民变成了上班挣钱的工人，爸爸在"板板厂"（建筑材料厂）打工，妈妈在服装厂工作，两个人每月的收入就有4 000元左右，再加上土地流转的租金，收入比以前提高了很多。生活发生了翻天覆地的变化，以前觉得困难、费时的事情，现在轻轻松松就能做到，就医买药方便快捷，弟弟上学也更方便了。如今我们家的日子，就像小区宣传栏里写的，"走出大山天地宽，勤劳建设新家园"。只要靠着勤劳的双手，坚定地跟着国家的政策走，我们的日子一定会越过越美好。

【访谈时间】2020年8月6日
【访谈方式】网　络
【访谈对象】逯晓婷
【整 理 人】贾东岚　蔡婧娟

胡思农：
创出"懒阿三"辣椒酱

人物简介

胡思农，男，1982年生，四川省宜宾市筠连县腾达镇斯栗村返乡农民工，现任四川省古月方食品有限公司董事长。

人物故事

胡思农家有4口人，母亲一级残疾，弟弟年幼，是地道的贫困户。面对困难的家境，他长期外出打工，扛起家里所有的重担。背井离乡18年的他，当过服务员、煤矿工，开过家具店、学过制作豆瓣酱。他始终抱着一颗自主创业的心，始终想念着外婆的辣椒酱味道。他说，落叶归根，故土难离。2017年，他毅然决然地回到家乡，抓住政府支持农民工返乡创业这一机遇，开启了艰辛又充满希望的创业之路。

制造业 篇

  刚回到老家的他，打算把自己家的传统手工辣椒酱制作工艺传承下来并发扬光大，可面对自己要从事的创业项目，既缺门路又缺销路，最初的创业尝试经历了多次失败，但他越挫越勇。为了做好辣椒酱，胡思农除了继承外婆的传统做法，还先后到成都、重庆等地学习考察借鉴，为了解决原材料问题，他更是四处奔波，劳心劳力。2018年10月，事业逐渐步入正轨后，他创建了筠连县勇宏食品厂，并注册了"懒阿三"食品商标，随后又成立了四川省古月方食品有限公司并推出"懒阿三"风味豆豉、香辣酱、糟辣椒、红油豆瓣等系列食品面向市场销售，如今月营业收入达15万元左右。他创业的成功，除政府的政策扶持外，更多的是他自身开阔的眼界和肯干肯钻的精神，这使他从众人之中脱颖而出，创造了属于自己的事业。

  目前，胡思农的公司投资150万元，占地面积800多平方米，有发酵缸860多个，聘用附近的贫困户10余人。他还发动本村贫困户种植辣椒60余亩，建立自己的辣椒基地，为贫困户免费提供辣椒种子和栽种技术，跟踪种植直到收货，保证贫困户创收，同时也保证了原材料的品质。他说他的梦想就是"懒阿三"品牌有一天能变成集生产、加工、销售于一体的大公司，走出村子的地域限制，带领全村走出一条康庄大道。

【访谈时间】2020年1月11日
【访谈地点】四川省宜宾市筠连县
【访谈对象】胡思农
【整 理 人】鲁建迪

刘兵剑：
平凡的岗位不平凡的成绩

人物简介

刘兵剑，男，1971年生，四川省眉山市东坡区松江镇丁塘村人，现为四川千禾味业食品股份有限公司机修工。

人物故事

1971年，刘兵剑出生于四川眉山一个普通农民家庭。初中毕业后，刘兵剑靠养猪、养鸡和种田为生，一月下来收入仅五六百元，家庭条件并不宽裕。刘兵剑一直想找份工作来提高家庭收入，一次偶然的机会，他看到了恒泰公司（后更名为千禾味业食品股份有限公司）的招聘广告，抱着试一试的心态，于2000年4月经过层层考试进入恒泰公司。刘兵剑十分珍惜这份来之不易的工作，勤奋学习，刻苦钻研，很快就熟悉了公司各种设备的工作原理和结构，还利用业余时间学习机修知识，熟练掌握了车、钳、刨、焊等专业知识及技能，从一名普通的农民工成长为一名出色的机修班长。当上班长后，刘兵剑在工作中更加刻苦和用心，月满勤、干满点，无私奉献、培养新人，处理设备故障随叫随到，多次被公司评为"优秀员工"，并于2008年4月被四川省政府表彰为"四川省优秀农民工"。

2007年，公司设备大检修，刘兵剑起早贪黑、加班加点，深入研究专业设备卧螺机、冷冻机和空压机等，反复熟悉设备结构图纸，在没有导师的情况下，硬是一个人将整个设备工艺流程和机组性能记得滚瓜烂熟。根据自己丰富的设备经验，结合自己的专业知识，实现了自我对专业设备进行大修，改变了以往所有专业设备都需要返回厂家进行大修的弊端，仅此一项每年就为公司节约成本30万元左右。

为响应公司提出的"节能减排、清洁生产"的号召，刘兵剑主动承担了公司大部分设备的技改工作，仅2007年就提出合理化建议12条，为公司产量、质量、消耗、节约等方面创出了优异成绩。由于醋酸生产线的冷却系统降温困难，他建议制作过滤设备，并参与设计、制作、安装，实施后效果十分明显，确保了生产的连续、平稳运行，提高了约10%产量，每吨产品降低成本几十元，每年为公司创造效益几十万元。2005年酒精生产线投产后，经深思熟虑后他提出技改酒精生产线原料预处理工艺，并成功实施。经过技改，每小时为公司节约电30千瓦左右，全年节约电费约20万元。

刘兵剑，一个普普通通的农民，通过自己不懈的努力和钻研，凭借一股不服输、不怕苦的精神，成为一名优秀的机修工。在公司，刘兵剑除完成自己的本职工作外，还担任了公司节能降耗技改小组的组长，负责全公司新机修工的业务培训和指导工作，用自己的实际行动创造更加优异的成绩。

【访谈时间】2021年2月

【访谈方式】网　络、电　话

【访谈对象】刘兵剑

【整 理 人】赵　源

石窝舍：
彝族女农民工的优秀代表

人物简介

石窝舍，女，彝族，1988年生，四川省凉山州宁南县骑骡沟乡正坝村人，现就职于宁南县南丝路集团银鸿丝业有限公司质检部。

人物故事

2005年，还在念高中的石窝舍突遇家庭变故，为了照顾负伤瘫痪的父亲，她辍学回家，毅然扛起了照顾家庭的担子。当年年底，恰逢银鸿公司招工，不甘现状的她踊跃报名，积极备考以优异成绩成为银鸿公司的一名缫丝工。

进入公司后，石窝舍勤学好问，虚心刻苦，积极参加缫丝理论知识学习，钻研缫丝技术，技能技术得到了很大的提高。从初学时只能挡车40绪提高到现在独立挡车 70 绪，并能保证运转率在 95% 以上，技术练兵平均成绩达到 98 分。

不仅会苦干、巧干，石窝舍还大胆创新。通过详细统计每一时间段的缫丝巡回检查情况，反复对比，她找到了自动缫机车速、蚕茧质量情况和巡回检查次数上的最佳结合点，总结出了一套提质降耗的有效操作方法，得到公司领导和员工的肯定，并在集团内推广。

因工作业绩突出，深受员工的拥护，她被推荐为车间工会小组长和公司职工代表，多次被评为"缫丝能手"和"优秀团员"，并于 2015 年 3 月被公司和群众推选为宁南县第十三届政协委员，2018 当选宁南县政协常委。

一枝独秀不是春，百花齐放春满园。努力工作、提升自身素质的同时，石窝舍还积极培训新员工，帮助同事提高缫丝技术。工作之余，她不断加强文化学习，积极参加成人自考把未完成的学业重新拾起。

石窝舍是宁南县南丝路集团公司缫丝工的一面旗帜，也是蚕桑行业缫丝生产线上的骨干和彝族女农民工的优秀代表，展现了当代青年彝族女农民工的风采。

【访谈时间】2021 年 2 月

【访谈方式】网　络、电　话

【访谈对象】石窝舍

【整 理 人】赵　源

周朝兴：
从农民工到省人大代表

人物简介

周朝兴，男，1974年生，四川省沐川县永福镇油房村人，现任乐山国林木业有限公司总经理助理兼油漆车间主任。

人物故事

1991年，周朝兴初中毕业，虽然成绩优异，但因为家庭贫困，年仅17岁的他义无反顾地接过了父亲的农具，成为父亲的得力助手。由于他聪明、勤劳、乐于助人，当年便被本组社员选举为生产队长，一边经营自家的农业生产，一边为乡亲们排忧解难，带领大家往前奔。

1992年，改革春风吹遍大江南北，周朝兴只身来到成都闯荡，寻觅自己的梦想。刚开始时，由于身无所长，他过着颠沛流离的生活，先后当过餐馆服务员、建筑工、送货工等。但不管是多么恶劣的环境，他也不曾屈服、自暴自弃，他总是所有工友中最勤奋的一个。后来，周朝兴进入一家家具厂，从此便和家具制作结下了一辈子的缘分。他年轻、勤劳、好学，很快就掌握了家具制作技术，并逐渐成为厂里的技术能手，多次获得工厂的表彰，被评为先进个人。

1998年，周朝兴结了婚，父母也逐渐年老了。经过慎重思考，周朝兴回到了家乡，成为国林木业公司的一名员工。随着业务的发展，公司急需油漆技术人才。为尽快掌握油漆技艺，周朝兴一边虚心向老员工请教，一边在网络上学习、交流。他的油漆技术从不成熟到成熟，从一个对油漆一无所知的"菜鸟"变成现在国林木业油漆车间的顶梁柱。由于突出表现，周朝兴多次获得单位"先进个人""特殊贡献奖"等荣誉，被提拔为总经理助理兼油漆车间主任，并当选第十三届四川省人大代表。

周朝兴的生活条件也随着事业发展不断改善。他不仅自己在村上第一批修起了别墅式的洋房，第一批购买了小汽车，他的成功还激发了员工和村民的上进心。"吃水不忘挖井人"，虽然他取得了一定的成就，但是没有忘记养育他长大的小山村，为此，周朝兴邀请和推荐了周边一批青年人到公司工作，并进行"传、帮、带"，为公司培养了一批技术能手。

【访谈时间】2021年2月
【访谈方式】网　络、电　话
【访谈对象】周朝兴
【整 理 人】赵　源

吉建成：
打工实现美好人生

人物简介

吉建成，男，傈僳族，1996年生，四川省凉山州德昌县巴洞镇前进村人，现任东方电气风电（凉山）有限公司组装工。

人物故事

吉建成家中世代务农，家境清贫。初中后他便辍学开始为家里种地，贴补家用。烟草种植的季节，他都是早出晚归，面朝黄土背朝天，异常艰辛。受到环境、交通等条件的限制，吉建成一家一年到头来也只能挣到1万块左右的收入。如果遇到极端天气收成不好，日子便更加紧巴巴了。

面对生活困境，吉建成 18 岁时就选择外出务工，希望可以通过自己的奋斗承担起家庭重任。在朋友的推荐下，他来到江苏一家电子厂打工，主要进行电脑零部件的生产工作。从早 8 点到晚 6 点，他一干就是 3 年，但每月到手的收入也只有 2 000 多元。在江苏这样的地区，2 000 多元的收入水平维持自己的日常开销都已经捉襟见肘，更别提贴补家用了。

后来一次偶然的机会，吉建成在村书记那里得知了东方电气风电（凉山）有限公司在德昌建厂的消息。面对更好的待遇和离家更近的地理位置，他迅速辞去了原有的工作，来到了风电公司，担任组装工。虽然这份工作和之前的工作有很多不同，但面对困难，吉建成还是积极地去适应、去克服。他认真参加公司的各项培训，很快便掌握了基本的操作方法；每每遇到不懂的地方，他便向身边的同事请教学习；操作时他的手对铅过敏，但他仍咬咬牙坚持干；为了拿到更好的收入，他从不迟到早退，能不请假就不请假。在这样的努力下，他很快便成了班组骨干，工资也达到了每个月 6 000 元到 8 000 元，是原来的 3 倍多，真正实现了一人就业、全家脱贫。吉建成说："公司和同事都对我非常好，非常感谢他们对我的细心帮助，让我能够快速成长起来。"

现在，吉建成的妻子正在家照顾两个嗷嗷待哺的孩子，吉建成的父母由于文化水平限制也一直留在家中务农，养家的重担全落在吉建成一个人身上。吉建成表示："作为家中的顶梁柱，苦点累点紧张点都没问题。"他还对未来做了一个大致的规划，"这里的待遇比其他地方都好，我要在这里踏踏实实认真工作。先苦上眼前这一阵子，之后再陆续把妻子接过来打工，把孩子接到附近上学，相信我们一家人的生活一定会越来越好。"

【访谈时间】2021 年 1 月 8 日
【访谈方式】电　话
【访谈对象】吉建成
【整 理 人】张高洁

吉克以走：
走出大凉山成为职业蓝领

人物简介

吉克以走，女，苗族，1998年生，四川省凉山州美姑县拖木乡拖木村人，现任佛山市顺德区天品电器科技有限公司质检员。

人物故事

吉克以走家里兄弟姐妹一共4人，一家的生活靠父亲在江浙一带做临时工、母亲做刺绣手工来维持。随着父亲逐渐年迈，身体已无法承担较重的劳作，而弟弟妹妹还在念书，一家人的生活变得越来越艰难。于是，作为家中长女的吉克以走18岁就开始外出打工，帮助父母分担生活的重担。

只身来到外地，吉克以走在公司的帮助下迅速适应了全新的环境和工作节奏。公司为新员工举办的欢迎仪式、发放的各项福利补贴都让她觉得孤身一人在外打工的日子并非想象中那么艰辛。她会在闲暇时间出去逛逛街，品尝佛山清淡可口的美食，和爸爸妈妈聊聊工作生活中的开心与烦恼。

当然，她也在最初工作时遇到过一些困难，比如对产品结构陌生，不知道如何精准检验产品质量等。但是，她凭借自己的聪明好学，认真参与公司组织的各项培训，并积极在生活中向老师傅们请教，很快便熟练掌握了所在岗位的各项操作技能。"一款合格的电器产品，必须没有刮花、不缺料、不缺螺丝、标签张贴整齐。"谈起自己的工作，吉克以走头头是道。现在的她已经成为公司的"老员工"了，不仅练就了一双可以迅速判断产品是否合格的"火眼金睛"，还学会了普通话，能够更好地与他人交流，进一步融入集体。

目前，吉克以走每个月都能拿到 4 000 元左右的工资，除了自己日常花销外，还能承担弟弟妹妹读书的生活费。她说："家里装修房子的时候我也取出了一部分积蓄寄给爸爸妈妈，为房子装修添砖加瓦，这让我感到特别有成就感！"

年轻的吉克以走俨然已经成了家里的顶梁柱，帮助全家实现了脱贫。她为能够凭借自己的努力而减轻父母的负担而骄傲，她说："我虽然有的时候工作辛苦一点，但一想到父亲年纪大了身体不好，母亲要照顾弟弟妹妹，就浑身充满了干劲。"她还希望，最好可以帮助父母将弟弟妹妹供上大学。

讲起对未来的打算，吉克以走非常朴实，"我想一步一个脚印在公司踏踏实实工作，用劳动来换取更美好的生活"。

【访谈时间】2020 年 12 月 24 日
【访谈方式】电　话
【访谈对象】吉克以走
【整 理 人】张高洁

拉克菲土：
唱响青春奋斗脱贫之歌

> **人物简介**
>
> 拉克菲土，男，彝族，四川省凉山州布拖县俄里坪乡嘎吉村人，现任深圳市宝安区天佑第二工业区流水线班长。

> **人物故事**

拉克菲土出生在四川省布拖县俄里坪乡嘎吉村一个普通的农民家庭。布拖县俄里坪乡位于四川省西南部，在凉山彝族自治州的东南，是一个彝族聚居的高寒山区半农半牧乡，这里被认为是国家扶贫工作重点大凉山区最穷的地方。拉克菲土上有一个哥哥，下有一个弟弟一个妹妹，父母辛辛苦苦务农大半辈子，也只能维持着让一家人艰难度日，没有什么积蓄。穷人的孩子早当家，为了让弟弟妹妹上学，同时贴补家用，年少的拉克菲土早早就开始在家乡附近流动务工。但由于文化水平以及各种客观条件的限制，这种极不稳定的工作状态并没有使他们家的状况有所好转。

2019年7月，刚满19岁的拉克菲土在布拖县转输办的帮助下成了布拖县转移输出至佛山市禅城区的务工人员。初来乍到，拉克菲土每个月只能拿到3 000元左右的工资，虽然工资水平并不高，但比起之前已经有了很大的提升。拉克菲土说："小时候在家没有什么钱，日子过得很难；刚来打工也赚不到什么钱，日子也很难，但那个时候我看到了日子可以变得更好的希望。"于是，他暗暗下定决心，一定要踏实努力，改变自己以及家庭贫穷的境遇。

工作中，拉克菲土认真遵守企业的各项规章制度，积极参加企业的各项培训，很快便习得了一身本领，成了工作中的一把好手。生活中，他待人诚恳热情，虚心向老员工学习，周围的同事都对这个勤奋好学的年轻小伙子留下了非常好的印象。为了获得更快的成长，拉克菲土还经常自愿加班工作，他说，这样可以让自己学习到更多东西，也可以让自己尽快赚到更多钱。

由于工作中的杰出表现，拉克菲土被企业提拔为流水线班长，每个月可以挣到4 000多元的工资，成了务工榜样。已满20岁的拉克菲土对此非常高兴，一方面自己已经成长为可以独当一面的工作骨干，另一方面收入的提高不仅让自己的生活水平得以提高，还可以为家中生活的改善作贡献了。谈起未来的规划，拉克菲土朴实地说："希望自己可以继续在这里努力拼搏，踏实赚钱。有了钱之后，再去做更多自己想做的事情。"

【访谈时间】2020年12月24日
【访谈方式】电　话
【访谈对象】拉克菲土
【整 理 人】张高洁

李大兴：
乘脱贫东风圆幸福生活梦

> 人物简介

李大兴，男，1975年生，四川省凉山州甘洛县胜利乡沙罐村人，现为佛山市南海区英利汽车部件有限公司车间工人。

> 人物故事

李大兴出生在甘洛县胜利乡沙罐村一个农民家庭。由于村子地处偏远，条件恶劣，再加上父亲有残疾，李大兴一家一直过着比较艰难的生活，在温饱线下苦苦挣扎。

穷人的孩子早当家,在生活的压力下,李大兴早早便开始为生计奔波。他在家乡边做农活,边利用农闲打零工,但却经常是有了上家没下家,工作状态非常不稳定。父亲的身体每况愈下,一个月中几乎要有20多天待在医院,政府发放的各项补贴补助对于这个家庭而言依旧是杯水车薪。婚后,李大兴又要养育一双子女,经常是一年忙到头落不下一分钱。"如果没有赶上政府的好政策,我们两个人根本供不起我们的两个小孩读书。"李大兴夫妇说道。

李大兴一家境况的转折发生在2018年10月。当时,南海人社局精心组织了招聘大会,为当地贫困人口解决就业问题。在此次招聘会上,李大兴夫妇成功入职了佛山英利汽车部件有限公司。他们非常珍惜这来之不易的工作机会,每一天都认认真真学习工作技术,勤勤恳恳地到车间上班,从早8点忙到晚8点,从来不请一天假,不旷一次工。第一个月,李大兴便领到了4 000多元工资,第二个月就涨到了5 000多元。他们的认真付出也得到了公司主管和带班组长的肯定。一年下来,夫妇俩的收入可以达到十几万元,这是李大兴之前想都不敢想的。

想起初来打工的日子,李大兴对公司充满了感激,"公司给了我家的感觉,不仅组织各项培训教给我技术,还经常给我们送来关心和慰问,缓解我们的各种不适应"。现在,李大兴夫妇已经将女儿供到了大学,儿子也来到公司务工,一家人的生活开始越变越好。

李大兴自己脱贫的同时也不忘依旧过着贫困生活的父老乡亲。2019年春节回家,他向很多老乡分享了自己在外务工的收获与成长,鼓励他们克服畏难情绪,也像他一样外出务工,谋取更美好的生活。那一年,他总共介绍了十几名老乡进入英利公司务工。他经常对老乡们说:"要坚持下去,踏踏实实做好手头工作,这样才能够实现脱贫,不辜负政府和企业对我们的关心和帮助。"

将来,李大兴计划在自己积累一定的资金后返乡创业。根据当地的现状,他打算回去后经营一片鱼塘,这样不仅可以弥补当地的产业空白,还可以带动更多村民摆脱贫困,走向富裕。

【访谈时间】2020 年 12 月 28 日
【访谈方式】电　话
【访谈对象】李大兴
【整 理 人】张高洁

制造业 篇

李力挖：
夫妇打工脱贫困

人物简介

李力挖，男，彝族，1973年生，四川省凉山州盐源县白乌镇白乌村人，现为佛山市三水区广东星星制冷设备有限公司装配工。

人物故事

李力挖家中世代务农，父母每天起早贪黑干农活，养活4个儿女。李力挖小时候没有人照看，经常一个人在外面玩。这也带来了他童年的不幸——由于不小心，他摔成了残疾。本就清苦的家庭由此又受到一次重创。李力挖就这样艰难地成长起来。

成家后的李力挖生活境况并没有多少好转，他和妻子何公各都没有上过学，只能依旧在大凉山靠着农业为生。种玉米、种土豆，养猪、养家禽，是

107

他们多年以来的谋生手段。这种靠天吃饭的日子很不好过，收成好时，他们一年能挣一两万元；一旦遇到暴雨、冰雹等极端天气，一年的辛苦劳作就全打水漂了。随着两个儿子出生、上学，一家人的生活再次陷入了窘迫。

2018 年，佛山市与凉山州两地政府组织东西部就业帮扶。没学历、没技能且对外面世界带着些恐慌的李力挖夫妇进行了一番艰难的心理建设，最终穷怕了的两人鼓足了勇气，和一批老乡一起踏上了外出务工的道路。

在政府的组织下，李力挖夫妇顺利入职了佛山市三水区广东星星制冷设备有限公司。来到一个陌生的环境，夫妻二人并没有感觉到太多不适应，公司早已提前为他们安排好了衣食住行以及各项入职培训。两人很快便学会了岗位所需的基本技能，并适应了这里的工作节奏。他们非常感谢政府所做的扶贫工作并十分珍惜此次工作机会。每天早上 7 点 50 分，两人都会准时来到公司，提前打卡，为一天的积极工作做好准备。虽然李力挖身有残疾，但他干起活来熟练又卖力，是车间里公认的干活好手。

如今，在各方面的帮助扶持下，李力挖和妻子凭借着自己的认真敬业，收入有了很大的提升，一年能有 10 万元左右的收入。两人不仅还清了之前家中欠下的债务，还能有几万元的存款。现在，李力挖的两个儿子一个在继续读高中，另一个已经大学毕业，一家人的生活正在越变越好。他们夫妻还在工作之余学会了普通话和粤语，越来越能够融入大凉山之外的生活环境。

"现在的生活很有安全感，要是早点出来就好了。"李力挖夫妇笑着说道。他们计划继续在这里打拼，为未来更加幸福美好的生活而奋斗。

【访谈时间】2021 年 1 月 2 日
【访谈方式】电　话
【访谈对象】李力挖
【整 理 人】张高洁

制造业 篇

孙子尔次：
外出务工实现脱贫梦

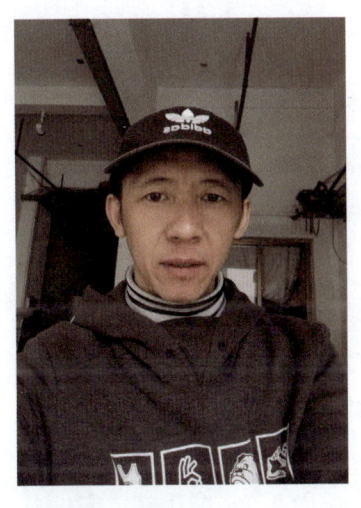

人物简介

孙子尔次，男，彝族，1981年生，四川省凉山州普格县红莫依达乡人，现为佛山欧立电子有限公司组装工。

人物故事

孙子尔次一家世代居住在大凉山深处的普格县红莫依达乡，是彝族群众聚居的深度贫困区。这里属于高寒山区，气候寒冷，土地贫瘠。孙子尔次一家人靠务农和牧牛牧羊为生，常年风吹日晒，一年到头也攒不下几个钱。由于家庭经济条件限制，父亲只让他上学到一年级便辍学了。孙子尔次从小在山上放牛放羊，长大后也偶尔打打短工来贴补家用，可周而复始的辛苦劳作并没有改变全家人贫穷的处境。再加上妻子患有风湿病，不能进行重体力劳动，父亲逐渐年迈需要赡养，孩子年幼也需要照看，一家人的生活日益窘迫。

2018年，佛山市全力推进东西部扶贫劳务协作，在政府的宣传动员下，孙子尔次下定了决心外出闯荡。2018年8月，孙子尔次来到佛山，成了佛山欧立电子有限公司的一名组装工。他认真学习，遵规守纪，很快便成了熟练工，每天早上8点，都可以看到他在车间里动作麻利地打包变压器的身影。回想起刚到公司的日子，孙子尔次说："出来前还担心自己不适应，政府工作人员安慰我说有问题就找政府。来到这里发现，政府和公司已经把一切都替我们安排好了，我没有遇到过什么困难。"在这里，孙子尔次每个月可以挣到4 000元左右的工资，再加上政府每个月1 000元的稳岗补贴，实实在在地实现了增收。

2018年12月，孙子尔次将病愈的妻子也带到欧立公司，目前夫妻俩的月收入达到了10 000元，是外出务工前的5倍。同时，孙子尔次还积极鼓励身边人外出务工，追求更加美好的生活。在他的动员下，有5名贫困劳动力也来到欧立公司，从农牧民变成了产业工人，实现了脱贫。

2019年9月，凉山州党政代表团来到佛山慰问关心外出务工人员，孙子尔次代表普格县农民工发言，他说："我们家发生的变化离不开自己的勤劳，更离不开各级党委政府和企业的关心、帮扶。"现在的孙子尔次对未来充满憧憬。他计划长期在这里努力奋斗，如果两个孩子成绩好，一定要将他们最低供到大学。"自己吃了没文化的亏，过了小半辈子穷苦日子，所以一定要让孩子们学知识、学文化，让他们未来拥有更美好的生活。"

【访谈时间】2020年1月10日
【访谈方式】电　话
【访谈对象】孙子尔次
【整 理 人】张高洁

制造业 篇

胡绍兵：
焊工中的大国工匠

人物简介

胡绍兵，男，1972年生，党员，现为泸州沱江液压件有限公司焊工。

人物故事

从事焊接工作15年来，胡绍兵工作中从未出现过任何焊缝质量问题，公司生产的油缸被广泛应用于石油钻探设备，远销俄罗斯、阿曼、阿联酋、印度、印尼等10多个国家和地区，获得一致好评。他先后获得和被评为"建设泸县贡献奖""泸州市劳动模范""四川省劳动模范"。

因家庭经济困难的原因，1990年3月高中未毕业的胡绍兵走上务工的道路，先后在洗煤厂、煤厂、水泥厂工作，这些经历使他积累了丰富的工作经验。

在焊工这份工作岗位上，生来不服输的胡绍兵，凭着笨鸟先飞的毅力和勇于钻研的韧劲，把全部心思都用在提高业务知识和钻研焊接技术上，充分利用平时时间，阅读大量有关焊接技术的书籍，不断提升自身技能水平。在本职工作岗位上，他不断创新，做出了突出贡献。从"门外汉"到初级工，从初级工到中级工，最终成为高级工。如今，胡绍兵精通各种液压件的焊接技术，熟练掌握了一些特殊工艺的焊接技能，为公司的焊接工作立下汗马功劳。

在他的带领下，泸州沱江液压件有限公司技术团队研发出"低温多级油缸焊接工艺"。该技术广泛用于极寒地区，可在零下60～70℃进行焊接。经过不断尝试与改进，该技术的焊缝最终达到高标准技术要求。2019年，胡绍兵还与公司技术团队共同研发了一台液压油缸负载试验设备，大大提高了公司的生产效率。他通过自身努力向原有的旧工艺、旧方法挑战，实现了产能和质量的提升。

胡绍兵带领的班组曾获得公司2016年"安全生产优秀班组"、2017年"优秀班组"、2018年"5S先进班组"、2018年"优秀班组"等荣誉称号。

无论何时何地，爱岗敬业、满足用户所需是胡绍兵作为一名共产党员的工作信条。胡绍兵用无数的汗水和辛勤的劳动，换来了无数的荣誉。2017年胡绍兵荣获泸县牛滩镇"优秀共产党员"称号，2018年被评为泸州沱江液压件有限公司"质量标兵""优秀员工"，2018年被评为中共泸县县委首届"中国梦·劳动美"最美职工，2019年荣获"建设泸县贡献奖""泸州市劳动模范"，2020年获得"四川省劳动模范"荣誉称号。

胡绍兵在泸州沱江液压件有限公司焊接工这个特殊的岗位上已持续坚守了15年，每年焊接的各类产品近万件。在他精益求精、一以贯之、严格把控下所生产的产品，从来没有出现过任何焊接质量问题。胡绍兵用实际行动诠释出的工匠精神，为"中国制造"注入了普通农民工的一份力量，也让"泸县制造"释放出夺目的光彩。

【访谈时间】2020年12月15日
【访谈方式】网　络
【访谈对象】胡绍兵
【整理人】韩　巍

制造业 篇

林中桥：
带领农民工走上稳定就业路

人物简介

林中桥，男，1968年生，现任四川碧泰建筑工程有限公司施工队长。

人物故事

林中桥曾为新日钢制品有限公司工程部员工，主要从事制作不锈钢复合管栏杆以及钢结构厂房建设工作。2016年离职后，林中桥结合自身工作经历与技术，带领几个工人开始在成都信息工程学院天府校区里做不锈钢楼梯栏杆工程，之后在沈阳、秦皇岛等地务工。随着工作经历、技术、渠道、管理经验等的积累，2019年，林中桥带领周边20多名农民工外出务工，上半年在成都天府新区实施华阳武汉路下穿隧道装修工程，下半年在青海省西宁市实施时代大道下穿隧道装修工程。他所带领的团队工资收入累计200余万元，一线农民工每月工资达 6 000 元至 9 000 元，跟随他的农民工年收入增加 3 万至 5 万元不等；技术人员增收尤为显著，其中焊工年收入达到 9 万元左右。

在 2020 年复工复产初始，他积极响应人社部提出的"点对点"直达输送务工人员的号召。为了帮助农民工朋友致富增收，他主动联系师古镇政府，提出要带领队伍到青海省务工。在做好防疫措施后，他本人自费 9 000 余元包车带领工友外出务工，实行"点对点"直达，并得到当地政府的帮助，提供了施工队路程所需的生活物资，施工队 20 余名工人顺利抵达青海工地。此举有效规避了疫情风险，保障了工人的健康安全，并以实际行动积极响应了国家复工复产的号召。

工作中，林中桥注重团队精神文化建设，经常告诉团队中的农民工，只要付出了努力，就一定有收获，以此激励他们努力奋斗。他还乐于助人，帮助身边农民工解决实际困难，如子女读书、老人生病急需用钱，林中桥都第一时间保证他们的需要。林中桥在施工中抓住工程质量不放手，把质量放在第一位，坚持按工程规程施工。同时，处处以身作则，以一个施工队长的带头模范行为带好一班人，严格管理，精心施工，并与工人们同吃同住。他以安全第一、质量上乘，以做一个工程、树一面旗帜为目标，通过几年的艰苦奋斗，创下了一定的口碑，也使得自己信心更足了，眼光更远了，决心也更大了。

5 年风雨，林中桥四处奔波，勇于担当，多方搜集工程施工用工信息，带领农民工兄弟积极务工，努力为所带领的工人谋求更高经济收入。在带领农民工增收致富的同时，为各类工程建设贡献了当代农民工的力量，方便了市民的出行与生活，展现了当代农民工群体积极向上、为建设社会主义新经济不辞辛劳的精神风貌。

【访谈时间】2020 年 12 月 15 日

【访谈方式】网　络

【访谈对象】林中桥

【整 理 人】韩　巍

制造业 篇

曲登：
带动少数民族脱贫致富的榜样

人物简介

曲登，男，1970年生，现任四川省甘孜州道孚县康巴渠德农牧实业发展合作社负责人。

人物故事

质朴的曲登是少数民族自力更生、通过辛勤劳动改变贫困面貌、带动少数民族群众致富增收的榜样。他所在的合作社位于道孚县瓦日乡热瓦村，注册资金1 200万元，占地面积6 000平方米，放牧草场达1 000公顷，农畜产品生产加工设施设备、办公区域、产区硬化配套完善。合作社现有成员160户、482人（其中农民480人），管理人员12人。合作社农产品以马铃薯、黑青稞、道孚大葱等为生产核心，畜牧产品以牦牛鲜奶、酥油等产品为生产销售主体。截至2020年12月，合作社各类牲畜存栏869头，其中奶牛568头，年产奶量达8万公斤。合作社利用土地流转，新建紫皮马铃薯等高原特色农畜产品生产基地1 150亩，新建抗灾保畜打贮草基地600亩。

随着合作社的不断发展，2017年9月，曲登成立了"道孚渠德农产品开发有限公司"和"道孚县康巴渠德农牧实业合作社农牧产业体验店"，基本形成了"合作社+公司+基地+农户（贫困户）"发展运作模式。合作社先后荣获四川省第六批省级示范社、甘孜州优秀农民专业合作社等荣誉，同时完成了"康巴渠德"等商标的注册，取得了牦牛奶等产品的有机认证。曲登在发展合作社的同时，还不断学习，努力进取。2016年，他荣获"甘孜州'百千万康巴英才工程'企业管理优秀人才"荣誉称号；2018年1月，在"四川省第二届农村乡土人才创新创业大赛"活动中，曲登荣获"脱贫攻坚特别奖"。

曲登的合作社，直接带动了当地热瓦村，同时辐射带动铜佛山、鲁都、冻坡甲、兴岛科等周边贫困村农牧民群众就业增收。2017年支付土地流转资金22万元，其中支付贫困户土地流转资金12.4万元，直接带动5个贫困村、45户贫困户增产增收，人均增收达800余元。合作社的发展壮大，也调动了返乡农民工及当地闲置劳动力的就业积极性，全年解决劳动就业600余人次，其中，贫困户230人次，年支付工资60余万元。2017年合作社为入股农户分红40.8万元，其中贫困户分红13.76万元。合作社积极踊跃参加就业招聘会，提供就业岗位，让更多少数民族劳动力实现在家门口就业，带动更多农牧民增收致富，助力脱贫攻坚。

【访谈时间】2020年12月11日
【访谈方式】网　络
【访谈对象】曲　登
【整理人】韩　巍

赛力克·哈拉泰：
精诚掘进三千尺，掘出乌金万人薪

人物简介

赛力克·哈拉泰，男，哈萨克族，新疆阿勒泰地区青河县阿热勒托别镇喀拉沃楞村人，现任新疆北塔山农六师牧场煤矿副矿长。

人物故事

赛力克·哈拉泰是一位认真学习、大胆创新、敢于闯市场的优秀农民工，是牧民的楷模、大山里的优秀儿子，2014年4月被评为青河县第二届道德模范，2015年4月获得伊犁哈萨克自治州、阿勒泰地区劳动模范等称号。现年43岁的赛力克·哈拉泰，担任北塔山农六师牧场煤矿副矿长。他就是这样一个探路的人，在北塔山煤矿打工十几年，不但成就了自己的事业，而且将本地200多名哈萨克族农牧民带进了煤矿工人队伍，使这些人顺利从农牧民转变为矿业工人。

1997年，赛力克·哈拉泰只身外出务工，到距离青河百余公里的北塔山奇台煤矿求职，虽然当年他只干了两个月的码煤工，却挣回了3 000多元工资，而且还跟矿上约好，今后只要矿上有活都通知他来上班。挣到了钱，他的心里就踏实了。第二年，他又去了这个矿，这一年他挣到了1万多元。工作中他积极向汉族矿工请教技能知识，同时把自己民族的特色文化向汉族矿工进行介绍，在互相学习交流中，民族间的兄弟感情生根发芽。踏实苦干的他当上了带班长，从此开始一步一步在煤矿工人的管理岗位上成长。

凭着不服输的性格，他以汉族煤矿工人师傅为榜样，用他们吃苦耐劳、敬业奉献的精神默默地激励、鞭策自己。他在工作中冲在最前头，脏活、累活抢着干，从不计较个人辛苦，更没有一句怨言。他不断提高自己的业务素质，终于成为煤矿的技术骨干。赛力克在长期的观察琢磨中掌握了在煤层里放炮的关键技术，他能根据煤的硬度、煤层的厚度，确定打眼的角度和炮眼的大小，由他打眼放出来的炮，块煤率高、价值高，他也成为其他煤矿争着想"挖"走的技术人才。2002年，他当上了副矿长。

在工作中，赛力克结合实际抓经常性教育，有计划、有组织地在广大员工中开展民族政策学习和民族问题研讨活动，使员工正确理解党的民族、宗教政策，增强反对民族分裂、维护祖国统一的意识。

在他的带动下，家乡的村民们转变了生活观念。过去，村民们等政府发放生活补助，等政府送就业岗位、送就业政策上门。现在，村民们主动走出家门，寻求脱贫致富之路。村民们眼界宽了，更加珍惜当下富裕稳定的生活环境，各民族之间更加和谐、团结。这就是赛力克，一个靠打拼摆脱贫困、跻身企业管理高层的哈萨克族人，一个只身探路，却在身后带出了一支少数民族产业工人队伍的人，是大家学习的榜样。

【访谈时间】2021年1月
【访谈方式】网　络
【访谈对象】赛力克·哈拉泰
【整 理 人】李付俊

制造业 篇

熊春明：
"小学生"进取成为工程师

● 人物简介

熊春明，男，傈僳族，1984年生，云南省兰坪县营盘镇拉古山村委会羊岑登村人，现为珠海紫翔电子有限公司技术人员。

● 人物故事

熊春明是云南省兰坪县营盘镇拉古山村委会羊岑登村的一名傈僳族小伙子。2004年上初一的时候熊春明的成绩是班里最好的。但由于家庭贫困，他上完初一就辍学了。从此，家庭的重担就压在了熊春明的身上。

出路，走出去才有路！2005年6月24日，熊春明第一次踏上出省务工的道路，直至2008年他一直都在东莞家具厂上班，每天在灰尘满天飞的车间做着重复的事。有一天来了个大学生储备干部，和他聊天说年轻人长期在老年人干的厂就是浪费青春，听到这句话后他深受触动，选择辞职回家做点小生意，回家后才知道做生意没资金太难，然后带着不甘和梦想再次外出务工。

2009年12月，本该在家过完春节才出门的熊春明独自一人来到珠海。他只有小学文凭，到很多公司面试都不合格。抱着春节临近很多员工辞职回家，找工作的机会大一些的希望，熊春明继续坚持。一个月后，他在珠海松下网络科技有限公司找到了工作。

2010年3月12日，熊春明正式进入松下公司工作，开始了他在珠海的打工生活。和流水线打交道熊春明很开心。他知道只有不断努力，不断学习，才能在公司立足，才能有稳定的收入。经过不断在新岗位轮换，不到半年的辛勤付出，他就成了一名"多功能"的多面手。如果时光可以倒流，熊春明希望永远定格在2011年4月10日。那一天，他得到了人生中第一份荣光。经过3天的技能比赛，他击败了2万多人，夺得了第一名。虽然时隔多年，但在说到这一份荣誉时，熊春明仍旧显得十分激动。

这一次竞技比拼后，熊春明升为代班长，去技术部开始修机器。机遇与挑战并存。熊春明深知，等待他的将是更大的挑战。他到了技术部后才发现，机器上的标注不是日文就是英文，而自己只有小学文化，怎么修、从哪下手都成了问题。但熊春明并不服输，"成功者找方法，失败者找借口"。为了不失去这份工作，熊春明省吃俭用买了语言翻译机，加班加点练习拆装了不计其数的机器。天道酬勤，3个多月他就掌握了修理生产线的所有故障点。由于成绩突出，2012年8月熊春明被提升为生产技术2部班长。

2014年6月，技术过硬的他很顺利地进入珠海紫翔电子有限公司技术部工作，负责处理数据和操作机床。经过不断努力，他得到领导的认可，2016年3月调到紫翔电子子公司——紫翔自动化有限公司，开始从事修理的工作。在公司，熊春明主要负责电脑、显示器、触摸屏、测试机、折曲治具等修理。现在，其他职工一至两天才能完成的工作，他只需要两三个小时就能完成。

10年里，熊春明凭借着自己的努力，先后拿到了国家认证的维修电工双证、铣工证。为此，公司还和他签订了无限期合同，并代表公司多次到日本进行技术交流。熊春明的工资已从刚开始的 2 000 多元增加到现在的 8 000 多元。务工让熊春明不但收获了事业，还遇见自己的爱情，收获了婚姻、家庭，成了最大的赢家。

"当今的生产厂商都优先选择自动化，再不努力就被淘汰了"。自动化离不开 PLC，经过努力，熊春明 2020 年 10 月通过 PLC 方面的知识考试，顺利成为一名 PLC 工程师。10 年前那个不敢多言的熊春明一去不复返了，取而代之的是自信、阳光、有理想的工程技术骨干。

面对未来，熊春明不惧怕，不认输，不止步！

【访谈时间】2021 年 1 月 26 日
【访谈地点】广东省珠海市
【访谈对象】熊春明
【整 理 人】尹　洁　张高洁

余冉朵：
全家打工奔小康

🟢 人物简介

余冉朵，男，傈僳族，1995年生，云南省兰坪县兔峨乡花坪村委会卡古组人，现就职于珠海市润星泰电器有限公司。

🟢 人物故事

快满26岁的余冉朵是一位爱笑的傈僳族小伙子，他的脸上总是挂着微笑。余冉朵记忆中，自小到大一家四口都生活在一间30平方米的木楞房里，上面住人下面住家畜。因为父亲母亲都没有受过教育，所以全家人只能种田，靠天吃饭，是村里数一数二的贫困户。直到初三，两兄弟还跟爸妈挤在一起睡，家里的月收入从没有超过 1 000 元。

由于贫困，余冉朵高中没毕业就辍学走向社会，走进了工地。漂泊在外，余冉朵睡过车站，睡过马路边，甚至睡过墓地旁，尝过生活的酸甜苦辣，懂得了很多。余冉朵坚信，不管生活多辛苦多艰难，美好的生活是在自己手里。然而，"贫困户的帽子不好戴，贫困户的锅不好背"。这种仅仅凭靠余冉朵一人之力支撑整个家庭，一人打工一家四口花的日子并不好过。不论余冉朵怎么努力，一年下来家里依旧没有剩余，仍然是村里的建档立卡贫困户。

"如何带家人走出困境，走出贫困"是余冉朵一直在思考的问题。2019年年初对余冉朵一家来说是一个分水岭，一条朋友圈的微信改变了全家的命运。"那年春节，我从外省打工回来，看见兔峨乡社保所工作人员在朋友圈转发了一条杨红方夫妇在珠海做清洁工的报道，报道同时宣传了珠海打工的各种奖励政策。"余冉朵回忆道，"当时我就下定决心带全家人一起打工，四个人的力量总比一人孤军奋战要好。"

余冉朵将看到的兰坪人在珠海打工收入、奖励政策讲给爸妈听，爸妈当即决定也要报名去珠海打工。就这样余冉朵带着爸妈和弟弟举家来到珠海"安家落户"。余冉朵找到了一家企业，他们一家四口可以都在这里务工，"我和弟弟两人，一人带爸爸一人带妈妈，同在一条生产线，可以更好地照顾他们"。

虽然是在外打工，叫一家人同食同住同劳动的方式不变，变的是之前一个人奋斗变成全家人一起奋斗。崭新的生活方式让余冉朵一家有了新盼头。"最大的幸福就是在有'家'的地方有工作，我从来没有想过会有这么一天，也不敢想会在有家的地方有工作，一家人一起上班，吃饭时间一起在食堂的饭桌上吃饭，每天都可以对着家人谈心。"就这样，余冉朵一家四口进过企业的流水线，到过养殖场养过鸡，不论到哪里全家人都选择在一起相互照应。经过全家人的奋斗，2019 年年底，余冉朵一家的收入达 10 万余元，一跃成为全村的 10 万元户。在余冉朵眼里，"幸福来得太突然"。

对于余冉朵一家而言，打工是全家人致富最快的方式，也是"成本最低"的方式。2020年他们全家再次来到珠海。这一年,全家年收入比上一年翻了番,超过了20万元,真正用自己勤劳的双手和汗水实现了脱贫致富的梦想。

【访谈时间】2020年12月26日
【访谈地点】广东省珠海市
【访谈对象】余冉朵
【整 理 人】尹 洁 张高洁

制造业 篇

艾尼瓦尔江·肉孜：
新疆青年在杭州的奋斗故事

人物简介

艾尼瓦尔江·肉孜，男，维吾尔族，1993年生，新疆阿克苏市拜什吐格曼乡人，现为杭州日月电器股份有限公司科宝分公司电子产品装配工。

人物故事

2017年，在阿克苏市和杭州市两地党委、政府的统一组织下，艾尼瓦尔江·肉孜与其他51名年轻维吾尔族农民工一起来到杭州日月电器股份有限公司科宝分公司，从事电子产品装配工作。

刚来日月电器公司工作的时候，艾尼瓦尔江·肉孜第一个月"保底+计件"工资是 3 672 元,由于踏实肯干、吃苦耐劳,当年 10 月他的月工资就达到了 5 000 元以上,超过了车间同期员工的平均水平。车间订单量多,需要安排员工加班的时候,他总是第一个找到车间班组长主动要求加班,月工资最高时可拿到超过 6 000 元。艾尼瓦尔江·肉孜在生活中勤俭节约,从来不乱花钱,他将自己的工资存下来,年底一次性寄给父母,帮家里偿还了银行贷款,购买了 2 头牛和 3 只羊,让父母养殖致富,让全家人过上了更好的生活。

除了挣更多的钱帮助家人外,艾尼瓦尔江·肉孜还不断追求思想进步,他不断学习新理念、新技术、新知识,努力为以后的人生奠定良好的基石。未来,艾尼瓦尔江·肉孜打算和妻子继续留在杭州工作,计划把留在家乡的女儿也带到富阳来上幼儿园,一起在富阳安家落户。同时,他也希望自己能够带动更多的家乡父老来杭州就业,帮助更多的家庭脱贫致富。

艾尼瓦尔江·肉孜在工作和生活当中一直秉承尊敬师长、恪尽职守、吃苦耐劳、踏实肯干的精神,主动搞好民族团结,各方面的表现得到了公司领导和同事们的好评,多次被车间评为优秀员工。

【访谈时间】2020 年 1 月 19 日
【访谈地点】北京市
【访谈对象】艾尼瓦尔江·肉孜
【整 理 人】武　唯　张赢方

制造业 篇

董文学：
乐于分享的劳动模范

人物简介

董文学，男，1978年生，浙江省平阳县鳌江镇塘川社区塘北村人，现任温州益坤电气股份有限公司金工车间主任。

人物故事

董文学凭借不断的努力学习和过硬的专业技术能力，于1998年从一名普通模具钳工师傅被提升为公司的金工车间主任。在担任金工车间主任期间，他在技术方面刻苦钻研、认真求证、精益求精，对业务工作积极主动，敢于创新，勇于挑战。不论是部门内部管理还是技术改进，均能理论结合实际，很好地完成领导交办的各项任务。在任期间，金工车间未发生任何安全生产事故、质量事故。董文学每年被评为公司先进个人、优秀党员，所带领的团队也多次获得先进集体称号。

董文学带领车间，通过对绝缘子、避雷器、熔断器、电阻片等产品工装及模具的改装和研发，各类起模螺栓的制造及模具定位改进等，解决了很多操作和工艺难题，减少了人员操作，大大提升了产品质量及生产效率，并将各种不良品零部件及报废品通过机加工方式变废为宝，进一步降低了产品成本。同时，他还主导了一体式真空断路器绝缘子等创新和专利项目的技术攻关，产品广泛用于电力机车、高铁动车、地铁轻轨和电气化铁道牵引供电系统上，为公司创造直接经济效益超过 200 万元。

在公司的支持下，董文学于 2018 年创办"董文学劳模工作室"，以传、帮、教的形式传授员工技能，为公司培养可用之才。他编写了专业性较强的培训资料，定期对新老员工进行培训。他不仅传授员工知识和技能，同时注重理论结合实际，从解决实际问题出发帮助员工成长。

董文学作为党员、劳模和温州市第十三届人大代表，坚持发挥自身优势，为他人服务，主动联系群众，听取民声，了解民情。在镇党委、政府等支持下，董文学帮助群众妥善解决了一批久拖不决的问题。

2020 年，董文学积极参与一线疫情防控，助力企业复工复产，个人多次捐款捐物共计 6 000 多元，交纳抗击疫情特殊党费 1 000 多元，并于 2020 年 5 月担任平阳劳模工匠志愿者服务队分队长和董文学机加工技术服务队队长，勇挑重担，先人后己，起到了先锋模范带头作用。

【访谈时间】2021 年 1 月 19 日
【访谈地点】北京市
【访谈对象】董文学
【整理人】武　唯　张赢方

制造业 篇

刘波：
开拓创新的弹簧班组带头人

人物简介

刘波，男，1986年生，江西省上饶市鄱阳县四十里街镇华林下屋村人，现任温州市爱好笔业有限公司班组长。

人物故事

刘波刚进入公司时，在笔尖车间做一名普通员工。经过一段时间的工作，他深感自己知识技术有欠缺，体会到了技术岗位精益求精的重要性。他虚心好学，不懂就问，很快掌握了做笔尖设备的操作要领，由门外汉成为行家里手，成了一名优秀的带头人。

只要有时间，刘波就从网上购买相关书籍，再到书店、图书馆里查阅，就像"饥饿的人扑在面包上"。公司领导了解到刘波对知识的渴望，为他提供便利条件，创造学习机会，他需要什么样的书就为他购买。他先后研读了 40 余本书籍，将理论与实践相结合，入职不到半年时间就可以独立操作，还因技术过硬，制作的产品特别优良，2018 年被公司提升为生产部门弹簧组组长。

刘波负责的弹簧组共有 7 名员工，要想管理好这个团队，首先是"打铁先要自身硬"，自己要先掌握设备的工作原理和技术性能。他一边阅读相关业务书籍，学习理论知识，一边在实际操作中向老师傅请教，自己反复摸索，掌握了做弹簧的关键技术，通过自己在技术上的领先，有了管理好这个团队的底气和自信。其次，刘波分析了弹簧组存在的问题，结合大家的建议，改进了以前那种老套的管理模式，充分调动大家的工作积极性，明确每位员工的工作责任，把设备全开起来，对故障设备进行及时维修，对人员进行合理调配，白班夜班安排到位。在他的努力下，弹簧的产量由原来每天 35 万只提升到每天 170 万只，为公司创出了良好的经济效益。

产品质量就是企业的生命，管理就是效益。刘波分析了过去产品合格率不达标的具体原因后，制定了严格的工作标准。在他的严格要求和大家的共同努力下，产品质量合格率由过去的 95% 提升到现在的 99%。

刘波没有豪言壮语，只有一颗忠于企业默默奉献的诚心，一种敢于担当爱岗敬业的责任，一股不怕困难勇于探索的志气，一腔勇往直前再立新功的热血。"多一些奉献，少一些计较，多一些责任，少一些抱怨，多一些上进心，少一些懒惰"，刘波就是用这样的工作态度和实际行动影响和感染了每一个人，成为公司 6 000 名来自农村的务工人员的榜样，成为一名脱胎于农村、成长于企业的优秀农民工代表。

【访谈时间】2020 年 2 月 7 日

【访谈地点】北京市

【访谈对象】刘　波

【整 理 人】武　唯　张赢方

制造业 篇

王洪光：
下罐区，进炼厂，钻油罐，进窑炉

人物简介

王洪光，男，1978年生，辽宁省昌图县双井子镇人，现就职于北斗启明（北京）节能科技服务有限公司。

人物故事

王洪光2002年来京务工，2005年他开始从事石油化工环保装备技术销售工程师工作。为深入了解石油化工环保行业，王洪光坚持学习，从销售员转变为技术员，并致力于节能减排环保产品的科研开发。在数年的技术开发工作中，他带领研发团队，下罐区、进炼厂、钻油罐、进窑炉，围绕罐区安全环保节能研发了17项技术先进性强、环保性能佳、节能减排效果好的专利技术。他因长期劳累过度，经历了心源性晕厥和胰腺炎等疾病考验，但是他坚持下来了，在 2011 年研发出第一代节能减排浮盘产品并成功投产。

为降低排放超标的罐区油气，减少环境污染，实现节能减排，王洪光又带领团队对一代技术进行升级改造，研发了"SES-Ⅱ不锈钢双盘浮顶"技术，该浮顶技术解决了油气挥发散逸问题，降低了储罐的安全隐患。他和团队研发的环保型浮盘产品在中石油、中石化、中航油、中国化工等石油化工行业应用总计 802 台，目前减少油气挥发超过 48 120 吨/年，直接减少油气环境污染物排放，对大气污染治理贡献突出。

为减少大气污染物和温室气体排放，王洪光在国内没有任何研究和经验的情况下，敢于创新、勇于尝试，带领研发团队经过 2 年零 6 个月的努力，终于研发出高温纳米涂层，并获得两项发明专利。

为保障国家能源储备安全，预防油罐发生火灾爆炸事故，王洪光和团队历经 400 多个日夜，研发出"大型石油储罐主动安全防护系统"。该系统用于大型石油储罐的火灾和油气爆炸预警处理，目前已实施超过 100 例，直接保护罐区原油安全超过 800 万吨。

王洪光一直深耕于功在当代、利在千秋的环保行业，通过十几年如一日的现场经验的积累、专业知识的钻研和孜孜不倦的创新，成为石油化工安全环保行业创新技术人才。他和技术团队科研水平高，创新能力强，长期为企业注入科技含量高、环保效益好的新产品，并于 2020 年获得北京市朝阳区高新技术产业"支持重大高精尖成果产业化项目"奖励。

【访谈时间】2021 年 3 月 2 日
【访谈地点】北京市
【访谈对象】王洪光
【整 理 人】白　阳

建筑业篇

建筑业 篇

张海滨：
从收废品到公司创始人

人物简介

张海滨，男，1976年生，安徽省涡阳县龙山镇焦楼村人，初中文化，创办浙江余姚市鸫宇废旧金属回收公司和余姚市舜源建设工程有限公司。

人物故事

1998年春天，初到余姚的张海滨身无分文，只能先从最底层的工作干起，他捡过破烂，拉过三轮车，做过保安，当过修理工，最落魄的时候，他只能睡在桥洞下过夜。张海滨趁着自己年轻，一天接三四份活，因为他的勤奋努力、踏实肯干，再加上老乡们的帮助，张海滨逐渐积累起了一些财富。

为了使废旧金属资源得到最大限度的回收和再利用，通过收旧拾荒和调查了解市场，张海滨于 2008 年 8 月创办了属于自己的第一家公司——鸫宇废旧金属回收公司。他在规范"收旧"行为上下功夫，在挖掘"再生"资源上做文章，注重技能提升，引入先进装备，努力从垃圾堆里"捡"出真金白银，有效促进了余姚再生废金属回收产业技术水平的提高。

2017 年，张海滨又成立了余姚市舜源建设工程有限公司，同时担任总经理职务。公司成立以来，已累计购置了价值 2 000 多万元的机械设备，主要开展浙江省区域内的地产建设配套施工等项目，并在 2020 年营业收入一举突破了 5 000 万元，为超过 150 名农民工解决了就业问题，其中很多农民工月工资超过了 6 000 元，切实帮助困难家庭实现脱贫。

回想起自己创业路上党和政府的扶持、他人的无私帮助，张海滨一直在寻找机会回馈社会。他从别人口中听说一些安徽老乡来余姚务工，遇到与他当初类似的窘境，就主动为他们安排食宿，帮助他们寻找就业机会。他加入"凤山街道新余姚人调委会"，争当外来务工人员的"老娘舅"，协助司法所成功调解纠纷 20 余起。

几年来张海滨共向学校捐赠教学设备 15 件，帮助学校改善教学条件。学校里有一些生活困难的农民工子女学习成绩优秀却为学费发愁，张海滨得知后，先后与 10 名外来务工人员子女结对，帮他们交了学费，并经常为他们购置学习用品，解除他们的后顾之忧。在平时，张海滨更是多次默默做好事：他护送被车撞伤的小男孩去医院，垫付医药费；他看到网上的救助帖子，便捐赠衣物给山东济宁的尿毒症患者；他发现马鞍山解放军医院的床铺破损，便无偿捐赠了 10 张陪护床等。

2008 年春节前夕，南方遭遇罕见雪灾，许多急欲返乡的外来务工人员被困车站，张海滨发动公司员工，每天在单位食堂烧好热饭热菜，送往余姚各个车站。2013 年抗击"菲特"台风期间，张海滨号召公司全体员工参与抗灾，他自己在抗灾期间，每天只睡四五个小时，指挥公司车辆护送孕妇、救助老人，还自费两万余元购买生活用品救济被困群众。

2019 年，为进一步回馈社会，张海滨成立了一支民间救援队，组织了一

支近 50 人的抢险团队做应急救援，协助地方政府开展公益性质的救灾、抢险等工作，得到了当地政府和人民群众的一致好评。

【访谈时间】2020 年 10 月 24 日
【访谈地点】北京市
【访谈对象】张海滨
【整 理 人】武　唯　张赢方

韩九恒：
打工者有了技术专利

人物简介

韩九恒，男，1978年生，安徽省临泉县庙岔镇人，现为房屋卫士工程技术有限公司工程师。

人物故事

1994年，17岁的韩九恒来北京务工，没有技术、缺乏工作经验的他，从防水学徒做起，每天搭锅台、烧沥青、自制油桶……工作中滚烫的沥青经常溅到手上，他总是忍着剧痛继续工作，至今手上还留有那些年烫伤的疤痕。眼睛经常被汗水渍得睁不开，实在受不了就直接对着水龙头冲洗，这让他落下了常年头痛的病根，但他从未有过放弃的念头。

工作中，韩九恒是一个爱思考的人。在一次做防水时，由于五楼住户洗手间漏水，影响到四楼正常生活。正常工作流程需要把五楼卫生间的瓷砖、马桶、洗手盆全部拆卸掉，刨开地面，重新做防水层，这至少需要半个月时间。韩九恒创新采用通过四楼天花板施工的大胆想法，凭借多年专业经验，认真观察，锁定漏水点位置，使用对墙体进行局部打孔的"微创"方法，通过液体发泡涂料高压注浆融合，封堵上了漏水点。这不仅大幅缩短了工期，而且施工费用也不到原来的 1/3，这次实践为他日后申请技术专利奠定了基础。

新技术的成功，大大增强了他扎根防水事业的决心和提高科研技术的信心。凭借精益求精的工作态度，韩九恒被一家大型防水企业高薪聘请。在这家企业，他将自己的"微创结构堵漏技术"不断发展完善，并成功申请专利。

在为北京热力集团地下管道进行防水施工的过程中，由于地下阴暗潮湿、管网线路复杂，经过综合研判，韩九恒决定采用"微创结构堵漏技术"，通过一个点扩大整个面，在混凝土内部形成防水层，达到再造防水层效果，彻底解决渗漏问题，直接为该项工程节省工期 20 天、节省费用 300 余万元。

事业有成后，韩九恒以各种方式回馈社会。2014 年以来，他先后向北京市昌平区黑山寨小学、河北省滦平县明德小学、中国政法大学贫困优秀大学生捐赠几十万元。

【访谈时间】2021 年 2 月 27 日
【访谈地点】北京市
【访谈对象】韩九恒
【整 理 人】白 阳

唐于碗：
做事要吃得起苦

人物简介

唐于碗，男，1978年生，江苏省阜宁县人，高中文化，现就职于五元素建筑装饰北京有限公司。

人物故事

唐于碗经常说："咱们建筑业的人，做事要吃得起苦，工作到位不能光说在嘴上，不能自己糊弄自己。"他是这样说的，更是这样做的。他和队员们对待施工任务不讲条件，把质量、安全放在第一位，起早贪黑抢进度、不分昼夜抢工期。

唐于碗在长期施工实践中认识到，干好一个项目没有一支技术过硬的骨干队伍是不可能的。他请来有施工经验的老师傅手把手、一对一开展培训和现场演练。他在自己孜孜不倦学习的同时，针对年轻人员实践经验不足的情况，每月定期召集技术人员举办技术交流会，并请专家定期向技术人员传授施工技术等相关知识。他坚持将现代管理模式融入劳务队伍，狠抓全员素质教育，从思想观念上提高施工队伍基本素质和整体管理水平。

唐于碗大力推进标准化、规范化管理，认真履行"第一责任人"职责，制定完善了《公司资料管理办法》《技术交底制度》《工程质量管理办法》《工程进度管理办法》等一系列项目技术管理制度，大大提高了技术管理制度的规范化和严谨化。唐于碗团队赢得了多家总承包单位的认可，多个知名建筑企业慕名邀请他们参加工程建设劳务投标。

通过持续提升管理和加强培训，唐于碗带领的这支劳务队伍逐步成长为首都建筑业的一支"精兵劲旅"。与此同时，他也为3 000多名劳务工人解决了就业问题，帮助近百人实现了就业脱贫。

多年来，唐于碗团队先后承担了世界医药图书大厦、中国移动国际信息港数据中心、远洋国际中心工程、门头沟远洋新天地6013地块1标段等多个工程的施工建设。参与建造的北京市朝阳区北苑紫玉山庄工程、石景山区八大处刘娘府综合改造工程、通州于家务乡A06地块自住房结构工程、大兴庞各庄2号地棚户区改造安置房项目等多个项目，先后获得北京市长城杯金奖及银奖等荣誉。

2020年6月，唐于碗团队承接了北京建工集团总承包的雄安新区容东片区B2组团安置房一区二标段主体工程项目。项目开工初期，因受疫情影响，工人不能如期赶到施工现场，唐于碗不停协调、联络，甚至亲自安排车辆去各地方接人。在缺人、缺物、缺机器的艰苦条件下，唐于碗带领的团队出色完成了北京建工集团所定的各项目标，并在劳动竞赛评比中获得第二名，受到北京建工集团容东片区总承包项目部的一致好评，为公司赢得荣誉，更为北京市疏解非首都功能贡献了一份力量。

【访谈时间】2021年3月1日
【访谈地点】北京市
【访谈对象】唐于碗
【整 理 人】白　阳

常小军：
从建筑工地上走出来的企业家

🟢 人物简介

常小军，男，1984年生，甘肃省甘谷县安远镇王窑村人，现任兰州盛峰装饰工程有限公司总经理。

🟢 人物故事

1999年，家境贫寒的常小军，经过一番痛彻心扉的思想斗争，把大学梦装在心里，来到兰州一建筑工地成了一名高空外墙粉刷工。从此，他与建筑结了缘，一干就是六年多。天道酬勤，常小军跟着师傅从小工起步，历经小工、组员、班组长，一步一步成长为王窑村外出务工人员的带头人。

从进入工地开始,常小军坚持每天晚上读书两小时,主要是与建筑有关的书籍,一边学习一边将其融入实际操作中。常小军带领粉刷工班组保质保量、按时完成粉刷工作,特别是在高空作业中,他能够冲锋在前,在工作单位起到了表率和模范带头作用,受到了工友们和建筑商的一致好评,而其良好的职业道德和个人品德也感染着身边的每一位工友。

常小军从小受父亲影响,始终秉承艰苦奋斗、勤俭持家、助人为乐的家风,热爱家乡,资助困难工友,从来不忘家乡人民的教育和培养。2014年,常小军得知村里修整村道,便积极捐款捐物,将村里的泥水路变成混凝土路,不但方便了乡亲们出行,村里的环境也大有改善。

【访谈时间】2021年2月
【访谈方式】网　络、电　话
【访谈对象】常小军
【整 理 人】赵　源

刘劝平：
打工有成，桑梓情深

人物简介

刘劝平，男，1970年生，甘肃省庄浪县南坪乡苏坪村人，现任平凉市金土发建材销售有限公司董事长。

人物故事

1990年，刚刚年满20岁的刘劝平跟随亲朋远赴新疆一家砖厂干苦力活，开始了艰辛的打工路。1996年，他回到家乡，召集家乡的80多名农民工组建了自己的施工队，主要承包县、乡的桥梁、公路等修建项目。他以敢干敢拼、锲而不舍、诚实守信的精神，在筑路行业站稳了脚跟。

事业有成的刘劝平始终没有忘记回报家乡。1996—2012年，在修建桥梁、公路工程项目期间，他的施工队累计吸纳农民工、大学生等超过3 000多人，为解决县域内就业问题，贡献了自己的力量。他从不拖欠农民工的工资，并且薪资与同行业的工资水平相比总是高出许多，在业界赢得了良好的赞誉。

2014年，刘劝平创建平凉市金土发建材销售有限公司，先后吸纳300多人就业。刘劝平在带领员工致富和发展企业的同时，不忘家乡的公益事业，2006—2013年，他先后出资为庄浪县苏坪村修建了村部围墙，免费修建40多千米道路和两座文化舞台；出资240万元，为南坪乡大庄村也硬化了巷道。他情系家乡教育，捐资助学，多次为全县"圆梦"助学金捐款，曾资助15名贫困学子完成了学业；他还无偿捐助60余万元为南坪乡刘窑小学硬化操场、校园地面1 600多平方米。到目前，刘劝平已为公益事业无偿捐助500万元左右。由于企业为当地带来的经济效益和热心公益，刘劝平连续两届当选为"庄浪县劳动模范"。

【访谈时间】2021年2月
【访谈方式】网　络、电　话
【访谈对象】刘劝平
【整 理 人】赵　源

曾强：
精益求精铸就工程质量基石

人物简介

曾强，男，1962年生，广西合浦县白沙镇龙江村委瓦铺村人，现为广西旭林建筑工程有限公司路基、桥涵施工员。

人物故事

自2018年成为一名施工技术人员起，曾强的工作定位就是协助好技术负责人的工作，不断进行自我学习。他一直以积极的心态认真对待工作，在各项工作中都能尽职尽责，圆满完成工作任务。

曾强于2018年2月23日进入松旺至铁山港东岸高速公路项目组，参与了场站建设等前期工作；2018年7月25日在龙潭互通段开展修整主线纵向便道、逐步清撤换填等工作；2019年全面参与路基填筑、涵洞、桥梁工程建设。他思路清晰、苦干拼搏，总是第一个到现场，最后一个离开。他时时掌握施工情况、了解工程进度，每次遇到施工难题，都能及时解决实际问题，为工程的整体控制掌舵保航。他的工作态度获得了公司及同事的好评与肯定。在广西旺港高速公路有限公司开展的2019年度松铁路项目"创先争优"暨旱季施工评先评优活动中，曾强荣获了"先进工作者"奖。

截至目前，曾强已参与36.7千米路基填筑、4座桥梁、3座天桥建设，负责人员和机械材料的调配工作，指导项目工作开展。在完成路基施工填筑的同时，他还负责编制整理工程技术资料，协助技术负责人编制施工方案、技术交底，协助安全员落实、督促、检查施工现场安全工作。

曾强在工程质量控制上总是精益求精，为保证工程质量，他熟记工程施工质量规范，常带领现场施工人员一起学习，并要求他们严格按规范进行操作。在施工中大到钢材，小到一块砂石，曾强都严格按标准化工地建设的要求定期检验。

此外，曾强对于项目部新人的培养工作十分重视，他还将自己施工方面的经验毫无保留地倾囊相授，以一名老员工对公路事业的挚爱之情，细心浇灌培养着企业的未来。

【访谈时间】2020年2月20日
【访谈地点】北京市
【访谈对象】曾　强
【整 理 人】武　唯　张赢方

王世刚：
挑战不可能的挖掘机操作员"王战士"

人物简介

王世刚，男，1962年生，贵州省遵义市余庆县龙家镇友谊村人，现为中建五局土木工程有限公司广西分公司挖掘机操作员。

人物故事

从业12年来，王世刚爱岗敬业，始终立足本职工作，所承担的工作任务完成率、合格率均为100%，他用实干和担当赢得了工友和公司的高度肯定。

王世刚入职后，就遇到挑战。他承担的第一个项目交付时间紧、任务重，加之当时公司挖掘机的数量很少，对土方开挖的要求很苛刻，要在一个月内完成正常三个月的活,这几乎是不可能完成的任务。但在王世刚的带领下,这块硬骨头被成功啃了下来,王世刚"王战士"的名声也就传开了。

王世刚以身作则,当先锋、树榜样,每天都工作至深夜。土方开挖过程中遇到难题,他总是第一个站出来解决。挖掘机工作看似是一份普通、平凡的工作,却有着大学问,如何更快、更精准、更高效完成任务,如何更加安全地操控挖掘机,这些都是一名优秀的挖掘机操作员需要掌握的。王世刚坚持学习挖掘机的构造等理论知识,将理论知识用于实践操作,形成了自己的一套科学的方法。他还在广西职工技能大赛挖掘机比赛中取得了良好的成绩,担任了项目挖掘机培训的讲师,传授挖掘工作的相关技巧,帮助项目工人提高专业技能。

2008年5月12日,四川汶川县发生8.0级地震,公司接到通知,要求立即组织人员、机械支援汶川。王世刚就是其中一员,他临危不惧,在抢险救灾过程中无条件配合政府的统一指挥。"时间就是生命",王世刚坚定"使命必达"的信念,经过多日不舍昼夜的奋战,在最短时间挖通便道,连通生命线,出色完成救灾任务,被分公司授予年度优秀员工。

2020年年初,新冠肺炎疫情暴发。为了保障分公司尽快复工复产,王世刚从贵州辗转来到广西,主动申请提前到岗参加项目建设,积极配合隔离后第一时间投入现场生产,为分公司抗疫复工做出重要贡献。

作为广西分公司超英爱心联盟的一名骨干成员,王世刚每周末都会挤出一些时间参加爱心公益活动。在"河道清洁,守护绿水青山"志愿服务、"战疫爱卫"五大清洁行动、协助交通管理助力创城、义务献血等各项公益活动中,都有他的身影。

【访谈时间】2020年2月3日
【访谈地点】北京市
【访谈对象】王世刚
【整 理 人】武 唯 张赢方

朱加贤：
从干苦力活到副总工程师

🟢 人物简介

朱加贤，男，贵州省盘州市人，现任贵州能化发耳煤业有限公司采煤副总工程师。

🟢 人物故事

朱加贤20岁那年，为让家人过上好日子，他决定外出打工，从建筑工人做起，2005年5月，而立之年的他从盘江煤电土城矿进入兖矿贵州能化发耳煤业有限公司，在采煤一区当一名采煤工人。

采煤是体力活，但朱加贤觉得光苦干远远不够，还得学习先进的采煤技术。虽然他只有初中文化，但他从未间断过学习：阅读书籍、参加培训、认真实操，不断地请教和练习，增强自己的综采技术本领。凭着坚韧的学习毅力，他很快成为公司的"技术能手"。渴求上进的他参加了贵州大学教育培训班，通过三年多学习，拿到了采矿工程专业大专证书。

朱加贤善于将所学知识和实践相结合。2011年，朱加贤和有关技术人员通过调研和论证，创新采用的"综采工作面混凝土块砌墙沿空留巷技术工艺"取得成功，不仅解决了采煤工作面瓦斯积聚问题，保障了安全生产，提高了生产效率，而且每年创造效益1 100万元。这项革新成果获得兖矿集团公司2011年度科技进步二等奖。10多年来，以他为主或参与完成的技术革新35项，创效益3 700余万元。

2014年，矿井生产情况接续紧张，朱加贤临危受命担任综采二区区长，负责带领工区进行生产原煤工作。此时，矿井30704工作面正处于生产任务重、机头顶板淋水破碎压力大、两巷沿空留巷砌墙安全形势严峻的关键时期，为了更快熟悉现场情况和摸清职工思想动态，他每天坚持亲自到场观察和熟悉情况，并给职工反复强调安全和当班工作重点。当月，他不负众望，带领工区实际生产11余万吨，完成了计划的138%，同时创下公司沿空留巷砌墙以来单月产量及砌墙进尺的纪录。

面对成绩他没有骄傲，在工作上仍然保持精益求精的精神。2016年8月，朱加贤被委以综采二区30702工作面末采和15301工作面安装的两项重任。他延续了自己认真的精神，立即组织召开会议，深入井下一线现场熟悉情况，制定生产方案；优化组合人员，组建了6个小班组织生产，对末采及安装计划进行倒排工期，按时稳步推进工作。最终克服了重重困难，第一项工作提前两天完成；第二项任务提前三天完成，使矿井的接续生产赢得了主动。

2017年10月，朱加贤作为贵州煤炭系统唯一的党的十九大代表，参加了党的十九大盛会，受到了习总书记接见。回来后，他马不停蹄地向各界人士汇报参加盛会的体会。从2017年10月26日到2018年3月20日，他先后在六盘水市、兖矿集团公司、贵州省能源局、总工会等企事业单位作

"十九大宣讲报告"26 场次，听众上万人次。朱加贤是十九大精神的宣讲员和践行人。他的家乡盘州被列为贵州省脱贫攻坚县之一，怀着对父老乡亲感恩之心和对企业的热爱，他总是在企业和父老乡亲需要帮助的时候尽一份责、出一把力。在他的动员下，2012—2019 年，有 120 多名家乡人来公司成为采掘工人，实现了"一人就业，全家脱贫"。

【访谈时间】2020 年 2 月 20 日
【访谈方式】电　话
【访谈对象】朱加贤
【整 理 人】吴亚蓝

郝保德：
一个热心肠的"好大哥"

🟢 人物简介

郝保德，男，党员，1969年3月出生，河北省内丘县人，初中文化。

🟢 人物故事

郝保德出生在一个贫困的农民家庭。初中毕业后，为减轻家庭负担，他放弃升学机会，进城打工。刚到城里，他一没技术、二没资金，于是就从建筑工地小工干起。在工作中，他边和灰搬砖、边观察瓦工师傅怎么砌墙，很快便学会了砌墙抹墙技术，当上了瓦工。一年后，他又成了技术工人。再之后，公司经理看他施工技术全面就让他当了施工队长。

郝保德在 39 岁那年，自行承揽了第一个建筑工程。他把多年学到的识图、施工、核算、管理等一套技术知识全部用到工程建设上来，坚持按图纸要求、按工程规程办事，坚持质量第一的原则，这个工程不仅顺利完工，还在该市工程质量评比中名列第一。由于狠抓工程质量和管理，建筑队伍不断壮大，产品质量、声誉不断提高，这些年来他先后承揽了 18 项建筑工程。

郝保德从小在农村长大，深知乡亲们生活不易，立志要帮助他们过上富裕日子。在他公司里的工人都是本村和周边村的村民，他也成为内丘县金店镇大辛庄村党支部书记兼村主任。村民们在郝保德的带领下通过劳动致了富。

随着农村空巢老人越来越多，为解决贫困孤寡老人的赡养问题，郝保德筹资 400 多万元兴建了 2 000 多平方米的"老来乐"幸福院，解决了本村和周边村孤寡老人的赡养问题，孝行在村里生根发芽。

2015 年郝保德组织社会上的热心人，成立了"好大哥"调解室，现已调解纠纷 50 多起。被调解双方都称郝保德是一个热心肠的"好大哥"。

【访谈时间】2020 年 12 月 22 日
【访谈地点】河北省内丘县
【访谈对象】郝保德
【整 理 人】白　阳

建筑业 篇

刘振礼：
用热忱工作创造无尽乐趣

人物简介

刘振礼，男，1986年生，河北省沧州市沧县纸房头乡人，高中文化，现就职于大元建业集团股份有限公司。

人物故事

刘振礼2005年参加工作，长期工作在施工现场的第一线。2014年自献县信誉楼开工以来，他坚持每天早上六点半到工地，晚上加班是家常便饭，有时候为了编制技术交底或施工方案更是加班到深夜。刘振礼是项目部的技术标兵，工作求真务实，严格要求每一项技术指标，为献县信誉楼项目获得省级优质工程奖项、省文明工地奖项做出很大贡献。

在大城红木家具城项目的施工过程中，遇到了许多新问题和新难题，刘振礼抽出大量业余时间学习有关施工的技术规范，解决了许多技术难点，为项目部的钢筋施工和质量把控提供了有力的技术保障。他制定完善了项目办工作制度，坚持做好多工种交底工作，将每一个细节做到完美，不但保证了施工总进度，而且施工质量也得到了项目部、业主以及监理的肯定和好评。

刘振礼还组织技工专家小组，将木工、钢筋工等工种高级技术人员组织起来，为单位其他项目的施工改进出谋划策，并到场研究示范。他参与建设的滨河龙韵项目和塞纳左岸项目荣获省级优质工程，府东新区项目获得省级文明工地，世纪金苑、盐山市第六中学项目获得结构优质工程。这些都离不开刘振礼的无私奉献。

刘振礼还兼职技术操作培训讲师，针对新人对技术不熟悉的实际情况，利用自己多年的技术经验和施工方法，言传身教、加大培养实践力度，使新人很快成长起来，能够独当一面。此举有利于为公司长期发展提供技术力量储备。

【访谈时间】2021 年 1 月 31 日
【访谈地点】北京市
【访谈对象】刘振礼
【整 理 人】白　阳

建筑业 篇

苏永秀：
不畏艰苦扎根一线

人物简介

苏永秀，男，1987年生，内蒙古清水河县窑沟乡人，本科学历，现就职于中国二十二冶集团有限公司。

人物故事

苏永秀始终坚持在测绘生产第一线，曾先后参与数字化地形图测绘、区域控制测量、工业与民用建筑施工测量、建筑变形监测、园林项目的土地整理及土地确权测量等工作。

作为一名测量人员，在实际工作中会遇到诸多难题，苏永秀总是想方设法加以解决。在山东省聊城市冠县土地确权项目中，由于当地老百姓自身认知及历史遗留的问题，导致土地确权进展极其困难，苏永秀认真研究国家土地确权规范，积极与当地百姓沟通，最终使工程得以顺利进行。

苏永秀在认真工作的同时充分发挥创新精神，结合工作内容，不断创新工作方法，不仅提高了工作效率，还为后续工作的开展提供了重要保障。在唐山市基础测绘工程丰润区控制测量及1∶500比例尺数字化地形图工程中，苏永秀为进一步提高测绘速度和精准度，根据现场实际总结编制了一套全站仪地物编码，通过采用编码省去了外业绘制草图工作，大大提高了外业的采集速度，在规定的时间内完成了基础测绘的测图任务，并通过了省质监站的检查。该项目获得"河北省优秀测绘地理信息工程"荣誉。在广东清远项目测绘工作中，由于现场厂区坐标系与主厂房存在夹角，给轴线放样带来了极大困难，苏永秀通过建立与厂房平行的独立坐标系巧妙解决了这一问题，不仅使放样更加直观，还极大地降低了在放样中出现错误的概率，受到各方领导的一致好评。

2019年8月，苏永秀参加了呼和浩特市留置场所项目。项目工程紧、任务重，2020年年初的新冠肺炎疫情更是加大了施工困难，苏永秀积极配合项目部工作，严格落实内蒙古自治区下达的疫情防控要求，做好工人疫情防控登记工作，保证了施工工程进度，圆满完成任务。

【访谈时间】2021年1月24日
【访谈地点】北京市
【访谈对象】苏永秀
【整 理 人】白　阳

建筑业 篇

赵长亮：
青藏铁路的修路人

人物简介

赵长亮，男，1982年生，河北省保定市涞源县留家庄乡留家庄村人，高中文化，现任中国铁路总公司电气化局一公司五段沪昆铁路改造项目队长。

人物故事

2006年，恰逢修建青藏铁路需要工人，一个偶然的机会，赵长亮成为中国铁路总公司电气化局的一名工人，进入青藏线施工地。进藏后，工作队在一个叫古路的镇上扎下了营。古路镇海拔4 950米，赵长亮刚到西藏，高原反应特别厉害，在铁路沿线干起活来，上气不接下气、呕吐、嘴唇发紫，时间一长，嘴巴被风吹的裂开了口，几乎每天早晨都流鼻血。艰苦的工作环境考验着人的意志，和他一起来的18名工人最后只剩下他和另一个工友。

有一次，赵长亮在离镇子不远处的所里值班，赶上了大雪封山，一间小屋、一个人，通信设备时好时坏。当时带的食物已经吃得所剩无几，用屋外的雪水煮一包方便面，就是他一天的口粮，这样的日子持续了将近两个月。当八个月后青藏铁路全线通车时，看着奔腾向前的列车，赵长亮流下了幸福的泪水。

随后工作队转战北京，担负起建设北京地铁线奥运支线项目的任务，赵长亮被提拔为副工长。在知春路站施工时，因工期紧，经常需要晚上加班，有的工友承受不了高强度的工作准备辞职，赵长亮主动与他们交流沟通，通过细致的思想工作最终化解了危机。

2016 年，在通霍铁路施工时，遇到了村民阻止。赵长亮主动请缨，承担起调解与村民之间矛盾的任务，经过长时间多次耐心细致的沟通，终于做通了村民的工作，工程得以顺利施工。

几年来，赵长亮参加了武广高铁、哈大高铁、合福高铁、徐盐高铁、通霍铁路和沪昆铁路等项目建设，在诸多大型项目的考验中，他的专业水平和思想素质不断得到提高，公司提拔他为工作队队长。

2020 年，赵长亮荣获中国铁路总公司电气化局一公司优秀员工荣誉称号，他带领的作业队荣获优秀作业队荣誉称号。谈起这几年工作的感受，赵长亮满怀深情地说："是中铁电气化局成就了我，我为能够参加这些铁路项目建设而感到自豪。一个人只要有锲而不舍的精神和永不懈怠的追求，目标就一定能够实现。"

【访谈时间】2020 年 11 月 18 日
【访谈地点】河北省保定市
【访谈对象】赵长亮
【整 理 人】秦新福

建筑业 篇

张华：
脱贫致富多面手

人物简介

张华，男，1982年生，党员，保定市涞源县塔崖驿乡北铺村人，现为保定润民公司电工。

人物故事

张华家中六口人，2018年整体搬迁涞源县福泽园社区。家中有8亩山林地，属建档立卡贫困户。在农村，像张华这样的农民一代又一代做着脱贫发家的致富梦，在他们肩上似乎永远也卸不掉一副担子，这副担子一头担着痛苦和不幸，一头载着幸福和希望。在党和政府精准扶贫政策的推动下，在他们幸福和希望的这一头加了砝码，让他们走向希望。

2015年，张华开始考虑打工。他知道打工需要技术支撑，虽然自己只有初中文化，但是学技术还可以，于是他就在当地报了电工专业培训班，通过专业培训，取得了电工上岗证。正好保定润民公司招聘电工，经过面试、实操等考核，他如愿以偿在保定润民公司当上了一名电工，负责民用电线路维护。他热爱本职、热忱服务，在较短的时间里，就熟悉了自己负责的街道门牌和线路分布，成为一名到达报修地点快、解决处置问题快、反馈信息快的"三快电工"。五年下来，他累计抢险23次，以实际行动赢得了客户赞许，也为润民公司树立了良好形象。

当电工，每月900元的工资养活六口人的确有点捉襟见肘。2016年，经驻村扶贫工作队介绍，张华拜村主任张书贤为师，开始学习养殖蜜蜂技术。北铺村的蜜蜂养殖采用纯天然养殖方式，春季产槐花蜜、荆条蜜，张华就从10个蜂箱开始创业。作为本地人，他熟悉当地气候条件，很快就摸索了蜜蜂种类的适应情况和采蜜时间，掌握了蜂箱、蜂巢和采蜜技术，到2020年养蜂规模发展到了80箱，正常年份蜂蜜产量达到了3吨，年纯收入达到了3.5万元。

养蜂进入休眠季节后，扶贫工作队帮助张华学习架子工技术，他通过了考试，取得了操作证，当上了一名架子工。在岗位上，张华爱岗敬业，把质量和安全放到第一位，受到了施工单位的好评。工作之余，张华凭着好学的精神，开始跟师傅认真学习文玩野生山核桃挑选技术，通过勤学苦练，练就了一双火眼金睛，文玩核桃又成为他的一个收入来源。

身为共产党员、致富多面手的张华，在脱贫的路上发挥了先锋模范作用，带动了周边更多村民脱贫致富。

【访谈时间】2021年1月26日
【访谈地点】河北省保定市
【访谈对象】张　华
【整 理 人】郑国安

建筑业 篇

杨清清：
技术能手的脱贫路

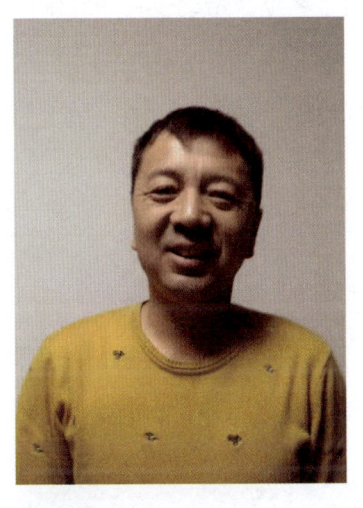

人物简介

杨清清，男，1978年生，河北省保定市涞源县南屯镇黑山村人，黑山村脱贫致富带头人。

人物故事

杨清清家为2017年认定的建档立卡贫困户。他不仅用自己勤劳的双手为家庭创收，而且还带领着其他贫困户中有劳动能力的人共同创收致富。

在涞源县打工初期，由于没有任何技术、只有年轻和一大把力气的优势，杨清清只能在建筑工地上干一些"小工"的活，和灰、搬砖、运送石料等，工作又脏又累。不过，杨清清坚信，只要自己踏实肯干、坚持不懈，留心学技术，总有一天能当上"大工"多挣钱。

功夫不负有心人。杨清清依靠坚韧不拔的性格、灵活的头脑和勤劳灵巧的双手，逐渐掌握了砌墙、抹灰、盖房、室内装修、电焊、电路敷设、门窗安装等多项技术性强、挣钱多的"大工"技术。他不仅还清了给孩子治病欠下的所有债务，还购置了一辆出去务工所需的小轿车，自家的老房也翻新了。

2019—2020年，随着基础设施和基础公共服务设施"双基"工程实施，为杨清清发挥特长提供了平台和机遇。项目中标单位的建筑施工队主动找他加盟，他也不负众望，带领几名贫困户中有劳动能力的村民就地承接危房翻新改造、暖心房修缮、残垣断壁改造、硬化路面等工程。由于技术好、价格合理，加上工作量大，杨清清收入颇丰，也干出了名堂，带动了几户贫困户增收脱贫，成为名副其实的带头人。

杨清清希望能组建自己的施工建筑队，带领村内有劳动能力的人员走出去，开辟更广阔的天地。

【访谈时间】2021年1月28日
【访谈地点】河北省保定市
【访谈对象】杨清清
【整 理 人】崔绍宇

建筑业 篇

徐洪刚：
实实在在做好每件事

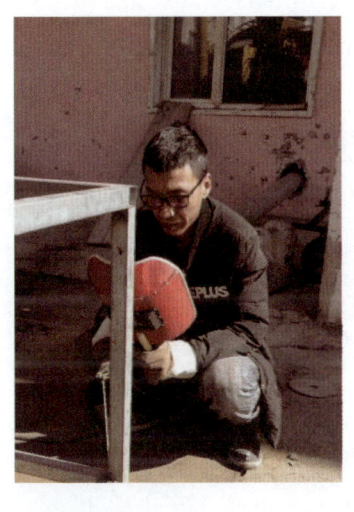

人物简介

徐洪刚，男，1989年生，黑龙江省绥化市安达市昌德镇人，初中文化，现就职于大庆建筑安装集团有限责任公司。

人物故事

2007年3月，年仅18岁的徐洪刚怀揣着"建筑梦"离开农村老家，来到大庆建安集团，成为一名学徒工。因为不懂技术、没有经验，徐洪刚每天起早摸黑工作十几个小时。劳累枯燥的工作并没有打倒徐洪刚，反而磨炼了他的意志，激发了他的上进心。他白天跟着经验丰富的老师傅学习识图下料，晚上反复研究图纸，琢磨消化。功夫不负有心人，一年后，徐洪刚熟练掌握了铆工的所有技能，还学会了焊接技术，并顺利考取了技能证书。掌握了这两项技术的徐洪刚并不满足，他觉得要做最好的建筑工人，就要让自己变得更专更强，于是他又跟着不同工种的师傅学习。施工现场忙碌而紧张，徐洪刚总是随身带着一个小本，把师傅现场教的东西记下来，下班后再慢慢琢磨消化。凭着这种吃苦耐劳的精神，三年后，他已全面掌握了铆工、电工、电焊工等多个工种的基本知识和操作规范，专业技能日渐成熟，成为公司能够独当一面的专业工。

  2011年11月，徐洪刚作为铆工班组长，被公司调至东城热源项目，负责落煤斗安装。该工程工艺复杂、安装难度大。徐洪刚凭借过硬的技术和不服输的精神，带领工人摸索研究安装方式，加班加点施工作业，顺利完成了施工任务。东城热源项目最终被评为"市优工程"。公司领导因此对年轻的徐洪刚刮目相看，并让其参与到米兰小镇居民区二期工程的建设中。此工程同样时间紧、任务重，徐洪刚凭借多年的施工经验，配合项目部制定了科学合理的施工方案，安排人员、材料、机械密切配合，并充分利用多工种立体交叉作业，出色完成了合同约定任务，得到了市住建局领导的一致好评和赞扬。该工程成为安全、优质、高效的行业典范，于2015年被评为黑龙江省建设工程质量"结构优质奖"。

【访谈时间】2021年1月25日
【访谈地点】黑龙江省哈尔滨市
【访谈对象】徐洪刚
【整 理 人】白　阳

建筑业 篇

龚涛：
战两山的农民工

🟢 人物简介

龚涛，男，1994年4月生，湖北省恩施州鹤峰县燕子乡芹草坪村人。

🟢 人物故事

2013年，19岁的我毅然选择参军入伍，报效祖国，保家卫国。参军期间我积极努力，多次参加国家重要演习，并且获得优秀士兵称号。成为一名优秀共产党员是我从小的梦想，不忘初心，我渴望为社会尽责、为国家贡献。2015年，我退伍回家，第一时间申请加入了中国共产党。

2019年，我组建了一支专业性非常强的建筑施工队伍，每年可以为家乡提供至少不低于 150 个就业岗位，带动不低于 20 户贫困户脱贫，创下了优秀口碑。在创业发展的过程中，我心中时刻坚信着知识改变命运、学习开创未来的信念。一个人可以没有文凭，但不可以没有知识，所以 2019 年年底，我利用务工的空闲时间就读于武汉船舶职业技术学院，目前属于大专在读，一边工作、一边学习，时刻不忘提升自己。

若有战，召必回。对我来说，这不仅仅只是一句口号，而是实实在在的行动。在 2020 年这个特殊的年份，新冠肺炎疫情的暴发导致国家受危难，全国人民都陷入了疫情的恐慌，此时此刻，作为一名中国共产党员、退伍军人，我在家如坐针毡。当得知武汉在建雷神山医院时，我第一时间主动请缨，通过微信群召集家乡 9 名劳务工人千里驰援雷神山医院建设，历经 17 个小时自驾，通过层层检查，终于到达了武汉雷神山医院，短暂休息了 4 个小时后，立刻投入战斗，参加雷神山医院建设。每天长达 14~16 个小时的施工建设，实在累了就在工地小憩一会又马上工作，只为能早日完成医院建设任务，为疫情防控阻击战贡献自己的微薄之力。

【访谈时间】2020 年 5 月 28 日
【访谈方式】网　络
【访谈对象】龚　涛
【整 理 人】贾东岚　蔡婧娟

建筑业 篇

殷炎炎：
从打工者到企业家的华丽转身

人物简介

殷炎炎，男，1986年生，湖北省京山市坪坝镇唐庙村人，现任东莞市鼎盛建筑劳务分包有限公司、东莞市鼎升建材贸易有限公司总经理，中建四局第五建筑工程有限公司分包协会副理事长。

人物故事

殷炎炎出生于湖北偏远农村，祖祖辈辈都是地地道道的农民。因家境贫寒，2000年他初中毕业就辍学了，向同村的师傅学习开推土机。17岁那年他背井离乡和师傅一起转战广东，在建筑工地从事土石方工程，一干就是五年多。在此期间，勤奋好学的他，通过自己摸索、向同事请教，学会了包括挖掘机、铲车在内的多种工程机械。土石方工程的这段经历，在年轻的殷炎炎心中埋下了进军建筑行业的种子。

为了心中的目标，2007年新婚不久，他作出一个大胆的决定：用自己多年的积蓄并向亲朋好友筹钱购置了一台商务车，开展工地转运、搬家业务，不断地向房地产建筑行业靠近。闲暇时间，他流连于各施工现场，观摩考察、学习探索，向施工管理人员及一线工人请教，熟悉了施工流程，懂得了各种施工工艺，学会了施工管理，结识了很多建筑行业的朋友，为进入建筑行业打下了坚实的基础。

机会总是留给有准备的人，2012年，一个偶然的机会，在朋友的介绍下，他接到了第一个工程项目——广州富力盈耀大厦建设项目，作为施工班组负责人开始了建筑行业的风雨征程。工地生活条件简陋，他和工友一起住工棚、打地铺、同吃住；工期紧任务重时，他搬水泥拌砂浆拉斗车；工程款难收时，他抵押贷款也绝不拖欠工友一分工资。因此，他得到了工友的信赖、合作方的认可，工程项目越来越多。

本着诚信做人、踏实做事的处世风格，殷炎炎得到中建四局第五建筑工程有限公司的认可，分包了云浮恒大城二期二次结构工程，从此开始与中建系统的合作。2015年11月24日，他注册成立了东莞市鼎盛建筑劳务分包有限公司，先后与中建五局华南公司、中建四局华南公司、中建七局南方公司、中建四局土木公司、中建七局总承包公司合作建设了包括云浮恒大城、珠海华发广场、南沙越秀滨海新城在内的多个房建项目，并获得"中建五局优秀分供方""中建四局优秀劳务""中建七局A级劳务"等荣誉称号。

随着业务的拓展，2019年9月24日，他成立了东莞市鼎升建材贸易有限公司，着眼于房建项目建筑材料供应。短短八年时间，他已是建筑劳务、建材供应两家公司的掌舵人，完成了从穷小子到年轻农民企业家的华丽变身。作为农村出身的企业家他努力经营、奋力搏击，同时也不忘根本，先后带领家乡及云贵川偏远地区近2 000多名农民工转战广东、贵阳等地参建了多个大型房建项目，解决了农民工的就业问题，提高了他们的生活水平。

【访谈时间】2020年5月28日
【访谈地点】广东省东莞市
【访谈对象】殷炎炎
【整理人】韩　巍

建筑业 篇

郭大新：
高中毕业成长为总工程师

人物简介

郭大新，男，1965年生，湖南省韶山市韶山乡石山村人，现任韶山新天置业发展有限公司董事长兼总工程师。

人物故事

1983年，18岁的郭大新就进入了韶山市第二建筑工程公司，从最基层的技术员做起，勤勤恳恳，一步一个脚印，经过几年的成长历练，逐渐成为独当一面的工程技术能人。2011年10月，郭大新转至韶山新天置业发展有限公司工作。由于公司刚起步，面临着很多困难和挑战，他毫无怨言，从不退缩，施工建设、物业服务、教育培训样样不推辞。郭大新的努力付出也得到回报，职位不断攀升，并成为公司的总工程师。

为提升公司员工的技术水平，在他的建议下，公司成立了农民工学校，培养选送的员工毛乐参加第六届全国职工职业技能大赛砌筑工比赛，荣获了全国第七名的优异成绩。作为总工程师，他十分关心公司员工的生活，每年在中秋团圆佳节前夕举办农民工"感恩宴"，在高温季节免费分发清凉物资、熬制清凉茶，组织员工健康体检等。

出身农民家庭的他，家境贫寒，儿时生活的艰辛在脑海里留下了很深的烙印，让他体味了百姓的冷暖，也练就了他坚强不屈的性格。从那时起，郭大新就立下志向：在改善自己境遇的同时，多给那些生活苦难的人一些帮助，让他们享受到社会的温暖。

成长为公司总工程师后，郭大新并没有忘记自己原有的初衷和梦想，在成就自己的同时也不忘回馈社会，从捐款汶川大地震到解决农民住房危机，从帮扶贫困乡村援建到参与社会公益活动，从支持学校建设到资助贫困大学生。据统计，郭大新推动公司解决就业1 000余人，带动公司和员工各项社会捐资捐助达300余万元。

工作多年来郭大新获得了"党建之友"、湘潭市房地产业协会先进个人、韶山市优秀人大代表、湘潭市房地产业优秀个人、湘潭市优秀中国特色社会主义事业建设者、湘潭市优秀人大代表等诸多荣誉。在平时的工作中，他事事、处处、时时都严格要求和约束自己，在工作实践中不断创新进步，能够按照要求抓落实，能主动解决遇到的困难和问题，圆满地完成了各项工作任务，展现出良好的工作作风和精神风貌。

【访谈时间】2021年4月16日
【访谈方式】网　络
【访谈对象】郭大新
【整 理 人】李　宏

建筑业 篇

韩树龙：
吊车行当的技术专家

🔵 人物简介

韩树龙，男，1957年生，江苏南京人，现任六合龙袍装卸搬运有限公司搬运装卸队队长。

🔵 人物故事

韩树龙高中毕业以后就开始外出打工、自力更生，从一名装卸工成长为公司管理干部。作为老一代技术工作者，韩树龙20年磨一剑，成为吊车行业里的技术专家,多次被评为公司标兵、优秀共产党员。2008年荣获"全国优秀农民工"荣誉称号,2014年获得南京市六合区总工会优秀工会工作者称号,2015年南京市人民政府授予韩树龙南京市劳动模范称号,2016年荣获"南京市优秀共产党员"称号。

1985年,龙袍装卸公司到南京港口工作,韩树龙发明的"二次停钩"被桥吊司机们广泛应用,有效杜绝了事故隐患。韩树龙的"二次停钩"包括"四稳"口诀:舱内起钩稳、旋转稳、落钩稳、变幅更要稳。"这句口诀是当年刚到南京港做学徒时,老师傅留下的,我一直记了20年。"他说,开吊车"稳"字当先,但协调起来却很不容易,操作不好就会造成货物撒落,"就拿抓粮食来说,吊机一抓斗重10吨,得准确地把10吨粮食装入长12.5米、宽2.7米的车厢。因为吊机的抓斗伸展开有3.4米,比车厢宽,怎么抓放,难得很"。就这一项技术,韩树龙反复练了半年,也练就了他对技术的那股子钻劲。

在南京港,"二次停钩"技术已经被吊车司机们广泛应用,这项技术的发明者就是韩树龙。作业中最容易出安全问题的就是箱子一起一落的时候,在实践中他摸索出一套方法:箱子刚离地和快落地的一刹那放慢速度,先观察后起落。这样做虽然使每次操作时间多了十几秒钟,但杜绝了事故隐患。正因为"二次停钩"技术,他被港口同行们称为"吊车行当里的技术专家"。2007年他的搬运装卸队为企业创造效益近千万元。

虽然本人的自身专业技术过硬,但是韩树龙深刻地认识到"没有完美的个人,只有优秀的团队"。在装卸工作中,他发现电工和机械修理工一直是港口紧缺的工种,为此他先后把多名高考落榜生招进装卸队,跟他们一起参加各类技工培训班。20年来,搬运装卸队从单一的搬运装卸发展成为集机械修理工、电焊工、电工、门机司机、吊车司机为一体的综合性团队。2014年,这个团队企业创造营业收入1 800万元,实现利润15万元。韩树龙说:"我们既是南京港的建设者,也是南京港发展的受益者。只有港口繁荣了,咱们的工作和生活才能一天比一天美好。吊车这个行当,我不但要继续做下去,还要做出更多的新技术。"

20多年来,他的搬运装卸队队员纷纷发展成了高素质、多技能的技术工,先后有近百人成为机械修理工、电焊工、电工、门机司机、吊车司机。工作中,对安全生产,他不讲人情,制定了一套"五惩制度"。对同事他呵护关心,努力帮助。

【访谈时间】2020年12月17日
【访谈地点】江苏省南京市
【访谈对象】韩树龙
【整 理 人】吴亚蓝

孙延宝：
执着努力的谦和工匠

人物简介

孙延宝，男，1970年生，江苏省仪征市大仪镇双涧村人，现就职于江苏扬建集团有限公司。

人物故事

由于家里兄弟姐妹多、负担重，刚完成初中学业的孙延宝不得不去工地做小工，帮家里减轻生活的压力。之后，为了供弟弟妹妹上学，孙延宝走出了家乡，来到了江苏省扬州市建筑工程公司（现江苏扬建集团有限公司），成为一名普通的瓦匠小工。在第一个工程的一年多里，他除了做好小工的活外还留心观察、揣摩瓦工师傅干活的技巧。在工人们吃饭或休息的闲暇间隙，他还见缝插针地拿起瓦刀或抹子，一个人慢慢摸索着干起了瓦工活。从小工到瓦工、从瓦工到小组长、从小组长到扬州技能状元，孙延宝在建筑工地上挥洒青春和汗水，这一干就是 30 年。在执着不懈地努力下，孙延宝终于成了一名独当一面、技术过硬、响当当的瓦工。

1999 年，在当时扬州市重点工程中国人寿保险公司的项目建设中，苦于当时的条件限制和任务量大，孙延宝带领工人，在 30 多度的酷暑高温条件下，没有机械帮助，靠纯人工自拌、浇筑混凝土，保证了工程进度。看着一座座崭新楼房的建成，孙延宝心中充满了自豪和欣慰，因为那是他和工友的汗水、辛劳和风吹日晒浇铸而成的，是他们人生成果的展示。

由于他干一行爱一行，吃苦耐劳，认真刻苦钻研本职业务技能，练就了超强本领，他不仅成功脱贫，同时也力所能及地照顾工友们。春节期间他总是主动要求多加班，让路远的工人先回家过年；当工友家里发生重大变故急需用钱时，他总是第一个拿出积蓄说："你拿着先用，不够再对我说。"

孙延宝所在的队组多次参与扬州重大城市工程的建设，每当一个大工程如期完工，这个他所爱的城市即将新添一座地标建筑时，他心中的责任感和使命感也会增添一分。虽然只是一名普通的建筑工人，但"美丽的城市是我的家，我建设，我自豪"！作为中生代农民工，孙延宝对这个城市和对企业所做的贡献，以及爱岗敬业精神值得我们每一个人敬重和学习。

自 2009 年至今，他年年被评为江苏扬建集团"先进工作者"；2012 年荣获第一届"扬州技能状元"砌筑工企业职工组二等奖，被授予"扬州市技术能手"称号；2014 年荣获第三届"扬州技能大赛"砌筑工技能比赛一等奖，被授予"扬州技能状元"称号；2018 年在第三次参加的"江苏技能状元"扬州地区砌筑工的比赛中，一举获得两个一等奖和一个二等奖，被授予"扬州技能状元"称号。

【访谈时间】2020 年 12 月 20 日
【访谈方式】电　话
【访谈对象】孙延宝
【整 理 人】吴亚蓝

周毅海：
从小工成长起来的技术能手

🟢 人物简介

周毅海，男，1976年生，湖北省十堰市竹溪县中峰镇鹰咀石村人，现为江苏永钢集团有限公司线材二厂主调整工。

🟢 人物故事

由于家里兄弟姐妹多，小时候家庭经济困难，周毅海上到高二就辍学了，随后去了建筑工地打小工。打小工工钱低，还经常被拖欠工钱，于是他果断辞职，于1997年3月跟随老乡来到江苏张家港市晨阳镇飞腾牌鞋厂打工，当时每月有400元的工钱，仅仅可以解决家里的温饱问题，农民出身的他，家里面唯一有的三间石瓦房，也是修修补补了好几次，60多岁的父母也无半分积蓄。于是他下定决心，要找一个工资高一点的工作，成家立业。

1999年5月，经老乡介绍，周毅海来到了永钢集团的六轧分厂上班。第一个月他就拿到了1 500元的工资，是他上一份工作工资的三倍之多。当他拿着厚厚的一沓钱时，他激动地流泪了，手里从来没有一下子拿过这么多钱！从此他坚定了在永钢集团好好干下去的决心。"我有今天的一切都是永钢给的，我要勤勤恳恳、踏踏实实地工作来回报永钢"，这位朴实的农民工时常这么说。

周毅海工作细心严谨、技术水平高，在工作中不断提高自身实践操作水平。2009年线材三厂精轧机频繁爆辊环，严重影响车间生产，给产品质量也带来隐患。在他与分厂技术人员的共同努力下，终于找到了原因：这是由于碳化钨辊环冷却不充分，热应力过大造成的。于是他们在现有冷却水管的基础上加了一个小尾巴，使辊环最热的地方得到了及时充分的冷却，从而避免了爆辊环，也为公司每年节约了成本80万元左右。2014年9月线材二厂精轧机与吐丝机之间三个班组频繁出现拉断堆钢异常情况，严重影响生产。周毅海经过仔细观察，发现$1^\#$水箱处6段导槽异常磨损，本来是直径14 mm圆孔，现磨损为椭圆形，轧件不能直线运动，而是"S"形运动，阻力过大而造成了拉断堆钢。更换了新的直径14 mm导槽后，问题得到了解决，生产回到了正常状态，避免了公司损失的扩大。

周毅海积极向分厂条线提供合理化建议，参与各项技术改进，减少待整品数量，减少了生产误时，提高了产品的成材率。在节开支降成本方面，针对粗轧平轧机进口导轮都是平导辊的情况，他建议要求较高的一架轧机先使用平导辊，报废返修结束后再在导辊辊径较小的三架进口导轮上使用。通过增加导轮使用轮次，降低导轮耗用，仅在粗轧导辊上每年节约成本18万元以上。在环保方面，针对轧机上有氧化铁扬尘的问题，他建议在机架过桥处加装喷雾喷头，从而有效去除了氧化铁扬尘，减少了大气污染。

作为中生代的建筑业技术骨干，周毅海勤于钻研轧钢专业技能，并发扬"传、帮、带"精神，在扎实做好本职工作的同时，不忘与同事共同进步。

自从事主调整工以来,他一直亲自带徒,为分厂培养了多名成品调整工,为分厂成品质量的提高做出了重要贡献。2016年,周毅海在"鞍钢杯"第八届全国钢铁行业职业技能竞赛中荣获"全国钢铁行业技术能手"称号;2018年在"行行出状元"张家港市第六届职业技能大赛中荣获职工组轧钢工(线材)项目二等奖,被授予"张家港市职业技术能手"荣誉称号;2019年获得分厂技术比武第一名及公司劳动奖一等奖;2020年荣获张家港市五一劳动奖章。

【访谈时间】2020年2月20日
【访谈方式】电　话
【访谈对象】周毅海
【整 理 人】吴亚蓝

建筑业 篇

石金良：
精益求精的山里娃堪比公路养护"操作仪器"

人物简介

石金良，1969年生，湖北省咸宁市崇阳县路口镇棠棣村人，现为江苏宝路建设工程有限公司公路养护班班长。

人物故事

石金良自幼生长在山区，父母都是普普通通的农民，家中有兄妹四人，生活十分拮据。迫于生活的需要，1992年，石金良从湖北咸宁来到了江苏常州武进，成为一名公路养护工。石金良抱着"干一行、爱一行""做一行、精一行"的态度在工作中边学边干、精益求精。

石金良十分珍惜自己的工作，不仅事事抢在前，而且懂得实干巧干，即使工作强度较大的时候也始终尽职尽责。工作中，石金良的反应速度和接受能力比较快，整支工程队里只有他能看懂造桥图纸，一些机器坏了，他都能琢磨着修理。他尤其擅长公路补坑技术，省时省料，多次在全国公路养护技能比赛中夺冠。

清晨，在还未繁忙的道路上，能够看到石金良忙碌的身影，清扫路面、清理水沟、铲修路肩；黄昏，在车来车往的马路上，他还在认真劳作。正因为石金良这种超乎常人的吃苦耐劳和卓有成效的工作成绩，2003 年年底，他被正式收编进入武进交通养护工程有限公司。

加班加点是石金良的家常便饭，他为自己定了一把高质量的道路养护标尺：松铺系数保持在 1.27～1.28，修补平整度 5 毫米以内，目测病害准确率 100%。同样一个沥青路面坑槽的修补，他带领一个助手能在规定的一半时间内完成，而且修补的路面外观、平整度、压实度、密水性等指标均达到公路养护规范要求。

作为老一代工匠，20 多年前，他的工资是 10 元钱一天，20 多年后，他已经成功脱贫并有了一份稳定的收入。"自信、苦干、技高"是交通系统领导给予石金良的一致评价，其精湛的技术也使他成为常武地区赫赫有名的公路养护能手。

2009 年 9 月，石金良在江苏省公路养护操作技能竞赛中获得实践操作第一名。石金良因此获得了代表江苏省参加首届全国交通运输行业"厦工杯"筑养路机械操作手技能竞赛的机会。接到这个使命后，他每天白天上班，晚上练习网上答题，不懂的地方就问女儿。短短一个月时间，石金良熟练掌握了电脑操作，获得了技能竞赛理论考试满分的优异成绩。理论考试这一"短腿"的"拉长"，更增强了石金良参加技能操作项目的信心。当裁判过来测量误差时，他自信地说："我的误差不会超过 2 毫米。"的确，相比于其他选手 10 毫米左右的误差，石金良修补的坑槽可谓"天衣无缝"。最终，石金良以操作总分第一、笔试第一的成绩，荣获首届全国交通运输行业"厦工杯"筑养路机械操作手技能竞赛第一名。

之后的石金良再接再厉，2015 年荣获江苏省总工会授予的五一劳动奖章，2016 年荣获江苏省人民政府颁发的"江苏省劳动模范"荣誉称号，2017 年荣获江苏省交通运输厅颁发的"2016 年最美交通人提名奖"。

【访谈时间】2020 年 11 月 20 日
【访谈方式】电　话
【访谈对象】石金良
【整 理 人】吴亚蓝

杨国连：
不忘家乡的木工班长

🟢 人物简介

杨国连，男，内蒙古赤峰市松山区城子乡新庄村人，现为赤峰市乾凯建筑劳务有限公司木工班班长。

🟢 人物故事

1993年春节刚过，而立之年的杨国连乘着改革开放的春风，满怀对未来的憧憬和理想，离开生养他的故乡热土，开始了进城务工的生涯。农民出身的他，深感自己对建筑行业知识欠缺，更明白科学文化的重要性。于是他边干、边学、边请教，在认真完成工作任务的同时，利用业余时间学习建筑专业知识，虚心向老工人请教施工技能，不断提高自己的业务能力和技术水平，让自己很快能胜任工作，成为一名合格的建筑模板施工工人。

建筑模板施工技术含量高、施工难度大、安全系数低，稍有不慎就会发生质量偏差和安全事故。为解决这一难题，杨国连根据多年的实践经验，反复揣摩论证，写出了题为《模板平衡力加固法》的论文，被所在公司采纳，为工程项目节省了 1/5 人工费、1/6 材料费。建筑行业工作又累又脏，正常工作一天下来，腰都直不起来，但是为了抢工期，他曾在炎炎烈日下连续奋战 12 个小时，也曾发着高烧带领班组完成攻坚任务。

2012 年，因为他带领模板班的出色表现，其参建的赤峰市保障性安居工程——阳光小区廉租房工程建设工地荣获"自治区文明工地"称号，该工程的模板施工作业作为全市建筑行业观摩工程，获得了"玉龙杯奖"。多年来，杨国连参加建设的工程，获得过国家"鲁班奖""草原杯奖"等 20 多个奖项。凭借肯吃苦、能钻研、善创新、勇奉献的可贵精神和优秀品质，杨国连曾获得赤峰市五一劳动奖章等多项荣誉称号。2015 年 7 月，他带领团队参加内蒙古自治区建筑行业职业技能大赛，一举夺得选拔赛团体第一名的好成绩，并代表赤峰市参加自治区第三届建筑行业职业技能大赛，以优异的成绩，夺得团体赛第二名、架子工单项第一名、砌筑工单项第二名的好成绩。

2013 年，杨国连怀着一颗感恩的心，回到阔别多年的家乡。当得知同村的村民得了严重的脑血栓，由于家里困难而得不到医治时，他慷慨解囊，留下 10 000 元的医药费。他拿出 5 000 元为村小学的孩子们更换了陈旧的桌椅板凳。他还资助了一个上不起幼儿园的 4 岁小女孩，承担了她上幼儿园的全部费用。由于他外出务工比较早，乡里许多想外出务工的兄弟姐妹都慕名投奔他，他不辞辛苦、四处联络，介绍推荐 150 多名乡亲实现就业。20 多年来，他多次参与社区组织的"3·5 学雷锋纪念日""松州奉献日""爱心大放送"等志愿公益活动，获得松州街道授予的"阳光爱心大使"荣誉称号。

2016年，杨国连带领团队成立创新工作室，持续开展工程项目的技术工艺革新，在他的带领下，团队精益求精搞创新，显著提升了项目质量并降低了成本，提质增效成效显著。近年来，在杨国连的影响和感召下，先后有300余名农民工慕名跟着他学技能、做项目。在杨国连的无私帮助下，许多贫困户成功脱贫，也培养出了一大批优秀技能人才，获得了广泛赞誉。

【访谈时间】2020年9月2日
【访谈地点】北京市
【访谈对象】杨国连
【整 理 人】武　唯　张赢方

建筑业 篇

张银军：
打工支撑家庭幸福生活

人物简介

张银军，男，1970年生，宁夏回族自治区银川市灵武市人，现为一名建筑工地的大工。

人物故事

张银军，出生在大西北黄土丘陵地带一个普通的农民家庭。他小时候家境贫寒，父母都是农民，家里兄弟姐妹众多，在高中毕业后因为家庭经济困难不得不辍学回家，通过边种地边打工来分担一部分家庭压力。成家后为了补贴家用他第一次走出了宁夏前往内蒙古打工，当时由于没什么技术就只能到工地上做一名小工，但因为家里种的地比较多农忙时就要回家帮忙，所以只能断断续续地打工。

2013年3月8日，张银军全家积极响应国家生态移民政策，从泾源县马西坡村搬迁到灵武市泾灵新村，因为经济收入难以支持整个家庭开支，政府便安排了扶贫单位来帮助他家渡过这一时期的难关。春节时扶贫单位会发放一些春节慰问品以及补贴取暖费等。

前几年，为了照顾生病在床的年近80岁的老父亲和养育3个孩子，张银军只能在家附近打零工，支撑着家庭生活开支。在家庭安顿好之后为了生计他踏上了打工之路，在这些年里他去过安徽和吉林等地方，随着在工地上积累的经验越来越丰富，他的技术也越发精湛，慢慢成为工地上的一个大工，工资也随之增加，现在月收入达到7 000～8 000元，家里的经济条件也慢慢好了起来。2020年，他的两个女儿上了大学，一个儿子上了职中，而且他的大女儿和儿子今年即将毕业，压在他身上的经济重担也减轻了许多。当问到是什么给了他动力时，他回答："生活都是先苦后甜，我相信只要肯吃苦，日子一定会越过越好，而这些年家里的改变就是最好的证明。"

【访谈时间】2021年2月28日
【访谈地点】宁夏银川市
【访谈对象】张银军
【整 理 人】张媛媛

建筑业 篇

母全兵：
退役不褪色的脱贫带头人

● 人物简介

母全兵，男，1989年生，宁夏回族自治区固原市原州区河川乡母家沟一组村民，现任河川乡母家沟村党支部书记。

● 人物故事

母全兵出生在西北边远贫困山区，祖祖辈辈都是地道的农民。母亲因患再生障碍性贫血，于2005年10月撒手人寰，留下了父亲和他们兄弟姐妹3人。母全兵在悲伤中完成了初中学业，因家庭贫寒，于2006年9月踏上了北上的火车，前往新疆打工。在遥远的新疆，母全兵从早到晚摘棉花，一天才能挣七八十块钱，非常辛苦。同年11月，自幼有着军旅情结的母全兵响应国家号召参军入伍，在中国人民解放军第二十一集团军某部服役。服役五年后，2011年，他在固原市公安局开发区分局巡警大队做了三年辅警。

2015年，他利用自己的积蓄经营两家店铺，从事餐饮娱乐业。在他的苦心经营下，两家店的生意都不错，收入也非常稳定，一年下来能有40万元左右的利润。

  逐渐富起来的母全兵开始思考如何才能带动更多人一起过好日子。在做生意的过程中，他接触到了工程建设领域，发现从事工程建设不仅可以赚到钱，还可以帮助家乡在贫困线以下挣扎的乡亲们共同致富。2017年，母全兵投身工程建设领域，接手的第一个项目便是309国道固原至河川路段边沟工程。母全兵说："这个项目规模100万元左右，因为家里年轻人都出去打工了，我就组织了40多个还在村里留守的老人来干，让他们也可以不用出家门就可以实现增收。"之后，母全兵又先后参加了海源县华山路棚户区改造项目、海源县北苑小区西区项目等。所有这些项目，他都把家乡的人带出来一道打拼，帮助他们摆脱贫困。就这样，他一边自己承包分包项目，一边在银川三建公司项目部做管理人员，积极响应党和政府鼓励退伍军人创业的号召，带领村民脱贫致富。截至目前，他已经承包了500余万元的项目，带动中卫市海原县地区的两三百名农民工实现了就业。

  最近，母全兵刚刚当选为河川乡母家沟村党支部书记，他计划充分利用当地农牧业的优势，发展村集体经济。希望能够通过这种方式，进一步带领乡亲们发家致富。"回顾一路的打拼真的很不容易。现在我的日子好了，作为具有党员、退伍军人、创业青年等多重身份的我，很荣幸得到乡亲们的信任，更想要踏踏实实为乡亲们做一点事情。在未来的日子里，我会带领乡亲们不断通过勤劳的双手，通过务工、务农，不断巩固脱贫攻坚成果，发力助推乡村振兴，创造更加美好的新生活。"母全兵自信满满地说。

【访谈时间】2021年1月26日
【访谈地点】宁夏固原市
【访谈对象】母全兵
【整 理 人】王　鹏　张高洁

建筑业 篇

胡正春：
从建筑工到文物修复专家

> 人物简介

胡正春，男，1962年生，山东省桓台县唐山镇八里村人，现任山东智邦改建加固工程公司总经理、山东智邦文物保护工程公司经理。

> 人物故事

胡正春从小家境贫寒，1980年高中毕业后，他拿着父亲给的五元钱，背着大姐给的铺盖卷，辗转来到济南，成为桓台县唐山建筑队的一名工人。

1981—1982年，胡正春白天为瓦工师傅推砖供灰，晚上自己在工地上练习砌砖柱、墙体与压檐等技术。因成绩显著，1985年开始，胡正春连年获得建筑公司的优秀工人、技术能手、先进标兵等荣誉称号；1986年起，连续四年被评为先进工作者。

1990—1995年,胡正春担任施工队长,先后承接的七个工程项目陆续被评为济南市双十佳工程、省优工程和建设部优工程。1996—2000年,年仅34岁的胡正春担任桓台县唐山建筑公司济南分公司经理。在此期间,他承接完成四万余平方米的工程,主持施工的20余个工程均为优良工程。

2000年胡正春离职,成立了山东智邦改建加固工程有限公司,走上了自主创业的道路。2014年,胡正春捐资300多万元,对位于历城区西营镇秦口峪村东南的孤峰庵、葫芦峪村中的葫芦峪革命遗址、仲宫镇三官庙保护工程等九处文物点进行修复。

2015年春,胡正春被聘为山东省企业文化学会常务理事,同时被聘为该学会建筑企业理事会的副理事长。

【访谈时间】2021年1月16日
【访谈地点】山东省济南市
【访谈对象】胡正春
【整 理 人】王 睿

建筑业 篇

邢瑞：
从"靠着墙根晒太阳"
到"撸起袖子加油干"

人物简介

邢瑞，男，山西省大同市天镇县谷前堡镇东马坊村建档立卡贫困户。

人物故事

我妻子残疾常年卧病在床，女儿在谷前堡镇中心小学上学。一家人居住在偏远的C类危房里，入户路为绕田泥土路，无独立卫生厕所，家里除几亩薄田外再无其他经济收入，仅仅能够让我们一家解决温饱，靠着政策救济才能供养女儿读书至今。

跟扶贫干部们第一次接触是在墙根儿下，当时他们问我邢瑞家在哪时我还胆怯地说："我就是邢瑞，我领你们去。"干部们在第一次走访中发现我家中负担确实很重，本人靠种地收入，勉强照顾残疾妻子和女儿，仅能解决温饱问题，对女儿的养育也是心有余而力不足。细心的帮扶工作队发现我在与他们交谈时的情绪一直很低落,也发现了我的无奈与不甘,他们鼓励我要为了家人振作起来。

在扶贫工作队的帮助下,我在县里一处高铁建设工地找到了一份工作。在工地上,我只有一个念头:"这工作难得,我得干好喽!"每天我都是第一个去,最后一个离开,什么脏活、重活都抢着干。不懂不会的,就跟在老师傅后面学。几个月下来,我就领到7 000多元的工资,那张银行卡每天都会被我来回摸几遍。

尝到甜头的我从2017年开始,又向村委会申请当护林员。村干部惊讶于我的变化之余,爽快地答应了我的请求,还鼓励我好好干。为了家人,我铆足干劲,挨家挨户宣传我国有关保护森林的法律、法规、规范性文件和规章制度,提高群众护林防火、防治森林病虫害以及保护重点公益林的意识,引导当地群众提高森林保护意识。重要时段、季节坚持每天巡山,发现异常及时处置。

近年来通过政府的扶持和自身的努力,我的小日子终于红火起来了。尽管我们家房子还很破旧,却收拾得干净利索。干部们帮我算了笔账,2018年我通过种植玉米除去成本可收入11 000余元、打工收入7 000多元、护林收入5 000多元,家里人均收入也达到上万元了。于是我用这些钱第一时间交了危房改造款,2019年8月全家搬进敞亮的新房,彻底脱贫了。

贫穷是只"纸老虎",并没有我想象中可怕。现在的我对生活充满信心。我常常感念帮助过我的干部们,庆幸自己生活在这样好的一个时代。我总是叮嘱女儿:"在学校要努力学习,掌握一技之长,靠自己的双手追寻梦想、赡养父母,报答曾经帮助过自己的人,传递爱心力量,为社会多做贡献。"

【访谈时间】2020年7月29日
【访谈方式】电　话
【访谈对象】邢　瑞
【整 理 人】贾东岚　蔡婧娟

建筑业 篇

林中桥：
焊工队长的情怀

人物简介

林中桥，男，1968年生，四川省德阳市什邡人，现为四川碧泰建筑工程有限公司焊工。

人物故事

林中桥的父亲是一名抗美援朝志愿兵，负过伤，在他两岁时父亲永久离开了，母亲一个人含辛茹苦地把他们姐弟四人抚养长大。在林中桥读高中时，林中桥和母亲还挤在不到50平方米的茅草屋里，加上高考失利，家庭已再无经济条件供他复读。于是他进了本地一家企业去打工，为母亲分担家庭重担，在这里一干就是九年，他干过小工、做过统计，还做过销售，经过自己的努力，家里盖上了新房子，生活也有了改善。林中桥也有自己的梦想，想学一技之长，赚更多的钱，也想着能带领周围的农民工一起脱贫致富，做点实实在在的事情。

后来，林中桥毅然选择离开现在的企业，辞掉稳定的工作，到了新日钢制品有限公司做起了学徒，学徒一干就是六年。学徒生涯虽然艰苦，但他还是坚持了下来，掌握了各种操作方法，公司还任命他为施工队队长，干起了工程项目，同时他还取得了中级焊工证，工作上可算顺风顺水。

命运多舛，公司倒闭让林中桥不得不离开工作了多年的地方。也许这是上天对他的一次考验，他坚信凭着自己的本事，一定能闯出一番事业来。他很快走出了阴影，2016年开始自己带着工人去承接一些不锈钢楼梯栏杆工程，之后在沈阳、秦皇岛等地也做过不锈钢桥梁栏杆工程。在施工中林中桥抓住工程质量不放手，把质量放在第一位，坚持按工程规程施工。同时，处处以身作则，以一个施工队长的模范带头行为带好一班人，严格管理、精心施工，与工人们同吃同住。以安全第一、质量上乘，做一个工程、树一面旗帜为宗旨，通过几年的艰苦奋斗，赢得了一定的口碑。这使得他信心更足了，眼光更远了，决心也更大了。现在他们的团队一年工资收入累计达200余万元，工人每人每月工资达6 000至9 000元，让跟随他的农民工增加年收入三万至五万元不等。其中，技术人员增收尤为显著，焊工年收入九万元左右。2021年，林中桥被评为"全国优秀农民工"。

多年风雨，林中桥四处奔波，勇于担当，不仅自己致了富，还带领农民工兄弟积极务工，让农民工兄弟一起过上了脱贫致富奔小康的好日子。同时，为城市各类工程建设等工作贡献了当代农民工的力量，方便了市民的出行与生活，展现了当代农民工群体积极向上、为社会主义建设不辞辛劳的精神风貌。

【访谈时间】2021年1月11日
【访谈方式】电　话
【访谈对象】林中桥
【整 理 人】杨柏锐

建筑业 篇

鲁德权：
带领团队获得"鲁班奖"

👤 人物简介

鲁德权，男，1971年生，四川省合江县白鹿镇人，党员，现为合江县驻北京市农民工党委书记、北京合江商会会长、重庆市津北建筑工程有限公司总经理。

👤 人物故事

20世纪80年代末，鲁德权进入重庆博达建筑集团有限公司下属工地打工。他主动购买书籍学习各种建筑理论知识，并向单位老同志请教各项施工技术，最终获得了工业与民用建筑大专文凭。鲁德权一步步由一名普通泥水匠晋升到了管理岗位。

2002年,重庆市津北建筑工程有限公司成立,鲁德权被任命为常务副总经理。他负责施工的项目不仅遍布全国20多个省份,还走出了国门,如巴哈马、俄罗斯、柬埔寨、埃及等国家。其中,团队参与的奥运场馆建设、京沪高铁南京站建设,获得了中国建筑领域最高奖——"鲁班奖"。

2013年,合江县成立北京合江商会,鲁德权任会长。依托津北建筑工程有限公司驻北京办事处,2008年10月、2019年5月,相继成立了白鹿镇北京流动党支部、合江县驻北京农民工党委,鲁德权任书记,搭建了外出农民工党员服务平台。支部党员由成立之初的三人发展到九人。

2017年,鲁德权在白鹿镇江合村和袁湾村投资栽种花椒,建立返乡创业产业园。目前花椒种植面积达3 500亩,加工厂房建设完毕已投入使用。鲁德权还将视野扩大,联合到周边其他村镇,打造"川渝合作花椒产业示范园"。产业园每月固定务工人员达150余人,每人每月可增收1 500~2 000元。

鲁德权优先录用家乡农民工务工,目前在他公司就业的家乡农民工就达5 000余名。

【访谈时间】2020年11月23日
【访谈地点】北京市
【访谈对象】鲁德权
【整 理 人】王　睿

建筑业 篇

王启刚：
带领乡亲开启创业路

● 人物简介

王启刚，男，1979年生，四川省内江市东兴区郭北镇中河村人，现任内江煌旭建筑劳务有限公司董事长。

● 人物故事

因家里经济条件较差，为了能让弟弟妹妹继续上学，年仅16岁的王启刚初中毕业就辍学外出打工。临行前，他问家里要了37.5元钱，一个人来到成都，开始了艰辛的打工之路。

没有技术也没有文化，王启刚只能去建筑工地打小工。为了节省车费，他一年只回家一次，抓住一切机会学技术，加班挣钱。靠着勤奋好学和吃苦耐劳，1998年，他从学徒升级为技工。2000年年初，王启刚成立了自己的建筑施工队伍，带着十几名工友开启了自己的创业之路。2005年，他带领的施工队伍进入了快速发展时期，从最初的20多人发展到300余人。2010年起，他先后注册成立了自己的劳务公司、建筑工程公司，组织成立了投资公司、置业公司等数家多元化公司。

2015年，王启刚成立了内江煌旭建筑劳务有限公司，并在当年的内江市返乡创业迎春座谈会上，被内江市农劳领导小组评为"优秀外出务工人士"。同年，他荣获国务院颁发的"全国优秀农民工"称号。2017年，当选全国工商联代表、四川省人大代表。

作为一名成功的创业者，在企业步入正轨、逐步壮大的同时，王启刚没有忘记承担社会责任、回报社会。截至2021年，他资助的贫困学生已达39名，从小学到高中的孩子都有。他每年仅用于资助贫困学生和留守儿童的费用，就达到了20余万元。此外，王启刚还参与了内江市"栋梁工程"扶贫助学和"内江春风志愿者"行动，关爱留守儿童、孤寡老人，积极参与脱贫攻坚，资助贫困户建房和脱贫生产资金，让近80户贫困户实现了脱贫。王启刚个人参加各类爱心活动资助金额累计已超过300万元。

【访谈时间】2021年2月
【访谈方式】网　络、电　话
【访谈对象】王启刚
【整 理 人】赵　源

建筑业 篇

胡智勇：
小砖厂筑起幸福路

人物简介

胡智勇，男，彝族，1987年生，四川省德昌县铁炉镇菠萝村人，现在新疆喀什英吉沙县承包砖厂。

人物故事

胡智勇出生在一个普通的农民家庭，全家人耕种着几亩薄地，只能省吃俭用地过日子。因为家庭经济条件限制，作为长子的胡智勇初中毕业后便辍学了，跟着父母一起下地劳作。这样辛苦了几年，家中的境况依旧清贫，想要改变贫穷现状的胡智勇毅然决然地踏上了外出打工的道路。

胡智勇孤身一人去往北京、甘肃等地做建筑工人，每天工作10~11小时，挣着大约200元一天的工资。这样的工作非常辛苦，而且收入很不稳定,用工淡季时,收入甚至难以果腹。聪明又能吃苦的胡智勇在偶然的机会下得知,新疆地区由于日照时间较长,每天的用工时间更长,能赚取的工资也更多。于是在2012年,他远赴新疆的一家砖厂打工。他每天在砖厂搬运砖坯,把压砖机制成的砖坯用手推车搬运到砖场上,码好、晾晒,晒干后再搬入窑中烧制,每天工作13小时,收入有了一定的提升。可好景不长,四年后,砖厂倒闭,胡智勇又陷入了窘境。

这一次,胡智勇依旧没有被困难打倒,为了家人不为生计发愁,他在新疆地区四处奔波走访,寻找下一份工作。就这样,他来到了英吉沙县新圳空心砖厂。砖厂老板在了解了胡智勇的情况后,答应胡智勇把砖厂承包给他。胡智勇立刻通过银行贷款、向亲戚朋友借款等方式东拼西凑了10余万元,开始在新疆独立承包砖厂做工。他带着妻子以及凉山地区的40多位乡亲,每年3月初来到新疆做工,11月底返回家乡看望亲人,顺便打理家中农活,就这样从2016年奋斗至今。这些年来,胡智勇的砖厂每年平均总工程量资金达到500万元、纯利润30万元,一方面解决了全家人的吃穿用度问题,支持弟弟和一双儿女享受良好的教育,另一方面还带领工程队中的农民工弟兄们脱贫致富。

"每年出发时我都会为每个工人垫付5 000元左右的路费、生活费,而且向他们保证,来我的工程队做工,每人每个月至少可以拿到5 000元。现在有人一个月最多可以挣到9 000元。"胡智勇自豪地说。

最近,胡智勇准备在老家开始新的创业。他想要根据家乡的地理环境优势,发展养殖业,推广家乡的绿色产品,为乡村振兴做出贡献。他说:"虽然自己没有什么文化,但一定会全力以赴,希望自己可以更好地带动当地农村的经济发展,做出更大的贡献。"

【访谈时间】2020年12月15日
【访谈方式】电　话
【访谈对象】胡智勇
【整 理 人】张高洁

建筑业 篇

吐尔洪·库尔班：
光伏扶贫站长

> **人物简介**
>
> 吐尔洪·库尔班，男，柯尔克孜族，1987年生，本科学历，新疆克州乌恰县人，现为乌恰县巴音库鲁提村华缘电力有限公司光伏扶贫电站站长。

> **人物故事**

吐尔洪·库尔班出生在乌恰县巴音库鲁提乡的一个贫困牧民家庭，五岁时因误诊误治导致右腿残疾，九岁时父亲因病去世，这些变故在他心里留下深深的烙印。但是他并没有向现实低头，坚持刻苦学习，2008年如愿以偿考上了大学。毕业后，他参加了多次应聘考试，虽然笔试和面试成绩都合格，但是均因身体残疾没能走上如意的工作岗位。在当地政府的帮助下，他获得了在乌恰县残联做辅助性工作的机会。但是，家里有年迈的母亲和嗷嗷待哺的孩子，微薄的收入难以支撑家里的开支。

机遇会给有准备的人。终于，他在2019年获得了一次就业机会。他说，是党的扶贫政策给了他这一次人生转折机会。这一年，中国华电计划为巴音库鲁提村援建一座村级光伏扶贫电站，需要招募优秀的大学生，并且会送至华电的阿瓦提光伏电站进行为期3个月的免费培训。他得知这一好消息后，第一时间报了名。培训期间，他倍加珍惜这难得的机遇，跟着电站的师傅们认真学习电站运行维护管理的知识和技能，不懂就问、不会就学。

培训毕业后，正是村里光伏扶贫电站投产之时。他光荣地成为电站的正式员工，走上了维护电站的重要岗位。成为电站员工后，他的工资收入一下子翻了好几番，还享受五险一金。他母亲多年紧蹙的眉头终于舒展开来，孩子们拿着爸爸新买的玩具，咯咯笑个不停。一家人其乐融融、好不幸福。

从电站运行第一天起，他和村内另外一名大学生就像对待自己的孩子一样精心"呵护"着电站：每天现场巡查两次并详细做好记录；发生故障，第一时间去分析诊断、及时排除；光伏板脏了，就组织人员及时清洗。在他们的精心管理下，电站一直平稳安全运行。一年时间过去了，发电量远远超出了设计水平，发电收入达到了不可思议的70万元！村里用这笔钱为丧失劳动力的贫困人口发放补助，设立了15个公益性岗位让村民们从事保洁、照料老人、维护道路水渠、交通协管、免费维修等工作，全村面貌焕然一新，老百姓日子越来越好，村两委干部们的干劲儿也越来越足。一想到这些成绩也有自己的贡献，吐尔洪就掩饰不住地骄傲和自豪！

现在，吐尔洪光荣地成为电站的站长，承担了更大的责任。他决心更加努力学习专业知识，加强与同行的交流，确保电站始终安全稳定运行，让电站在巴音库鲁提村的乡村振兴过程中长期发挥重大作用。他相信，有了电站每年70万元的收入，村里的产业一定能够发展得更多、更好，从而能够把更多像他这样的大学生留住，家乡就会建设得越来越美！

【访谈时间】2020年11月11日
【访谈地点】新疆克州乌恰县
【访谈对象】吐尔洪·库尔班
【整 理 人】王鹏军

建筑业 篇

王正树：
在太原闯出名气的川工老板

🔵 人物简介

王正树，1964年生，四川省仪陇县人，现任山西川商建筑劳务有限公司总经理。

🔵 人物故事

26岁之前，王正树都生活在闭塞的小山村中，家里总共有四个孩子，由于耕地太少，难以做到自给自足。在这种状况下长大的王正树，很早便有了挣钱养家的念头。抱着学门手艺可以养家的信念，他中学还没念完，便跟着师傅学起了木匠手艺。1990年经过在北京做劳务输出的同乡招募，王正树和同村的 20 多人集合在一起成了农民工，到北京做建筑行业。

王正树干活认真，质量好，在北京承接的工程项目越来越多，收入也越来越多，生活也越来越好，渐渐地在建筑市场有了名气。他带领的施工队聚住了人气，员工也稳定。2003 年，中铁六局在太原有一个项目急需施工队，王正树就应聘到了太原，凭着闯劲和踏实苦干的韧劲，一干就是 16 年。他印象最深的是，带领团队参与施工的太原日报社综合办公住宅楼项目中，由于严把质量关，又不拖工期，获得了"鲁班奖"，这也是他梦寐以求的在建筑市场上获得的最高荣誉，同时，也在太原市打响了品牌。承接的朝阳街铁路职工住宅楼项目，也因质量好获得了太原市"迎泽杯"奖项。他带领的四川老乡，深深地爱上了太原这个地方；喜欢吃辣椒，也爱吃山西老陈醋；习惯担担面，也喜好山西刀削面。2015 年，王正树荣获"全国优秀农民工"称号。

如今，王正树已是山西川商建筑劳务有限公司的总经理。由于建筑行业的特殊性，他在自己致富脱贫的同时还带了一批乡亲一起外出务工，这些老乡也通过自己双手的努力改善了自身的生活条件。

【访谈时间】2020 年 11 月 28 日
【访谈方式】网　络
【访谈对象】王正树
【整 理 人】张沐阳

服务业篇

服务业 篇

赵海霞：
餐厅服务也有盼头

人物简介

赵海霞，女，1993年生，陕西省宝鸡市陇县唐家河村人，现任北京市西城区木樨地餐厅前厅主管。

人物故事

我的父母都是地地道道的农民工，闲暇时间打打临工，维持一家人的生计。儿时的记忆里，童年的寒暑假大都是干农活和当放牛娃。父母很繁忙，也不认识多少字，所以也不能辅导我们学习。我和弟弟的学习全靠自觉，小时候的我有一些贪玩，初中毕业时，成绩一般，父母征求我的意见想让我继续上学，希望我比他们强，多念点书。可我觉得自己成绩很一般，就算再努力以后也只能勉强考个三本，父母的压力会很大，不想让父母那么累，所以初中毕业后我选择外出打工，让弟弟以后好好上学。

刚进入社会的我也曾经因为没好好上学而后悔过，白天上班，晚上也偷偷地掉过眼泪。一开始我在一家电子厂里过起了三点一线的生活。厂里白班夜班12小时两班倒，咬牙也坚持过来了，慢慢习惯了这样的工作和生活方式，加班多的时候我也能拿到3 000元左右的工资，每月只给自己留几百块钱的生活费，剩余的就都打给家里人了。在厂里上了两年的班之后，2015年我跟随在北京打工的堂姐来到北京，那时的我因为在厂里待久了，正好想换个环境，不想再上夜班了。初来北京，我是在某单位的食堂上班，负责打饭和上菜的工作。由于我工作认真负责也勤快，餐厅经理就让我加入高端服务餐厅的工作。随着做服务工作的时间久了，我的工资也涨到4 000元左右。

说心里话，大餐厅服务工作，对我来说还相对简单，我能够胜任，但做高端服务时我感到吃力，比如，烦琐的订桌服务让我很头疼。在工作的同时我需要一边琢磨，一边认真地记下就餐人员的口味和习惯。我们的经理是位男士，对我们要求很严格，而我以前的性格是比较内向和胆怯的，不善于与人打交道，连句问候的话都说得只有自己能听到，有好几次都有不想干的念头，我也质疑过我所选择的行业是否正确、是否合适自己。每次苦恼时，我都找我堂姐诉苦，说我不想干了。她总是安慰和鼓励我，让我明白外出打工这条路也是成长的路，总会遇到艰辛与心酸。

后来别人晚上在宿舍休息，而我会把白天写在纸条上的关于每位就餐人员的爱好和忌口，以及我当天工作中的不足看一遍，默默地记一遍。有时候晚上我还是会偷偷地哭鼻子，不想让别人看见。那时我也变得对服务工作很敏感，每次班组开会经理所讲的话，说到的不足，我会审视自己，自我检查是否在自己的工作中出现过类似的情况。我更下定决心努力，别人会的我要比她们做得更好，从不会穿高跟鞋开始，我的脚也起过茧、磨过水泡，再到上班的日常，我比别人要付出三倍的努力。终于，我发现别人做到的我也一样可以，我感觉自己好像变了一个人，打招呼也能自然大方，声音明亮。

就这样，随着自己全身心的投入，时间过得很快，我也不断得到领导的认可，工作了快3个年头，我学到了很多东西，也将自己历练了一番。所以，在2018年以"高服"5 000元的工资来到木樨地餐厅，也许是因为以前的付出，让我干起工作来，一切都是那么的得心应手，在这用餐的阿姨叔叔让我感到家的温暖,使我有了想要更加努力工作的决心。我参加了公司办的业务比赛,在服务技能比赛中获胜,2019年初还获得优秀员工奖,并提升为前厅主管,现在的工资是6 500元。我终于明白了,干一行要爱一行、钻一行,行行出状元。

国家在扶贫工作中鼓励发展养殖业,父母把我家的积蓄加上我打工寄回的钱,用于盖牛舍,发展养殖业,挣了钱就在宝鸡市里买了楼房,一家人也过上了小康生活。我深刻地体会到打工改变了自己,两代人的努力会改变家庭。我们全家终于走出了山沟,过上了城市人的生活。我想,趁还年轻,我会继续学习,提升技能,虽没上过大学,但也要练就自己的真本事,以技能回报社会,"走打工脱贫致富家庭路,圆服务他人幸福自己梦"。

虽生在山沟,也要在城市大海里映出霞光。有时自己也想,要感谢那些严格甚至有时"苛刻"要求我的领导,是他们给我压力、动力和鼓励,使我没有放弃自己,让我明白付出了就会有收获,并时常怀着一颗感恩的心,铭记离开家乡的初衷,有机会定要回报家乡,为中央提出的振兴乡村出点力。

【访谈时间】2021年5月5日
【访谈地点】北京市
【访谈对象】赵海霞
【整 理 人】吴亚蓝

万小红：
"自尊、自信、自立、自强"的新型女员工

人物简介

万小红，女，1983年生，安徽省霍山县太平畈乡蔡家畈村人，现任上海佳轩人力资源有限公司人事专员。

人物故事

万小红2001年高中毕业后参加工作，曾先后在上海悦洁洗涤服务有限公司管理部等单位工作，2016年进入上海佳轩人力资源有限公司担任人事专员一职，主要负责外派人员工作安置、培训等工作。她始终坚持"想客户之所求，急客户之所需，排客户之所忧"的服务理念，无论在哪个岗位上都踏踏实实、勤勤恳恳地工作，不断丰富自己的业务知识、提高自身的业务技能，努力把自己锻炼成为一名新时期"自尊、自信、自立、自强"的新型女员工。

在长期的一线服务工作中，万小红一直坚持做到视客户为亲人，为客户提供全方位、周到、便捷、高效的服务，以自己真诚的服务赢得了客户的尊重和信任。有一次，有位客户来办事不慎遗失装有支票、现金的文件夹，万小红发现后立马通知该客户，20分钟后，客户几乎是用冲刺的速度赶了回来，当万小红向她举起那个熟悉的文件夹时，该客户连声感谢，从此，这家客户单位变成了佳轩公司的忠诚客户之一。

作为一名女性，万小红有着妻子、母亲、女儿的身份，在家庭和事业的天平上，她把砝码总是放在事业上，用忘我的工作精神赢得了领导和同事的信任及尊重。由于她丈夫常年在外地工作，孩子的生活和教育问题就成了最大的难题。由于公司7点半上班，为了不耽误工作，无论春夏秋冬、严寒酷暑，她都是早早把孩子叫醒。有一次，儿子做了扁桃体摘除手术，但当时正值业务旺季，公司人手紧张，万小红硬是把孩子托付给父母后就来单位上班了，这种敬业奉献精神赢得了领导和同事的敬佩。

万小红兢兢业业、踏踏实实的工作作风和任劳任怨、求真务实的工作态度，得到了客户、公司领导和同事们的好评，在公司进行的民主评议中，得分多次名列前茅，连续多年考核评为优秀员工，获得了公司的表彰和奖励。

【访谈时间】2020年12月16日
【访谈地点】上海市
【访谈对象】万小红
【整 理 人】毛丹丹

翟向峰：
从环卫工人到安全控制人员

人物简介

翟向峰，女，1976年生，河北省张家口市崇礼县西湾子镇人，现就职于北京铭泰嘉信能源科技有限公司。

人物故事

1997年，翟向峰来到北京成为一名环卫工人，负责的环卫路段是人流密集的崇文门大街，这里车辆繁多、商铺林立、垃圾量大，是大家都不愿干的地段。翟向峰格外珍惜这份工作，毫无怨言、尽心尽力地做好每一天的工作。两个月后，崇文门大街的环境得到彻底改善，翟向峰负责的地段被单位评为"样板地段"。

翟向峰在环卫工作上一干就是十年。2002年8月，北京市东城区花市大街一居民楼化粪池满溢，经诊断为化粪池出口管道有问题，唯一办法是下到化粪池找出口，探明下水道方向。翟向峰忍着高温，穿上皮衣皮裤，毫不犹豫地跳了下去，一股沼气味几乎将她熏倒，脸上、头发上沾了粪便，在池内摸索近一小时，她才找到出口解决了问题。

翟向峰手执扫帚十年如一日，扫地面积共达 1 620 万平方米，共扫秃扫帚 700 多把，义务加班 6 000 多小时，8 次被单位评为"年度先进个人"。

崇文门新世界新怡家园租户多、人员复杂，小区内环境卫生一直得不到改善，投诉率高，物业费收缴率低，让当时的物业经理头疼不已。经理多次找到负责小区临街商铺卫生的翟向峰，想"高薪"请她来物业公司做卫生主管工作。2008 年，翟向峰担任了新怡家园卫生主管。进入物业公司后，她每天穿梭在小区地下室、楼宇的各个角落，结合小区实际情况，为公司提出十几条改善小区卫生条件的合理化建议。两个月后，小区的卫生条件得到彻底改善，居民满意度提高，物业费收缴率大幅提高，翟向峰也受到公司表扬和嘉奖。

由于在物业岗位上的突出表现，2014 年，新怡家园电力改造施工单位——北京铭泰嘉信能源科技有限公司看中了翟向峰，想聘请她做工地一线质量安全控制工作。由于公司是做与电相关的工程项目，一线工地质量安全是重中之重，翟向峰专业技术虽然薄弱，但她有张"安全婆婆嘴"，每天必组织施工人员开班前班后会，加强施工人员安全意识，定期请专家为员工进行安全培训和安全讲座。她每天总是第一个到工地，最后一个离开工地，工人施工前她必亲自验电；推闸送电前，她必查看工地的每个角落，确认无人施工。她心里只有一个目标：让大家开开心心上班，安安全全回家。

7 年来，在她参与的十几个工程项目中，从未发生过一起安全事故，她也 7 次被评为单位年度先进个人。

【访谈时间】2021 年 2 月 26 日
【访谈地点】北京市
【访谈对象】翟向峰
【整 理 人】白 阳

王敬伟：
"我要成为一个名厨师"

人物简介

王敬伟，男，党员，1977年生，河南省平舆县万冢镇人，现任北京市昌平区红栌山庄高级厨师。

人物故事

王敬伟高中毕业后来北京打工，白天到饭馆给人干零活，晚上只能露宿街头，生活的艰难让他产生了打退堂鼓的想法，但为了个人梦想，他还是硬扛了下来！

有一天，他用一个下午时间，给一家餐馆卸完了一卡车煤。老板见他不怕苦、不怕脏，老实能干，出于认可和同情让他留在餐馆，当一名勤杂工。虽然有了一个落脚的地方，但他心里清楚，厨房勤杂工不是长久之计，要想在北京扎下根，必须要有一技之长。一个念头在他心中萌发——"我要成为一名厨师"！

为了成为一名厨师，王敬伟经常在深夜大家都休息后，偷偷在厨房用边余料练习切菜技术，每次练到手酸痛握不住菜刀。他还利用业余时间买来各大菜系书籍学习钻研，不懂的地方就一遍遍向师傅请教。"大厨"师傅被他的虚心吃苦精神所感动，开始教他厨艺。为了学到真本事，他又用近半年的收入报了厨师培训班，刻苦学习餐饮理论和实操。在做学徒的3年多时间里，他手上留下了20多道伤疤，终于如愿成为一名饭店掌勺师傅。他多次参加各类厨艺大赛，在2008年和2010年、2016年分别获得"红栌山庄厨艺比武一等奖"和"厨师技能大赛第一名"，成为一名远近有名的高级厨师。

王敬伟是一个爱钻研、爱琢磨事的人。工作中他发现所用炉灶的热量没有得到充分利用，造成了极大资源浪费。于是，他买来专业书籍，多次试验改进模具，拜师请教，联系厂家，提出20余条改进建议均被采纳。他参与的顺昌"余热回收灶"项目、京都厨业"节能灶"项目、同得发农产品加工有限公司"土豆切丝机"项目，均获得实用新型国家专利证书，为节能减排及提高工作效率做出了贡献。

作为一名共产党员，王敬伟虽然自己并不富裕，能力也非常有限，但他还是想方设法、力所能及地为贫困地区乡亲们做些事情。他利用餐饮界人脉广的优势，近几年主动与扶贫干部及北京地区的有关饭店、商超、批发市场、加工厂等联系，到北京对口帮扶的张家口和赤峰等贫困乡村，每年收购土豆、洋葱、红萝卜等农副产品几千万吨，价值几千万元，极大解除了贫困地区乡亲们的后顾之忧。特别是新冠肺炎疫情发生后，农副产品滞销，他又东奔西跑联系相关企业，多次出手相助，贫困地区的乡亲们深受感动，专门发来感谢信表达感激之情。

王敬伟来自贫困县农村，深知生活艰辛，一心想为家乡的脱贫攻坚贡献力量。他利用探亲休假之机，在家里举办技能培训班，把自家厨房当课堂，教授在家待业的年轻人厨艺，并帮助他们在北京找工作。20多年来，他累计带出徒弟100多人，帮助2 000余人实现就业，带动几百个家庭脱贫致富，多次被表彰为扶贫工作优秀党员。

多年来，王敬伟坚持每年从自己的工资和获得的奖金中拿出5 000元，用于向老家万家镇王寨村贫困户、五保户捐款，目前已累计近10万元。

【访谈时间】2021年1月18日
【访谈地点】北京市
【访谈对象】王敬伟
【整 理 人】白　阳

服务业 篇

魏二明：
创出属于自己的天地

人物简介

魏二明，男，1980年生，河南省驻马店市驿城区关王庙乡人，现任中国人民大学附属中学食堂副主任。

人物故事

魏二明17岁初中毕业后来北京打工，做过保安，在餐馆打过杂工。2000年年初，人大附中食堂对外招聘厨师，魏二明有幸成为人大附中食堂的一名厨师。人大附中食堂除了负责向全校师生供应食物外，经常还要接待来校参观交流的客人。于是，魏二明在工作之余，报班学习食品雕刻。在一次接待外宾的宴会上，魏二明用刚学会的多种食雕花做了一个迎宾花篮，得到外宾们的一致称赞。从此，他迷上了食品雕刻，用心观察动植物的形象特征，用相机拍照，再仔细研究细节。多少个夜晚，他抱着冰凉的萝卜、南瓜，追随着灵感，一雕就是一个通宵。雕刻每件作品前，魏二明都会通过网络、书籍了解其文化内涵，使雕刻作品超出食物本身的意义，被赋予文化气息。学校邀请全国十佳教师来做报告，他雕刻了一头老黄牛摆放在餐桌上，下面写着"俯首甘为孺子牛"；英国伊顿公学校长来访，他又雕刻了一对代表友谊与爱的白天鹅，并配以英国国花玫瑰；泰国教育团来访，他创作了一个叫"象拔蚌"的作品，将泰国国宝"大象"呈现在餐桌上……每一次，看着栩栩如生、活灵活现的食雕作品，客人们都赞不绝口。

魏二明的每一次进步，刘彭芝校长都看在眼里，并由衷地为他喝彩。在刘校长的支持下，魏二明考入教育学院餐旅系，就读中国烹饪教育专业。经过3年的刻苦学习，魏二明的厨艺有了质的飞跃，眼界也更加开阔。刘校长还多次派他外出学习，鼓励他参加校外各种餐饮技能比赛，与其他参赛人员交流切磋，提高技艺。

2003年年底，魏二明第一次参加比赛就旗开得胜，在北京"中关村首届美食节"上，他的参赛作品"御驾龙车寻美味"获得"最佳创意奖"。2005年10月，魏二明参加"第十二届厨师节暨首届全国中餐技能创新大赛"。当时正值"神六"飞天圆梦、举国上下欢庆的美好时刻，他将参赛作品选定为寓意着中华民族几千年梦想的"飞天"，拿到了全场总冠军，获得了"创新成就大奖"和"最佳厨师"称号，并晋升为技师。

魏二明还拜中国烹饪界技艺高超、德高望重的大师屈浩为师，学习琼脂雕、泡沫雕、面塑、冰雕等，将自己的食雕艺术向更广的领域拓展。

【访谈时间】2020年12月2日
【访谈地点】北京市
【访谈对象】魏二明
【整 理 人】白 阳

服务业 篇

张喜忠：
化粪池里的奋斗

人物简介

张喜忠，男，党员，1959年生，河南省卫辉市安都乡人，现任田村路街道北京老兵保洁服务中心党支部书记。

人物故事

出生在太行山区贫困农村的张喜忠，1987年来北京打工，干过建筑，修过马路，捡过破烂，种过大棚菜，他的足迹踏遍了京城的大街小巷，饱尝了打工生涯的酸甜苦辣。2000年，他不顾亲友的反对，东拼西凑加上多年的积蓄购买了一辆二手污水抽运车，开始了自己的掏粪生涯。张喜忠夏季顶烈日、冬季冒严寒，遇到棘手的活儿时，他就爬进下水道，跳进化粪池，用手一点点掏。靠着这股实诚劲儿，张喜忠带出了一支由50多名农民工组成，拥有5辆环卫抽吸车、1辆应急排水作业车、2辆高压清洗管道车的专业化粪池清掏队伍。在北京海淀区，张喜忠常年坚持为田村路街道28个社区的孤寡老人、残疾人、军烈属、特困户、福利院、敬老院免费疏通管道，清理化粪池。

2008年5月12日汶川发生地震，闻讯后张喜忠赶到重灾区和部队官兵投入紧张的抗震救灾中，年近五旬的他和官兵一起，一次次钻进废墟危楼，用镐刨、用锹挖、用手扒，从堆积如山的砖头瓦块中寻找生命的希望。5月15日，一座坍塌的五层楼房下发现幸存群众，可是满眼废墟，不知从何处下手。正在大家一筹莫展时，张喜忠挺身而出，"俺的工作就是钻下水道，让俺探路吧"。他蜷缩起高大的身躯，在水泥构件坍塌形成的狭小空间里爬进爬出，不间断地往返十多个来回，胳膊和双腿被钢筋铁丝划出了道道血印，血水、雨水、汗水浸透了衣服，最终从废墟中抢救出6名群众。

2012年7月21日北京遭遇特大暴雨，张喜忠积极组织北京、河南志愿者服务队，先后奔赴海淀区、房山区进行管道疏通及排水、清淤等抢险救灾作业，排水3 000立方米，疏通管道4 000米，清淤500平方米，抢救转运物资价值10万余元。张喜忠和志愿者服务队的同伴们奋不顾身的抢险救人精神以及大无畏的气概得到北京市海淀区、房山区防汛指挥部的高度评价和一致好评。

【访谈时间】2020年12月4日
【访谈地点】北京市
【访谈对象】张喜忠
【整 理 人】白　阳

服务业 篇

赵小虎：
让贫困家庭的妇女走出大山

> 人物简介

赵小虎，男，党员，1979年生，安徽省蚌埠市固镇县刘集镇人，现任北京阳光北亚家政服务有限公司党支部书记、项目负责人。

> 人物故事

2000年，22岁的赵小虎独自一人从安徽农村来京务工，先后在酒店当过服务生，在职介中心做过前台接待。他除了完成自己本职工作外，还利用业余时间学管理，为有朝一日的"破茧"积累知识与经验。2006年，赵小虎进入北京阳光北亚家政服务有限公司。

14年来，赵小虎从普通员工成长为独当一面的业务负责人，还带出了一支优秀的业务队伍，为公司发展立下了汗马功劳。在团队的不懈努力下，公司现已发展成为拥有5家直营店、4万余名家政服务人员的家政服务综合体，累计提供就业岗位12万个，为贫困劳动力脱贫致富做出了应有贡献。

2007年年末，赵小虎了解到在甘肃山区有个特殊的群体"陇原妹"，她们都是来自贫困家庭的妇女，迫切想通过自己的努力走出山区，投身家政行业，靠自己的双手实现脱贫。在认真总结上一年度北京劳务市场用工情况、分析对口联系"陇原妹"进京就业的可行性后，带着一颗扶贫助农的初心，赵小虎带领团队赴甘肃山区开展招聘工作。他走过一家又一家，不停地向乡亲们介绍阳光北亚的经营情况和家政服务员的工作以及收入。他还向广大姐妹承诺："大家到了公司，如果发现我所说的情况不属实，我包赔往返车票。"在团队的共同努力下，第一次甘肃之行达到了预期效果。

此后，赵小虎带领着业务团队承担起阳光北亚家政公司的扶贫工作，专项帮扶"陇原妹"进京就业。赵小虎带队每年一次陇南行开展扶贫招聘，让更多贫困家庭的妇女走出大山，让她们通过自己努力实现就业增收。

2015年，甘肃省妇联领导亲自来北京，为阳光北亚家政公司挂上两块牌匾：甘肃省"陇原妹"劳务输出示范基地和甘肃省"陇原妹"劳务输出维权驿站。

截至2020年，赵小虎带领团队累计帮扶12 300余名农村建档立卡贫困户妇女走出家门，举办培训班200余期，实现就业11 000余人。

【访谈时间】2021年2月25日
【访谈地点】北京市
【访谈对象】赵小虎
【整 理 人】白　阳

服务业 篇

郑艳玲：
为千万家庭贡献自己的力量

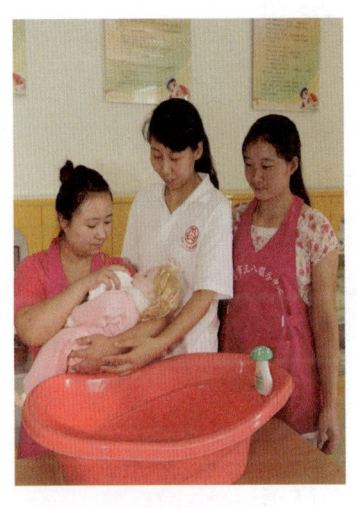

人物简介

郑艳玲，女，1979年生，河南省确山县普会寺乡人，现任北京市三八服务中心业务部负责人。

人物故事

1997年，郑艳玲进入北京市三八服务中心成为一名家政服务员。做家政服务员期间，她每天勤勤恳恳、任劳任怨地为客户服务，受到了客户的普遍好评。因工作成绩突出，郑艳玲被中心提拔从事家政服务管理工作。她从咨询窗口、接收登记窗口、签订解除合同窗口、后勤管理窗口、培训窗口逐一学起。从农村出来的她深感自己知识欠缺，郑艳玲于是下决心在认真工作的同时，利用业余时间学习，不断提高自己的业务能力和文化素质。为此，她只要有空就钻进书店学习文化知识，买不起书，就在书店里看，有时边看边抄。功夫不负有心人，她顺利完成了高中知识、大学知识的学习，成为一名有大学文化的农民工。

郑艳玲在家政服务管理工作上一丝不苟、兢兢业业，无论是对客户还是对家政服务员，她处处以"平等对待、为人民服务"为宗旨，耐心细致地化解客户与家政服务员之间的纠纷，尽最大努力让每个人满意。

2003年"非典"期间，中心两名家政服务员在客户家感染"非典"被送进医院。经医院全力抢救，两名家政服务员脱离危险，但要出院隔离观察。郑艳玲主动请缨，照料两名家政服务员的起居，她每天为她们端水送饭，嘘寒问暖，直到两名家政服务员痊愈。

有一年临近春节，她原本打算回老家过年，突然接到社区工作人员打来电话说："孤寡老人王奶奶突然摔倒，躺在医院里，离不开人手了，能不能过来帮忙照顾一下。"她一口答应，在医院陪王奶奶度过了春节。郑艳玲还主动与中心附近的劲松社区联系，为社区孤寡老人、残疾人员等义务打扫卫生，清洗被褥。

作为一名务工者，郑艳玲用自己的实际行动，感动着和她接触的每一个人。她为人淳朴、心地善良、工作热情、服务周到，在自己的工作岗位上默默奉献着，为了千万家庭的幸福贡献着自己的力量。

【访谈时间】2020年12月15日
【访谈地点】北京市
【访谈对象】郑艳玲
【整 理 人】白　阳

服务业 篇

范信贵：
苦在前乐在后，脱贫靠双手

人物简介

范信贵，男，1968年生，福建省南平市政和县人，现任泰源瑞合（北京）科技有限公司总经理。

人物故事

范信贵出生在福建省闽北一个偏僻的小山村，祖上都是农民。家里7个兄弟姐妹，一共10口人，全靠父亲务农养活，是村里有名的贫困户。

18岁开始范信贵就出门谋生，先后学过木工、油漆工，还挑着货担子做了3年货郎，然而都没能让家里脱贫。

1995年，卖了家里的稻谷和一头猪，范信贵怀揣3 500元钱闯荡上海经营水产生意。范信贵经常蹬着三轮车给客户送货，一天送货跑几十层楼也是常事。为了赚外快，他常常深夜一点钟起床，踩着三轮车，从闸北区彭浦新村到十六铺码头去拉海鲜，一趟来回 40 多公里，花 5 个小时赶早市卖掉。运气好的时候，一天可以赚到二三十块钱。

　　就这样，通过起早贪黑和滚打摸爬前后 13 年的努力打拼，到 2007 年范信贵月收入近万元，家里也彻底脱贫了。也就在这一年，他在天津滨海新区注册了一家小型钢贸公司。经过滚动积累，还投资了宾馆和公寓，有了稳定收入。凭借好的信誉，也小有了名气。他用自己打工挣钱、脱贫致富的经历感染着福建同乡，大家也认为，他有武夷山醇厚红茶的品性：好相处而不张扬。认可他的人也越来越多，不少企业小老板还和他成为交流经营、互促共进的朋友。2010 年，范信贵被推选为京津冀同乡会副会长；2011 年，他开始担任北京政和商会常务副会长。

【访谈时间】2020 年 11 月
【访谈地点】福建省南平市
【访谈对象】范信贵
【整 理 人】李　婷

服务业 篇

吴春梅：
照护小孩中成长的育婴师

人物简介

吴春梅，女，1979年生，福建省建阳市书坊乡贵溪村人，现任建阳区乐佳源职业培训学校常务副校长，高级育婴师、高级母婴护理师。

人物故事

在涉足家政行业之前，吴春梅是一名幼儿园教师，在三尺讲台默默耕耘10年。2008年，时值乡村村校合并，国家大力推进扶贫工作，吴春梅决定借此契机，自主创业，投身家政服务。她希望通过自己的努力，帮助农村妇女就业，引领更多的农村妇女自主脱贫。

为了实现这一目标，吴春梅首先在自身能力的培养上狠下功夫。从刚进入家政行业起，她就稳扎稳打，一步步积累经验，很快便习得了育婴、母婴、养老护理、家政礼仪、急救等多项技能，从之前的职业"小白"变成"运筹帷幄"的家政服务行家。

在自身能力提升的基础上，她紧跟时代潮流，分析了当下的社会需求，意识到当下很多农村中年妇女有大量空闲时间，年龄大、学历低、社会阅历浅薄成为她们难以就业脱贫的三大"拦路虎"，而家政行业的发展正是帮助她们解决这些难题的重大突破口。敏锐的眼光，让吴春梅带领她的团队抓紧时间对有意向从事家政服务的农村妇女进行家政培训。同时，她积极投身社会公益事业，先后参加了众多的社会公益活动，走进社会养老机构，通过公益讲堂，教会老人如何与子女沟通，消除代沟。她还组织参与"送教下乡"活动，带领她的团队深入革命老区书坊乡贵溪村、将口镇胡巷村等开展帮扶工作，以及到麻沙镇开展"精准扶贫"家政服务员、育婴员培训。引导人们关注就业问题，推荐农村妇女就业，帮助她们摆脱贫困。仅书坊乡，她就协助 200 多名妇女在当地解决了就业问题，还有一部分人实现异地就业。在 2020 年 5 月开展的精准对接阳光"1+1"活动中，培训学员从一开始的 20 人，辐射到整个书坊乡及其周边村庄，学员在短短一周内增加到 80 余人，收效甚好。2017 年至今，她每年定期开展下乡巡讲培训，每次都有不少于 40 名的学员，场次多达 30 余场。这一路走来，她的家政服务培训得到了众多学员的认可，成绩斐然，因为这份职业，让她自己也走向了脱贫致富的道路。

一路走来，有起伏，有跌宕，但吴春梅说，她不会停止她的步伐，依然会信心满满地往前走，她始终认为，这是一份阳光下最有爱的事业，因为它是一份走入千家万户、带去美好与温馨的事！

【访谈时间】2020 年 11 月
【访谈地点】福建省建阳市
【访谈对象】吴春梅
【整 理 人】王海蓉

服务业 篇

贾少斌：
进万家门，暖万人心

人物简介

贾少斌，男，党员，1994年生，甘肃省庄浪县朱店镇人，现任甘肃省庄浪县劳务输转行业协会负责人。

人物故事

由于家庭贫困，贾少斌2009年初中毕业后就进城务工，在北京一家电子厂干了一年多时间。2011年应召参军入伍，在新疆穿上了军装。2013年退伍后，几经辗转，在中国铁建电气化局所属的内蒙古滨州项目部务工。在务工的两年多时间里，贾少斌对和他一样进城务工的农民工产生了深厚的感情。他想，如果能在老家办个经济实体，吸纳农民工兄弟就近务工多好！

2016年，贾少斌带着梦想返回老家庄浪。他听说初中一名同学在广州参与经营管理一家人力资源公司，于是决定过去取取经。通过考察，他明白了要让农民工有业可就，有钱可挣，还得通过批量输转来解决，而关键在于规范运作，避免上当受骗。

经过充分交流沟通后，他和初中同学很快达成共识，共同合作从事人力资源开发和劳务输转工作，由贾少斌从老家组织人员，由同学在广州衔接落实工作岗位。双方共同努力，解决农民工务工时遇到的困难和问题，共同维护好农民工合法权益，确保输转的农民工工资能按时足额拿到手。

考察归来，贾少斌马上投入这项全新的工作中。经过前期宣传动员，2017年春节后，贾少斌组织的第一批70多名农民工走上了南下之路，其中大多是20多岁的小伙子，还有20多名四五十岁的中年人，这批人全部被安排在广州市的一家电子加工企业工作。初战告捷后，贾少斌开始专业从事人力资源开发和劳务输转工作。在摸索中，他发现要想发展壮大就必须共享资源，抱团取暖才能走得更久更远。

当时，在庄浪县注册的劳务公司和外地公司在庄浪设立分支机构的同类经营实体已经有27家，这些机构把庄浪县十多万各类人才和农民工输送到全国各地。为了互通信息，加强合作，贾少斌发起成立了庄浪县劳务输转行业协会，并在2017年10月20日的成立大会上当选为会长。

庄浪作为一个劳务大县，贾少斌自然知道自己肩上的重任。他认为作为一名劳务人，就更要充分发挥自身的职能作用，紧紧围绕"输出一人、脱贫一户，脱贫一户、带动一村"的目标，为全县劳务产业贡献一份力量。同时，他还提出要创新发展劳务服务模式，定期组织人员深入乡镇、村社，向有务工意愿的劳动者，重点是建档立卡贫困户开展"送岗入户"招聘信息宣传活动，让就业扶贫信息"进万家门、扶万家人、暖万家心"，从而有效缓解全县农村富余劳动力就业难题，为农民通过劳务增收致富提供有力保障。

贾少斌还通过"庄浪劳务"和"庄浪劳务输转行业协会"的微信公众平台，搭建劳务供需平台，全面摸清贫困劳动力的底数、就业需求、技能状况、收入情况等，积极引导贫困户劳动力转移就业，从而实现输转人数和劳

务收入"双增长"。2017年以来,累计输转务工人员2.2万多人次,创劳务收入8 000多万元。

2020年春节后,面对突如其来的新冠肺炎疫情,贾少斌以庄浪县劳务输转行业协会为载体,在做好疫情防控的同时,积极动员和组织有意愿的劳动者外出务工。他依托自主研发的"外出务工人员线上报名App",让务工者足不出户就可在网上报名,实现了务工者与用工单位的零距离交流。

【访谈时间】2021年1月6日
【访谈地点】甘肃省兰州市
【访谈对象】贾少斌
【整 理 人】白　阳

王振乾：
为打工者搭建家政平台

人物简介

王振乾，男，1971年生，甘肃省会宁县侯家川乡人，现任兰州心连心家政服务有限公司负责人。

人物故事

王振乾出生在甘肃省会宁县侯家川乡的一个小山村。忍饥挨饿的求学历程，锻造了他吃苦耐劳、低调稳重、克己忍让、可靠担当的坚韧品格。

从学校步入社会后，他种过地、开过货车、收过猪鬃、贩过农资、做过小买卖。但这些艰辛的打工创业尝试都没能够实现他的人生梦想。

2001年春，王振乾来到兰州市，进入一家家政服务公司，干起了"门槛低、出汗多、挣钱少"的工作。在经过了两年多的摸爬滚打后，精明强干的王振乾看准了家政服务业的市场前景，于2003年8月注册了"兰州心连心家政服务部"，开启了他的又一次创业之路。

心连心家政公司从4名员工、1辆旧面包车起家，靠着特别能吃苦、特别能忍耐、特别能吃亏的"心连心三特别精神"，在玻璃清擦、油烟机清洗、下水疏通、楼宇清洗、墙面粉刷、保洁托管、钟点工输送等业务方面逐步拓展，遍布兰州市三县五区，受到了兰州市多家客户的好评。2006年，"兰州心连心家政服务有限公司"正式注册成立，企业初具规模。

2007年冬，心连心家政公司受邀进入甘肃省电力公司机关办公大楼进行楼内外全套清洁服务，从此公司将双脚迈进了电力行业。电力行业的严要求，锻造了心连心家政公司高标准的服务风格，公司迅速在甘肃省范围内的电力后勤服务系统扩散开来，获得了极好的口碑。

为进一步扩大服务范围，与大型国企机关、变电站、事业单位后勤服务精准对接，2010年11月，王振乾正式注册了"甘肃精诚物业管理有限责任公司"。从此，王振乾拥有了"心连心家政"和"精诚物业"两个服务品牌。

企业发展壮大的同时，王振乾把社会公益事业作为一项重要的任务来抓，2019年通过兰州会宁商会，向家乡会宁"助学助教扶贫事业"捐款5 000元。2020年新冠肺炎疫情发生后，通过甘肃省妇女儿童基金会向贫困妇女儿童捐款3 000元。2020年夏，甘肃舟曲、文县发生了暴洪泥石流，王振乾捐款20 000元。

王振乾希望通过自己搭建的平台，为广大的农村务工者，尤其是贫困家庭的劳动力提供一条就业致富之路，用自己的实际行动回报家乡、回报社会。

【访谈时间】2021年1月4日
【访谈地点】甘肃省兰州市
【访谈对象】王振乾
【整理人】白　阳

刘海娟：
农家女升职记

人物简介

刘海娟，女，1996年生，现任天庆文化产业投资有限公司营销中心前厅部部长。

人物故事

2013年9月，我考入兰州文理学院计算机网络专业，3年学业结束后，第一个人生十字路口拦在我面前。是相对安逸的回家回归原来的生活轨迹，还是面对城市生活开始新的人生挑战？

当时，天庆集团面向大学校园开启就职帮扶通道。我鼓足了勇气，入职天庆文化体育中心，接受了新员工入职培训，以加快适应社会、适应工作。

自入职天庆文化体育中心，公司就对我细心培养，先后系统学习了茶艺和酒店服务技能，通过日常的服务工作，让我深刻认识到服务不只是一种服务行为，它更是我们年轻人的一种特殊"专业"。通过专业系统的培训和工作实践，为我个人的成长打下了坚实的基础。

2018年年初，甘肃天庆文化体育中心启动时，由于前厅部只有我们两名员工，我作为部门主管，在公司需要我时，我冲在第一线，义不容辞地牺牲自己的个人时间，一个月没有休息，每天上班12小时，用10分钟时间吃饭，尽力安抚每位会员的情绪，尽到一名主管应尽的职责。后来人员编制完善后，更加标准化的管理模式以及更加精细化的服务要求，让我感到了学习与工作密不可分。公司为我们提供了免费的阅读资料，组织了外聘专业老师的授课，一次次重大的接待工作任务和高端艺术展览让我的进步和成长日新月异。不知不觉到过年了，回到家中与家人团聚时，母亲看着我气质上的变化非常欣慰，父亲听我介绍工作中的种种情况也感到非常骄傲，与家人一同分享我工作中的小成绩让我很开心。

2020年年初，新冠肺炎疫情突然袭来，全国总动员，抗击疫情成了每个公民的首要责任，我立足本职，加强学习，认真防疫，听从指挥，抗击疫情的过程使我进一步坚定了正确的价值观，也让我为企业感到自豪。

2021年，我成了一名部长，月薪从2020年的4 700元提高到现在的5 200元，并和我的小伙伴们出色地完成了2020年全年的经济指标。我将继续努力工作，加强学习，用我的工作成绩回报公司和社会。

【访谈时间】2020年11月22日
【访谈地点】甘肃省兰州市
【访谈对象】刘海娟
【整 理 人】韩　庆

鲁鸿鹏：
用奋斗摆脱贫困

人物简介

鲁鸿鹏，男，1992年生，甘肃省临夏人，现任甘肃天庆博物馆党支部组织委员、甘肃天庆文化体育中心安保部部长。

人物故事

我还清晰地记得，3年前离开家乡踏上前往繁华都市脱贫致富的道路。从被国家列为深度贫困地区之一的临夏地区来到省会兰州，作为一名外乡人，我对城市的生活充满了未知与憧憬。现在想想自己当时真的很幸运来到了天庆集团这个大家庭，就职在天庆集团旗下的天庆文化体育中心，初次进入天庆文体中心（天庆博物馆），其浓烈的历史文化氛围、陈列的国宝级藏品、先进智能的体育设施给我一种震撼，可谓肃然起敬，在这么高端的博物馆工作那是一种荣耀、一种成就。

有人曾说过，全国脱贫看甘肃，甘肃脱贫看临夏。作为一名土生土长的临夏人，我深知贫困的滋味，在天庆的短短3年时间自己也真正地摆脱了贫困。

首先是在思想上脱贫。我学习了本领，从开始的"一清二白"到现在"独当一面"的部门负责人，我不断深入探索博物馆安防知识，为部门员工及场馆工作人员树立安全意识，强化对安全的重视程度，明确安全也是对历史的一种责任，安防工作也是博物馆核心重要工作。起初我对消防业务一窍不通，于是自己推迟下班加班加点，每天请教技术人员，一点一滴记录，一点一滴学习，从一个个小问题不断请教不断学习，到现在能熟练操作消防设备，保障场馆的消防安全。同时我也将自己所学到的知识分享给其他员工，让大家都懂得消防知识，以便在紧急情况下使用。

我担任天庆博物馆党支部组织委员期间，坚定信念，不断提高政治素质，积极学习和宣传党的先进理论、思想，立足岗位，树立奉献精神，在本职岗位上兢兢业业工作，获得了其他同事的好评。因为出色的工作，我被评为2019至2020年度天庆集团优秀共产党员。个人不断努力使薪资也不断提高，从3年前年收入不到3万到现在年收入6万。

习近平总书记指出，只有奋斗的人生才称得上幸福的人生，广大青年应该在奋斗中释放青春激情、追逐青春理想，在艰苦奋斗中净化灵魂、磨砺意志、坚定信念。我的脱贫之路也说明了有理想有信念有奋斗，就一定会过上幸福的生活。

【访谈时间】2020年11月22日
【访谈地点】甘肃省兰州市
【访谈对象】鲁鸿鹏
【整 理 人】韩 庆

孙芳芳:
大众工匠

人物简介

孙芳芳,女,1974年生,甘肃省庆阳市镇原县中原乡后胡自然村人,现任大众工匠北京双井区域分管经理,公司金牌家政实操培训师。

人物故事

孙芳芳的父母都是农民,靠着几亩贫瘠的土地养活3个孩子。尽管孙芳芳爱读书,但她只念到小学三年级就辍学了,帮着家里放牧,她也只能借隔壁姐姐的书来读。后来孙芳芳在放羊的途中摔断了腿,又赶上抢收麦子,她还没痊愈就下地干活,落下了有些瘸拐的后遗症。

1992年孙芳芳出嫁后有了两个孩子,但是夫家的生活也很拮据,村里的人宁愿受穷也不出去打工,孙芳芳就在砖场搬砖,一天10块钱贴补家用。1999 年，孙芳芳的两个孩子大了些，她毅然决定外出打工，只身来到了北京。

最开始孙芳芳托人在医院找了一份保洁的工作，工作又累又脏，还有被病菌感染的危险。但是孙芳芳觉得这比在老家搬砖要好得多，毕竟一个月能有 3 000 元的工资。但是仅仅过了一年，孙芳芳的儿子生病了，她又回到了村里。

时间转眼到了 2011 年，孙芳芳再次来到北京，路途中她的钱包被偷了，这次也没有老乡给她介绍工作。她蹲在潘家园的马路边，看着车水马龙，心里酸酸的。好在天无绝人之路，她看到了一家家政公司正在招工，不管三七二十一，她决定试一试。

偶然的决定又一次改变了孙芳芳的命运，以前是跌入谷底，这次是从谷底开始爬向高峰。孙芳芳爱学习的习惯帮了她，家政公司 7 天封闭培训，她除了吃饭睡觉，就是学习。不怕吃苦、干活认真，很快孙芳芳就脱颖而出，培训主管打算带她一起做育儿嫂。

育儿嫂是家政服务中最劳心劳力的工作，但是孙芳芳做得很出色，她把客户家的孩子当成自己的孩子照顾，用农村人的乐观与淳朴对待每一位客户。那个时候她的工资能达到六七千元，这可是很多大学生的工资水平，她成了村里的"有钱人"，家里的土窑也换成了装修好看的砖窑。

2016 年，孙芳芳把两个孩子接到北京，她给儿子找了一份保卫科室的工作，女儿也到学校学习网络运营。孙芳芳说她最大的成就和改变就是通过自己的努力供两个孩子读书，带他们走出闭塞的农村。

如今孙芳芳是大众工匠北京双井区域的分管经理，管着近 60 人的家政服务团队。她经常帮着干、带头干，团队里的每一个人都是她的徒弟，关于怎么管理团队的书她就买了几十本。现在她的团队基本上每月都是北京的区域冠军，大家挣的工资都很高。

孙芳芳说她坚信能者多劳、多劳多得，人靠自己是能改变命运的。用同村人的话说,现在她算是"翻了身",一年能有 30 万元的收入,家庭条件改善很多。将来,她想把大城市成熟的家政服务模式带回家乡,让更多跟她一样的女人能够通过劳动致富、改变命运。

【访谈时间】2020 年 11 月 20 日
【访谈地点】北京市
【访谈对象】孙芳芳
【整 理 人】金　涛

服务业 篇

马孝明：
劳务经纪人架起村民脱贫致富"金桥梁"

人物简介

马孝明，男，党员，1965年生，甘肃省临夏县麻尼寺沟乡寺庄村人，劳务经纪人。

人物故事

马孝明出生在一个普通的农民家庭，作为家中长子，他年纪轻轻就出来打工，曾辗转青海、甘肃等地从事电力改造工作。在打工过程中他发现，太多农民工因为文化技术水平所限，尽管历尽艰辛，却依旧在贫穷线上挣扎，他们无法保障自己的合法权益，无法拥有向往的美好生活。于是，马孝明下定决心，要靠自己的努力改变这一状况。

1999年，马孝明怀揣着他的创业梦想，带着村里的父老乡亲共20余人远赴新疆，在新疆奇台县的宏源建筑公司务工。在马孝明的严格管理下，他带领的务工队伍以吃苦耐劳、朴实守法赢得了公司的好评。一年多的时间里他们保质保量地完成了建筑任务，从未发生任何矛盾纠纷，年底返乡时每个人都怀揣着五六千块钱，赚得了赴疆务工的第一桶金。自此，马孝明的务工队伍在当地出了名，想要跟他外出打工的人纷至沓来。在马孝明的精心管理和有效运营下，务工团队人数不断增加、规模不断扩大，到2009年，务工人数已增加到300多人。从事行业也从一开始的建筑行业扩大到餐饮业、电器安装等，实现了劳务创收360万元，人均纯收入达1.2万元左右。

2010年4月，临夏县驻新疆奇台劳务联络站率先建立了全县第一个农民工流动党支部——临夏县麻尼寺沟乡赴新疆劳务工作流动党支部，马孝明任党支部书记。他更加竭诚为农民工服务，事事心系农民工，随时了解和掌握农民工的思想、工作和生活情况。截至目前，他累计参与调处劳务纠纷5起，牵涉60多人，挽回经济损失21万元，切实维护了农民工的合法权益。

马孝明为全县农民工由零散输出到组织化输转提供了新路子，为贫困群众脱贫致富提供了新渠道，更为全县打赢打好脱贫攻坚战贡献了积极的力量。2011年1月，马孝明被甘肃省政府授予"全省农民工明星"荣誉称号。2012年，马孝明先后被临夏县委、县政府分别授予全县"优秀共产党员"和"劳务输出先进带头人"的光荣称号。马孝明说："感谢党和政府的支持，让我们都有了更高的收入和更好的生活。"

谈起未来的计划，马孝明打算继续为临夏县的劳务输出而奔走，"新疆地区的企业还存在用工荒、用工难的问题，而我们的农民有的却还心存顾虑，迈不出外出务工的第一步。我将竭尽自己所能，切实为他们服好务"。

【访谈时间】2021年1月13日
【访谈方式】电　话
【访谈对象】马孝明
【整 理 人】张高洁

服务业 篇

许玉英：
不停顿努力的出彩人生

人物简介

许玉英，女，党员，1979年生，广东省信宜市人，现任华夏人寿保险股份有限公司东莞分公司党支部书记、工会主席。

人物故事

1998年8月，家境一般的许玉英中学毕业后就没有继续读书，跟随着外出务工的邻居从偏远的小山村来到了有着世界工厂之称的东莞打工，和众多离乡背井的外来务工人员一样，成了工厂流水线上的一名普通工人。微薄的工资、两班倒每天12小时机械般的流水线工作、车间班组长近乎严苛的要求，这些并没有迫使生性好强的许玉英屈服和认命，她相信命运掌控在自己的手中。工作半年后她主动向工厂申请长期上夜班，毅然用省吃俭用积攒下来的工资报名学习电脑操作，利用白天休息的时间学习电脑，几个月后顺利通过实操考试，拿到了电脑操作资格证书。机会总是青睐有准备的人，很快通过工厂的内部招聘，许玉英离开了生产车间的流水线，成了办公室的一名文员。许玉英没有止步于普通的办公室文员工作，工作之余通过参加成人高考修完了专科课程，又通过自考在参加工作的第六年取得了中国劳动关系学院本科学历，前后花了5年时间圆了自己的大学梦。

2004年，许玉英找到了一个人生中更加宽阔的舞台，跳槽到东莞新洲印刷有限公司任人事部的薪酬助理，两年后因为综合能力强、表现突出被提升为人事部主管。积极主动、任劳任怨的工作态度以及突出的工作表现使她在经过4年的历练和辛勤付出后被提拔为公司的人事部经理、工会主席。

不满足于现状，是许玉英一直以来对自己人生的不断追求，2012年她加入华夏人寿保险股份有限公司，担任东莞中心支公司的筹建负责人，负责新机构的筹建。在许玉英的努力下，很快新机构完成了选址、装修、招聘、培训等所有开业的准备工作，筹备工作通过保监局验收得以顺利开业。在开业之初，许玉英身兼数职，不仅分管公司的内务管理，还承担了拓展银行保险代理业务的重任。克服了重重困难，华夏保险东莞分公司由筹备期时的2名员工扩展到了如今的4 000多名员工，从三级机构中心支公司升格为二级机构分公司，银保业务成交量也由最初的一年数百万元飞速猛增到现在东莞市场总保费排名第一，2020年度总保费41亿元。

从1998年到2020年，风雨兼程22年，从零开始，梦想让许玉英创造无限可能。无论在任何岗位上，她始终忠于内心深处的梦想，在本职岗位上甘于吃苦、乐于奉献、尽心尽力，以严谨的工作作风，做好每一份、每一天的工作。她先后获得东莞市青年岗位能手、东莞市第十届十大杰出青年、东莞市第三届道德模范提名奖、全国优秀农民工、广东省劳动模范、全国五一劳动奖章等荣誉。

【访谈时间】2020年12月15日

【访谈方式】网　络

【访谈对象】许玉英

【整 理 人】韩　巍

服务业 篇

陈琪：
从优秀导游到餐厅服务的佼佼者

🔷 人物简介

陈琪，女，1995年生，广西兴安县榕江镇茶源村委会留连塘村人，现为广西桂林市荔浦市银子岩旅游景区有限公司餐厅服务员。

🔷 人物故事

陈琪生在大山，长在大山，因为家境贫寒，她选择了读中职学校，希望自己能够早日就业，为家庭减轻负担。陈琪的第一份工作，是在荔浦银子岩景区担任讲解员。初出茅庐的她经常利用休息时间到景区跟团学习，主动向资深的老导游请教，不懂的记在笔记本上，回家后查阅资料、整理归类、反复练习。

247

"服务是一门艺术,更是一门技能,要当一名好的旅游服务从业者,要有为游客服务的热情,但更重要的是要掌握过硬的业务技能和丰富的专业知识。"为了不断提高自己的业务水平,更好地服务每一位游客,陈琪细心观察,努力学习借鉴同事的先进经验,并努力将学习到的导游知识、业务技能融入实际工作中。正是由于她的这份努力与热情,陈琪多次获得游客及同事的称赞和表扬,还被评为一级讲解员、公司优秀员工。

导游的经历让陈琪身经百战,快速成长。2017年金秋的一个深夜,在送游客返程途中,陈琪接到公司通知,让她代为接待另外一个团队中两位来自四川的游客。虽然已经连续早出晚归好几天,但她立马掉头返回机场。接到游客抵达酒店已经是凌晨,陈琪让司机先回家,自己留下来帮游客办理入住,帮他们把行李拿到房间,看着游客安心满意进入房间,她才放心离开。

导游工作常年披星戴月,早出晚归,但陈琪却一直享受着这份工作带来的快乐,"每天都能接触到很多不同的人和事,可以学习全国各地的方言,了解全国各地的民俗风情、人文地理,还可以将桂林介绍给来自五湖四海的游客,让大家好好欣赏桂林'玉碧罗青意可参'的自然风光"。

作为一名旅游服务从业者,陈琪用严格的标准要求自己,做到了干一行、爱一行、专一行,脚踏实地、服务社会,实现了她的个人价值。她多次被评为优秀员工、先进工作者,在2020年桂林市第六届农民工技能大赛中获得餐厅服务一等奖,她代表桂林市参加广西第六届农民工技能大赛决赛取得"餐厅服务三等奖"的好成绩。

2020年新冠肺炎疫情发生后,桂林市旅游行业受到重创,她所在餐厅未能开门营业。但陈琪并没有泄气,她利用这次休整间隙,参加了网络技能培训班,提升业务能力,提高技能水平,以饱满的热情、良好的精神面貌投入复工复产中,努力为国际旅游胜地的建设出一份力。

【访谈时间】2020年2月12日
【访谈地点】北京市
【访谈对象】陈　琪
【整 理 人】武　唯　张赢方

服务业 篇

陈荣香：
不平凡的最佳城市美容师

> 人物简介

陈荣香，女，1976年生，广西北海市合浦县石康镇水车大队沙窝村人，现为北海市合浦县环境卫生管理站环卫工人。

> 人物故事

作为一名环卫工人，陈荣香一直在合浦县环卫站一线从事清扫保洁工作，她爱岗敬业、勤恳无私，在平凡的岗位上做出了不平凡的成绩。

一直以来，陈荣香工作认真，每天都早出晚归，风雨无阻。有时还得不到某些市民群众的理解，但她深知环卫工作与群众身体健康息息相关，虽然又脏又苦又累，却是城市中必不可少的工作。"任何工作都需要人去干"，陈荣香成了一位名副其实的"城市美容师"，任劳任怨地工作在环卫战线上。

陈荣香负责的路段，道路泥沙较多，收沙、运沙成了班里最苦、最累的活。但她不怕苦累，带领班组成员出色完成清扫保洁任务，赢得了群众的高度评价，同时为合浦县城的卫生清洁做出了突出贡献。

在创建特色旅游名县、园林城市及文明城市的工作中，陈荣香担任生产科质检员，她不但带头实干，还把站里提出的"宁愿一人脏，换来万人洁"的环卫精神口号转化成班组的精神动力和每位环卫工人的行动。她率先垂范，号召组员把奉献摆在第一位，要求大家严格按照清洁卫生的清扫保洁标准和要求，认真工作。此外，陈荣香还鼓励组内成员参加班组流动红旗竞赛，把每一个成员都团结动员起来，出色地完成了站里交给的各项任务。

陈荣香的爱人身体不好，常年需要照顾。但新冠肺炎疫情发生后，她取得爱人的理解，义无反顾地投入抗疫工作中。陈荣香奋战在一线，每天都坚持把街道打扫干净，她还主动提高清洁频次，对人员密集路段、卫生死角进行反复清扫、消杀作业。疫情严峻的那段时间，陈荣香也产生了恐惧心理，但是责任最终战胜了恐惧，因为她坚信，在街头坚守岗位，努力给大家营造一个干净清洁的环境，处理行人丢弃的口罩，预防病菌滋生、阻隔病毒传播，助力打赢疫情阻击战，这一切都很值得。

陈荣香在平凡的岗位上做出了不平凡的事，为了城市这张"光洁的脸面"付出了自己的心血和汗水。她获得了很多荣誉，连续9年被评为县环卫站环卫先进工作者，荣获"北海市十佳农民工""最佳城市美容师"等称号，2015年被评为自治区劳动模范，2019年4月被评为广西最美环卫工人。

【访谈时间】2020年2月16日
【访谈地点】北京市
【访谈对象】陈荣香
【整理人】武　唯　张赢方

服务业 篇

胡秀英：
客户至上的最美家政人

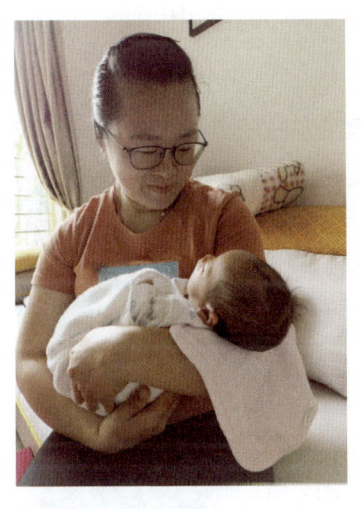

人物简介

胡秀英，女，1984年生，广西南宁市邕宁区中和乡那才村人，现为南宁市南方家政家庭服务有限公司家政服务员。

人物故事

胡秀英家里共6口人，公公常年患病治疗服药，是村里建档立卡贫困户。她最初在幼儿园做老师，因长期讲话多犯了咽喉炎，不得不辞掉工作。正当她找不到合适工作，家里经济压力巨大时，南宁市绿城南方职业培训学校到她所在的村开办初级育婴师培训班。抱着掌握一门技能，能够更好找工作的心态，胡秀英报名参加了学习。经过老师的精心培训和个人努力，胡秀英顺利通过了国家初级育婴师考试，取得了国家职业资格证书。随后，她去广州找工作，经过家政公司的推荐，顺利找到了照顾一名一岁多幼儿的工作。

胡秀英第一次进入雇主家工作时，心里总害怕做得不好，导致雇主不满意、不接纳。她坚持每天早起晚睡，积极主动工作，热情对待雇主全家人，耐心陪伴孩子，用认真负责和精益求精的工作态度做好家务。遇到自己解决不了的问题或困惑时，胡秀英就及时打电话请教老师或同行姐妹，她工作热情、勤快、主动，很快就得到了雇主的认可。胡秀英为了进一步提升自己的服务水平和能力，放弃工作回到绿城南方职业培训学校，学习了母婴护理、小儿推拿、催乳、产康等专项技能。

胡秀英 10 多年的家政行业从业经历，有泪水也有欢笑，有付出也有收获，她总是把雇主的利益放在首位，每次看到宝宝梦中露出甜甜的笑容，她自己也感到很高兴。

经过多年家政服务的锻炼，胡秀英熟练掌握了家政服务的各项技能，积累了较为丰富的经验，工资也由原来每月 3 700 元提升到了 10 000 元以上，极大地改善了家人的生活条件，使家里摘掉了贫困户的帽子。胡秀英对党和国家对农村妇女的帮扶好政策心存感激，她勤奋工作，谨记绿城南方的"六心家政"服务理念，成了雇主放心的最美家政人。胡秀英不仅多次获得公司优秀员工、岗位能手等荣誉，还在 2019 年荣获"全国最美家政人"称号。

【访谈时间】2020 年 2 月 19 日
【访谈地点】北京市
【访谈对象】胡秀英
【整 理 人】武　唯　张赢方

服务业 篇

黄忠金：
学无止境的烹饪大师

人物简介

黄忠金，男，壮族，1970年生，广西崇左市天等县都康乡安康村人，广东顺德美食家协会副会长、崇左市烹饪协会副主席，现任崇左市聚福园粤菜农家乐出品总监。

人物故事

20世纪80年代初，黄忠金到华南烹饪学校学习烹饪技术。他认真、刻苦的精神感动了师傅，师傅为他开小灶，比别的同学学到了更多的厨艺。在华南烹饪学校学成后，黄忠金到广东、青岛、顺德等地，边打工边继续学厨艺，终于成长为酒店大厨，曾经在南宁国际大酒店、好友缘大酒楼等担任"金牌大厨"。

黄忠金多次参加各种级别的烹饪大赛，勇夺世界粤菜金奖、银奖，获中国名厨星光大道"名厨七星奖"及金奖、第十五届顺德商会菜式"最佳特色金奖"、慧聪餐厨网最具影响力餐饮品牌等荣誉。同时，由于他技艺精湛，被聘为2018年第十届中国餐厨行业品牌盛会专家评委、中式烹调师评委、中国烹饪大师国际评委。

2008年，黄忠金入职崇左市聚福园粤菜农家乐任出品总监。他以家乡的食材为基础，创制了"桑拿鸡""鱼羊鲜""港式大盆菜""富硒米粥鱼"等特色菜，相继获得了最佳特色金奖、特别金奖等，这些菜品深受顾客喜欢，黄忠金也因此享誉市内外。

黄忠金还将自己学到的厨艺无私传授，除了在聚福园粤菜农家乐教授学徒外，他还在崇左东盟职业技术学院担任主讲老师，把多年学到的厨艺毫无保留地传授给学生。2018年，广西理工职业技术学院聘请黄忠金为烹饪专业的客座教授，每一次去授课或者讲座，他都把自己学到并经过多年实践后得到公众认可和赞誉的各式菜肴的制作技艺，全部传授给学生，他的授课理论结合实际，深受学生喜欢。此外，他还利用业余时间，到各厨艺培训班讲课，并当场进行表演和示范，遇到接受能力较差的学员，他都不厌其烦地反复示范，真正做到"手把手"地教，一直教到他们学会为止。据不完全统计，2008年以来，黄忠金传授厨艺的学员、徒弟等达2500多人，有的已经变成了名副其实的大厨。

"学无止境"，厨艺也是如此。黄忠金注重钻研厨艺，不断探索创新，把传统厨艺与现代烹饪技术有效融合，不断创新制作出了既容易采集食材，又便于烹饪且有益于健康的菜谱，他希望这些菜谱能够得到推广，更多更好地满足老百姓日益提升的美食享受需求。

【访谈时间】2020年2月7日
【访谈地点】北京市
【访谈对象】黄忠金
【整 理 人】武　唯　张赢方

服务业 篇

梁春杰：
因为热爱，所以成绩突出

🔵 人物简介

梁春杰，男，1982年生，广西桂平市木圭镇祝兴村人，现为广西红海人力资源有限公司贵港分公司派遣员工，中国邮政速递物流股份有限公司寄递事业部快递员。

🔵 人物故事

从农村出来的梁春杰，知道学历不高只能通过认真学习来提升自己，对待每一份工作他都很用心，执着一种信念，认为服务行业就是善待他人、善待自己。

2014年2月，梁春杰成功面试进入中国邮政速递物流股份有限公司贵港分公司担任一名邮政揽投员，自此开始了他的职业生涯。工作上，他始终秉承邮政"珍惜每一刻，用心每一步，进步每一天"的理念，兢兢业业地在岗位上发光发热，365天，从年前到年后，从城东到城西，从港北到港南，在日复一日地为市民传递快件的同时，也传递内心无尽的热爱！

2015年10月下旬，梁春杰代表中国邮政速递物流股份有限公司贵港分公司城西营业部参加酒仙网年度最好快递哥的评选，并荣获了酒仙网给出的纪念特酿酒品。

2016年，梁春杰发现自己工作没有了目标，学历有限的他面对工作中接触到的各式各样的人，意识到自己在社交等方面还存在很多欠缺，于是下定决心通过学习提高自己，养成每天晚上看书的习惯，通过学习让自己变得更有价值。

2017年4月下旬，梁春杰作为代表参加公司专为邮政企业储备人才主办的"鹰王重生"三天特训，通过培训提升自己的业务能力。

在岗位工作的几年时间里，梁春杰深刻体会到知识对人进步的重要性，于2019年9月报考桂林电子科技大学继续教育考试，获得物流管理本科学历。

2019年"双十一"来临之际，梁春杰受到领导的信任，作为中国邮政速递物流股份有限公司的代表接受贵港市电视台采访，在采访的30分钟里，面对记者的提问，他一一回复，表示城区寄递事业部全体人员2019年11月开始全部停休备战"双十一"，全力以赴做好包裹投递和冲刺四季度各项业务。由于业务熟悉、经验丰富，他始终对答如流。梁春杰很感恩公司的培养，让他变得更加自信，而他自己也以超额完成每月工作任务作为报答。

通过一年年的不断努力，梁春杰从C级员工变成B级员工，又积极争取到参加邮政大学的培训名额，他希望自己在快递领域更加的专业。

每一份职业，都值得被人尊重，认真对待职业的人，都是最可爱的人。一名普普通通的员工做着平凡的工作，通过自己的努力过上自己想要的生活，因为有目标，梁春杰有了美好的今天，也将会有更好的明天。

【访谈时间】2021年2月27日
【访谈地点】广西贵港市
【访谈对象】梁春杰
【整 理 人】韦小彬

潘利建：
广西最美环卫工人

人物简介

潘利建，男，1982年生，广西南宁市江南区亭子乡人，现为南宁市江南区市政环卫工作站环卫司机。

人物故事

潘利建自2013年进入江南区市政环卫管理站成为一名普通环卫司机，就与环卫结了缘。从那时起，不论刮风下雨，他都驾驶环卫车辆在南宁市江南区的大街小巷中穿梭。为了给市民营造一个干净舒适整洁的环境，潘利建付出了很多的努力，也获得了不少的荣誉：2017年荣获"广西最美环卫工人"和"南宁市劳动模范"，2018年荣获广西五一劳动奖章等。

"不懂就学，敢于尝试"，潘利建凭着他热情的态度，利用空余时间熟练掌握了车队所有车辆的机械设备。遇到脏活累活，潘利建都抢着干，经常一个人顶几个人的岗位，受到领导和同事们的称赞。2015年8月，潘利建被选为垃圾运输车班长，负责车队里所有垃圾清运车辆的调度工作。"火车跑得快，全靠车头带"，作为"小领班"的他，更加努力地工作，不敢有丝毫的懈怠。为了管理好整个团队，他每天都严格要求班组成员养成良好的驾驶习惯，爱岗敬业、以人为主、安全行驶。垃圾车辆在运输垃圾途中出现问题或者事故时，他总是第一时间赶赴现场解决，休息时间经常被占用。

随着城市的发展，垃圾量日益增多，辖区内存在垃圾中转站不足、车辆不足、生活垃圾终端处理场处理能力有限等问题，给垃圾清运工作带来困难。为了让生活垃圾能及时清运，还南宁人民一个美丽的家园，潘利建每天都到各中转站巡逻和了解情况，合理调度车辆，故障及时维修，加班加点全力做好垃圾清运工作。

潘利建在工作中始终走在前面，关键时刻更是冲锋在前，处处以身作则、爱岗敬业，充分发挥了先锋模范带头作用。每天凌晨3到4点，当人们还在睡梦中，他已经悄悄地起床，静静地走上了自己的工作岗位。在黑暗中，他和同事穿梭在城区大街小巷，停留在一个个垃圾中转站旁，他们到过的地方，垃圾被清走，变得干净整洁。在2020年南宁市创建文明城市工作中，潘利建牺牲休息时间及个人利益，常常日夜颠倒，24小时待命，从无怨言，他以全身心投入为人民服务的行列中为荣。

没有壮举，没有惊天动地的业绩，潘利建凭着对自己钟爱的环卫事业的追求，任劳任怨，埋头苦干，不怕脏和累，默默无闻地奉献着，把美好年华无私地奉献给了环卫事业，用真情实意、言传身教引导人们热爱自己的家园，用自己的工作在大街上谱写了一曲爱岗敬业者之歌。

【访谈时间】2020年1月17日

【访谈地点】北京市

【访谈对象】潘利建

【整 理 人】武　唯　张赢方

秦青：
认真细腻、极富魅力的青年花艺师冠军

人物简介

秦青，男，1986年生，广西灵川县人，资深婚礼花艺师，现任桂林市金大职业培训学校花艺教师。

人物故事

2006年，秦青踏入了花艺行业。当时，花艺师的职业影响力和认可度并不高，而且非常考验耐心和手工的细腻，身为男性的秦青并没有什么优势，但他依然坚定自己的选择，在花艺创作上摸索前行，一步一个脚印，坚守着他的梦想。

对于花艺师来说，看似简单的操作背后大有学问，色彩搭配、花材寓意、摆放比例，都颇有讲究。秦青系统学习花艺知识，不断钻研，反复雕琢自己的作品，细微的手工活也做得越来越得心应手，也因此积累了丰富的工作经验和操作技能。

2008年，秦青结合婚礼花艺的特性，探索出了自己的独特风格。担任嘉禾城百万级别的户外鲜花婚礼花艺总监时，秦青首次挑战高空吊顶花艺。为保证团队的安全，他亲自做危险的细节工作，对于遇到的各种困难，他都能利用自己积累的花艺知识和专业素养妥善处理，最终圆满完成了这场大制作大规模的花艺执行工作，并且得到了主办方的赞扬。

为了提升自己的能力，秦青还到长沙、成都等地参加各种花艺分享活动和婚礼行业高峰论坛，虚心向行业内优秀的花艺师请教学习，并结合桂林的山水风景和人文气质，形成了自身清秀淡雅的花艺风格。

授人以鱼不如授人以渔，秦青除了注重自身综合素质的提升，也乐于与人分享自己的业务专长。他利用工作之余，兼职担任培训学校花艺教师，毫无保留地将自己多年积累的插花经验和个人收藏的插花资料传授给学员，累计为3 000多名学员讲授了家庭花艺课程，培养了大量的花艺专业人才。

2020年，秦青更是作为第一届花卉苗木交易会插花展馆特邀花艺设计师、花艺表演艺术家，多次到职业院校给学生传授花艺制作知识。他在花艺事业上默默耕耘着，为花艺事业的发扬光大做着传帮带的工作。从事花艺行业多年，秦青积累了丰富的婚礼宴会、品牌活动、花店营销管理的花艺经验，他擅长运用花艺视觉色彩搭配、空间设计，其设计理念新颖独特，手法细腻，风格多变，能够赋予作品灵魂。秦青扎实的花艺技术基础、对细节的精益求精和极富魅力的个人影响力，使他在花艺行业内享有盛誉。

【访谈时间】2020年2月21日
【访谈地点】北京市
【访谈对象】秦　青
【整 理 人】武　唯　张赢方

许泽星：
中邮的快递"火炬手"

人物简介

许泽星，男，1977年生，河南省太康县高贤乡漳西行政村人，现为中国邮政集团有限公司百色市分公司城区事业部揽投员。

人物故事

许泽星是广西百色一名普通的邮政快递员，2013年进入邮政企业工作以来，他爱岗敬业，任劳任怨，以"优质服务、用户满意"为己任，按规定的时限、频次，迅速、准确、安全地将各类邮件送到顾客的手中，多年如一日地做着自己的本职工作，在平凡的岗位上干出了不平凡的业绩，赢得了用户和同事的一致好评。

许泽星是一位爱岗敬业的好员工，他自觉遵守公司各项规章制度，自觉维护公司良好形象，注重服务用语，上班时间严格按照标准着装，不迟到、不早退。他的投递片区主要涉及近300家单位和右江区四塘镇、村屯居民邮件，每天出班两个频次，上下午各一次，每天开车往返行驶路程超过100公里，每天投递邮件都在 200 件以上，揽收邮件也在 40 件左右，从来没有请过事假。

许泽星在平凡的岗位上默默无闻地忙碌着，每天为客户派送取件，辛苦奔波于城市的大街小巷。在他看来，快递员不只是把快件交给收件人然后说声"再见"那么简单，很多时候他们都需要与客户沟通，"客户真的满意了，我们的工作才是真的做到位了"！

每当夜幕降临，便是许泽星和千千万万揽投员开始上岗的时候，太阳升起，当人们准备开始一天的行程时，他们才能归家休息。尤其是快件高峰期，他们每天的工作时间经常超过 12 个小时，但许泽星从不抱怨，他觉得他多干点、干快点，货物越早分拣完，客户就能越早顺利收到快件，他们的工作也算是有个圆满的结尾。许泽星因出色的工作，曾获得 2017 年度"广西邮政速递物流系统揽投先锋"和"双十一"旺季优秀个人、2019 年度百色邮政企业"十大榜样"人物等荣誉称号。

2019 年 10 月，许泽星当选十四届广西区运动会百色赛区 31 棒火炬手，他说："当选火炬手不仅是我个人的荣誉，更是全区数万名快递员的骄傲，同时也是区、市总工会对快递从业人员的关心和重视。"

2020 年年初，全国抗击新冠肺炎疫情，各地抗疫物资紧缺，许泽星守土有责，坚守岗位。他加班加点，认真按照防疫要求，每天坚持做好车辆消毒，并及时将各种急需物资快速收发配送到居民手中。除了做好本职工作外，许泽星还积极参与教育部门停课不停学的行动，下班后主动协助有关部门将所需教材直接打包送到学生家里。

选择快递行业易，坚守这份事业难。许泽星用自己的实际行动诠释了一个快递人的责任与担当。

【访谈时间】2020 年 2 月 9 日
【访谈地点】北京市
【访谈对象】许泽星
【整 理 人】武　唯　张赢方

杨燕珊：
家政行业的"巾帼标兵"

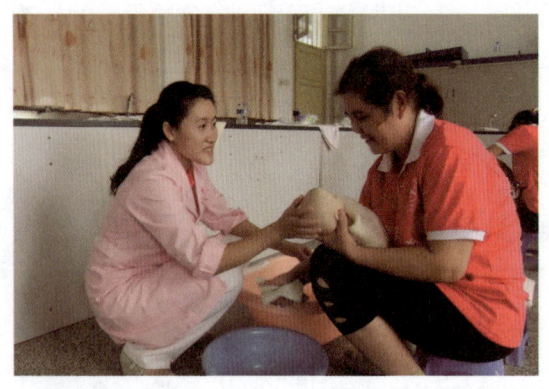

人物简介

杨燕珊，女，1986年生，广西贵港市平南县大洲镇大洲村人，现任广西壮家女家庭服务有限公司育婴培训师。

人物故事

杨燕珊毕业于广西妇幼保健院附设卫校助产专业，于2009年参加广西"八桂月嫂"育婴师培训班，顺利考取了中级育婴师职业资格证，开启了她的育婴师生涯。到客户家服务，除了用科学的方法护理产妇和宝宝外，杨燕珊还很注重宝宝的早期智力开发，通过与宝宝做亲子游戏等方式，让宝宝在玩的过程中学习与成长。

扎实的护理知识、娴熟的护理技巧以及良好的服务态度，让杨燕珊很快获得客户的认可和赞誉。2015年，杨燕珊当上了广西壮家女家庭服务有限公司的培训师，任职期间，她培养了一批批家政业务精英，他们多次参赛，均获得了优异的成绩。

2016年到2019年，杨燕珊到贫困村开展养老护理、产后康复、育儿等公益培训，共培训贫困农民工养老护理员300多人、产后康复技师200多人和育儿嫂200多人。通过公益培训出来的贫困农民工，由广西八桂女子就业服务中心推荐到广西江滨医院、广西工人医院、广西妇产医院、广西妇幼保健医院等做陪护，还有的被推荐到香港从事养老护理工作。

2020年新冠肺炎疫情发生后，杨燕珊更是勇于担当，主动加入金洲社区抗疫党员服务队，为封控隔离小区提供代购代送服务，为受困于疫情的社区居民提供必要的帮助。她还带领其他老师开通了小儿推拿、产康、育儿等线上视频课程。她的无私付出得到了青秀区委组织部的表扬，广西广播电视台也对其事迹在抗疫专题中做了专门报道。

从事家政行业10余年，杨燕珊付出了很多，也收获了很多，她获得了"南宁市五一劳动奖章""优秀家庭服务员""广西五一巾帼标兵""广西五一劳动奖章""全国五一巾帼标兵""南宁市技术能手""广西技术能手"等荣誉。她意志坚定，工作努力，勤于钻研，精益求精。经过多年磨砺，她已经成长为一名优秀的家政技能人才，成了家政行业的典型代表。

【访谈时间】2020年2月17日
【访谈地点】北京市
【访谈对象】杨燕珊
【整 理 人】武　唯　张赢方

张源：
以路为业，以班为家

人物简介

张源，女，1970年生，广西桂林市阳朔县高田镇都根村人，现任桂林市城区公路中心养护站养护道班班长。

人物故事

张源是桂林市城区公路中心养护道班班长，她以路为业，以班为家，爱岗敬业，扎实苦干。每个清晨，她都会抢在别人上班之前赶到自己的工作岗位，提前做好一天工作的准备；而当一天工作结束之时，她总是最后一个离开。她从参加工作就一直保持着这个习惯，春夏秋冬，寒来暑往，数十年如一日从未中断。

夏天，在高达 36 ℃的气温下，张源脚踩着发烫的路面，挥动锄头、铁铲，挥汗如雨努力工作；冬天，刺骨的寒风常把她的双手、双脚、耳朵冻裂，黑紫的血水不时地从伤口流出，可她仍然无怨无悔地坚持着。每逢汛期，考虑到脆弱的公路随时都有可能被洪水肆虐，她坚持"三雨上路"，对出现水毁和翻浆路段、险桥等路面及时进行应急工作布置；对公路堆积物、路障等做到每日早、中、晚巡查清理，防止事故的发生。到目前为止，她所管养的路段未发生过任何安全事故。

为使公路保持"畅、洁、绿、美、安"，张源坚持每天进行一次全面清扫，组织多次巡查，经常对水沟进行清理，按时对路肩进行平整，每年两次路树刷白，及时修补路面出现的损坏地方。在她的带领下，班组能够优质高效地完成各项工作任务，实现了路肩整洁、水沟顺适、边坡整修的高标准化养护，优美的通车环境受到上级领导和群众的称赞。

当养护工难，当女养护工更难。护路工作是一项又苦又累的体力活，常常是"晴天一身灰，雨天一身泥"，可张源有股不服输的劲头，她从不向困难低头，凭着自己赤诚的奉献精神，顽强地追求着自己的事业。工作中，她虚心好学，不断探索，努力提高自己的养护水平。长久的工作使张源的手常常磨出水泡，泡又磨出血，双手结了厚厚的老茧，但她从未叫苦叫累，总是圆满完成所有任务。

张源一直默默无闻地奋战在养护一线，数十年如一日地在公路上锄、修、铲、扫，尽职尽责，吃苦耐劳，敢打敢拼，带领班组其他人员，把全部心血、汗水都倾注在公路养护事业上，创造了不平凡的成绩，也在班组中起到了很好的带头示范作用，成为桂林市城区公路中心养护道班的模范班长。她 2011 年被评为桂林市交通运输系统"十佳养护工"，2013 年获得"五一劳动奖章"。

【访谈时间】2020 年 2 月 8 日
【访谈地点】北京市
【访谈对象】张　源
【整 理 人】武　唯　张赢方

邓源俭：
"最美家政人"的逆袭人生

人物简介

邓源俭，女，党员，1973年生，广西钦州市灵山县檀圩镇四联村人，现为广西八桂女子就业服务中心妇幼保健员。

人物故事

邓源俭本是一个普通的农家妇女，但家庭的突然变故，让她走上了不同的人生道路。2005年，邓源俭的丈夫因病去世，家庭陷入困境。为担负起养育子女和赡养老人的重担，邓源俭毅然选择了进城务工。经人介绍，邓源俭来到南宁，参加八桂月嫂培训班学习。后经广西壮家女家庭服务有限公司推荐，邓源俭做起了月嫂，从此走上家政之路。

邓源俭的第一次上岗可谓"出师不利"。因她普通话夹方言太严重，雇主怕影响到小孩，没几天就把她辞退了。邓源俭没有灰心，决心把普通话练好。从此她逢人就用普通话交谈，说得不好就叫对方帮忙纠正。慢慢地，她的普通话有了明显进步。在公司的推荐下，她又接到第二单活——照顾一对早产的龙凤胎。在邓源俭精心护理下，4个月后，出生时加起来不到3公斤的龙凤胎各自长到了6公斤。

邓源俭对护理过的每个小宝宝都视同己出，细心照顾，科学喂养。她精湛的护理技能和良好的服务态度获得了雇主的高度认可。如今她的工资也由原来的几百块涨到15 000元，实现了脱贫致富。她的努力，也使她获得不少荣誉："全国优秀农民工""全国家庭服务业优秀服务工作者""全国五一劳动奖章""超级保姆""最美家政人"等。

【访谈时间】2021年1月16日
【访谈地点】广西南宁市
【访谈对象】邓源俭
【整 理 人】王　睿

潘彩珍：
从农民工到企业高管

> **人物简介**
>
> 潘彩珍，女，1971年生，广西桂平市中沙镇沙田表屯人，现任广西源安堂药业有限公司高管。

> **人物故事**

潘彩珍出生在广西边远山区大容山脚下，祖辈都是农民，家中有兄弟姐妹6人。由于家境贫寒，潘彩珍读完初中就辍学了。1991年，潘彩珍进入广西源安堂药业有限公司工作。她边工作边学习，一步步从一名普通生产线工人到如今的企业管理者。

1993—2000年，潘彩珍担任车间主任，针对当时公司药液灌装设备落后、灌装时常有药液溢出造成浪费的问题，提出了改进灌装设备的方案，不但降低了药业单瓶装量的误差率，同时也有效避免了药液溢出造成的浪费，每年为企业节约 30 多万元，获得了公司 QC 成果奖。2008 年，她还获评"全国优秀农民工"。

潘彩珍所在企业有员工 500 人，其中 90% 是女员工，潘彩珍兼任公司妇女主任。潘彩珍除了安排好女员工的工作，还细心照顾她们的日常生活。30 年来，潘彩珍发动员工助贫济困捐款累计 20 万元，帮助困难员工 40 人。

2020 年，为了抗击新冠肺炎疫情，潘彩珍组织员工，快速配合公司加班生产消毒液 53 856 瓶，总价值 60 多万元，全部捐赠给重灾区和周边地区。

工作 30 年，潘彩珍的工资从最初的 27 元，涨到现在的 4 000 多元。在她的支持下，家里培养出 3 个大学生。如今有房有车的潘彩珍一家，生活很幸福。

【访谈时间】2021 年 1 月 16 日
【访谈地点】广西贵港市
【访谈对象】潘彩珍
【整 理 人】王　睿

岑龙猛：
搬出深山"拔穷根"

人物简介

岑龙猛，男，贵州黔南州独山县上司镇学庄村人，现任贵阳螺鼎记螺蛳粉店店长。

人物故事

岑龙猛老家在独山县上司镇学庄村大元组，那里地处偏远，交通条件落后，家中土地又少，发展无门，一直以来，家庭生计维持艰难。更难的是，因为家中兄弟较多，岑龙猛家的住房十分紧张，一家人挤在破旧的老木房当中，生活窘迫之余，岑龙猛也感到十分羞愧。

2014年，经申请、组内评选和村内公示，岑龙猛成了一名建档立卡贫困户，得到了众多扶贫干部的大力帮扶，享受到了许多国家扶贫政策。

首先是住房问题。当干部们了解到他家住房紧张,就向岑龙猛宣传了易地扶贫搬迁的好政策。能在县城免费拿房,这是他从来都不敢想的大好事,既不用花费一分钱,还能解决困境,岑龙猛立马就到村里报了名。

2018年,岑龙猛一家搬进了独山县鄢家山安置区宽敞明亮的楼房里,有了独立的厨房、大气的客厅,几个兄弟再也不用挤在一栋老房子里了,而且离独山县城近,生活上也便利了许多。

搬到了安置区,岑龙猛和妻子一开始很迷茫,不知道自己会干什么、该干什么、能干什么,有点手足无措。这时,社区和帮扶干部来到了他们家,在了解他们家的处境和就业意愿后,帮助他的妻子申请了楼栋长这一岗位,每个月都有固定的收入,这也解决了家里的燃眉之急。

后来,岑龙猛也有了自己的打算,想要外出创业。当把这一想法告诉帮扶干部后,帮扶干部就立即帮岑龙猛找到了路子,介绍岑龙猛到贵阳的一家螺蛳粉店当学徒工。

转眼两年过去了,这两年,岑龙猛在店里认真干活、努力学习,兢兢业业地做好每一件事,渐渐掌握了螺蛳粉的制作技术,他也从学徒工升到了店长,一家人的生活越来越好。

"有了好日子依然不忘党恩,这一切的改变,都要感谢党和国家的好政策支持,让我和家人住上了安全宽敞的房屋,让我在创业路上无后顾之忧,也让我更加坚定了依靠自己双手脱贫致富的信心。"岑龙猛说。

如今,对于未来的事业,岑龙猛也有了具体的规划,接下来,他想辞去店长职务,继续努力,自主创业,开一家属于自己的螺蛳粉店。

【访谈时间】2020年10月
【访谈地点】贵州省贵阳市
【访谈对象】岑龙猛
【整 理 人】彭小燕

郑义超：
苦尽甘来感党恩

人物简介

郑义超，男，贵州遵义市绥阳县洋川街道民兴村人，自学挖掘机技术改善生活。

人物故事

2011年，郑义超妻子陈光群生下女儿郑美榕后，身体出现了肌肉型死亡，后被确诊为股骨头坏死，导致瘫痪，从此卧病在床，一躺就是6年。妻子生病后，郑义超先是花光了家里所有的钱给她治病，然后又卖掉了在县城边上的一套房子继续医治，那时，多的时候一个月要花4 000元医药费，少的时候也要 2 000 元。原本还算小康的家庭因为妻子的倒下越来越困难。

在郑义超走投无路之际，村委会及时伸出了援手，在详细了解郑义超家庭的困难后，把他们家认定为建档立卡贫困户，开展精准扶贫工作。

那以后，不管是帮扶干部还是村委会干部，都时常到郑义超家，详细了解孩子上学的教育补助是否到位、妻子到医院医治的报销是否到位、家庭是否还有其他困难等。当了解到他妻子的病只是吃药治不好而必须动手术时，村委会及时联系医院，详细了解手术经费和报销金额等，安排郑义超妻子到医院做股骨头坏死置换手术，并且不用先交住院押金，出院结账后再付钱。家里的钱不够手术费，村委会干部的帮助又解了他的燃眉之急。随后，妻子的手术得以顺利进行，医保还报销了 9 万多元。

现在，妻子的病情一天天好转，已能下床慢慢走动了，还有两位家庭医生也经常上门来给妻子检查身体；孩子上学基本不花钱，每学期成绩都拿第一；郑义超自己学习了挖掘机技术，日子一天天好起来了。

"感激之心无以言表。是党和国家的政策以及帮扶干部的关怀与帮助让我们家庭度过了最难的时光，今年年初，我给村里送去了感恩锦旗聊表心意。我也相信，在国家这么好的政策下，在今后的生活中，通过自己的双手，我一定能让生活越来越好！"郑义超感慨道。

【访谈时间】2020 年 12 月
【访谈地点】贵州省遵义市绥阳县
【访谈对象】郑义超
【整 理 人】潘树涛

曾羽：
只有努力才能改变，只要努力就能改变

人物简介

曾羽，女，1986年生，海南省澄迈县老城镇东水港村人，现任海南航空控股股份有限公司项目主管。

人物故事

高考当天，曾羽的爷爷肝癌晚期住院，不久便撒手人寰，高昂的医疗费用让本就贫困的家庭雪上加霜。她凭借着贫困救助奖学金和亲戚的接济读完大学，毕业后的第一份工作是广告公司的行政助理，一个月1 200元的工资，交了房租后，生活过得很是拮据。那时候曾羽和妹妹挤在不足20平方米的平房里，夏天闷热，冬天寒冷。

2011年，曾羽偶然看到海航招聘客服，经过多轮面试终于被录用。万事开头难，复杂的指令代码和高要求的服务标准，让初涉民航业的曾羽在第一个月的绩效考核中排名末位，但是曾羽没有气馁，而是迎难而上，越挫越勇，在第二个月的考核中名列第一，并积极表现，成功入选公司级青年人才培养计划，凭着扎实的业务能力，获得公司"董事长基金奖—业绩明星奖""服务技能竞赛优秀个人奖"。

2013年至2019年，她连续7年年终考核均是优秀良好，在现场主管休假期间，临时受命暂代现场主管一职，更是因其表现优异，于2017年定岗为客服主管。因业务扎实，做事认真负责，技能全面，她同年被外派到广州分中心筹建国际线项目。

加入海航8年，曾羽一家人彻底摆脱了拮据的生活，日子过得顺风顺水，但是她依然不断地学习进步，积极主动参加公司内外的各项培训来充实自己，于2019年3月报名参加PMP美国项目管理师考试并于同年6月高分通过考试获得PMP美国项目管理师证书。天道酬勤，厚积薄发的曾羽2020年在公司的项目主管竞聘中胜出，升任项目主管一职。相信在未来的日子，她会一如既往地继续奋斗，为了更好的明天，做个努力奋斗的逐梦者。

【访谈时间】2021年2月
【访谈地点】海南省海口市
【访谈对象】曾　羽
【整 理 人】曾　羽

崔艳霞：
在老人笑容中寻找自身价值

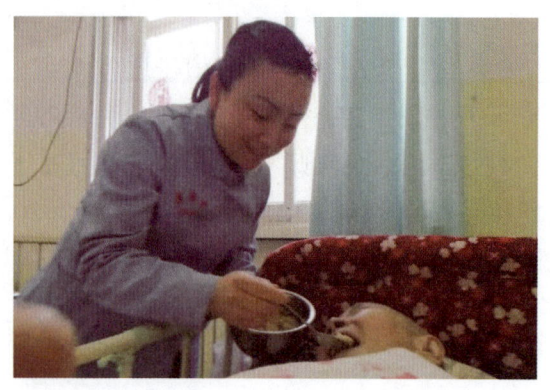

🟢 人物简介

崔艳霞，女，1982年生，河北省保定市涞水县永阳镇人，现就职于保定市莲池区康寿园老年公寓。

🟢 人物故事

2002年，体重只有86斤的崔艳霞走进康寿园老年公寓，成为一名养老护理员。崔艳霞说："眼前一位位失能失智的老人，由于脑血管疾病，苍老的面孔上不对称的双眼，两个不在一条平行线上的嘴角，时不时会有无法自控的口腔分泌物流出。患病后的老人，大小便失禁，躺在病床上只能眼睛一眨不眨地望着天花板，由于病痛的折磨还会时不时发出呻吟。作为一名养老护理员，心理承受能力是第一步，我们不能因为他们不再美丽的五官而害怕，不能因为他们口角眼鼻的分泌物而反感，不能因为他们无法自控的大小便而嫌弃，不能因为他们失控的情绪而焦虑。"在这样的环境下，她留了下来，每天细心照顾老人的生活起居。老人笑了，她也笑了。老人的笑，是因为得到了关爱与关注，是满意的笑；她的笑，是因为自己的付出，在老人的笑容中她找到了自身的价值。

2011年，由于护理人员紧缺，崔艳霞的爱人也来到康寿园老年公寓工作，他们护理过的老人有上百人，护理范围从自理、半护到全护、气切。同时，他们还在养老院边工作边带孩子。"六一"儿童节那天，康寿园老年公寓举办了一场特殊的文艺活动，最让人潸然泪下的一个节目就是几个孩子朗诵的《养老院里长大的孩子们》。这些孩子中就有崔艳霞的一儿一女，当孩子深情朗诵时，崔艳霞不禁流下热泪，内心有种酸楚，更有种对孩子的亏欠。

2012年，由于忙于工作，崔艳霞半年没有回家看望父母。在7月的某天晚上，她突然接到了父亲溺水身亡的消息，那种突然、那种再也无法弥补的孝敬是她一生的痛，也让她真正体会到"子欲养而亲不待"的真正含义。处理完父亲的丧事，他们夫妻又回到了工作岗位。有一位老人拉着她的手说："小崔，不要太伤心难过，一个人能够为自己的父母尽孝是人，能够为别人的父母尽孝是神。"老人的话让她深受感动和鼓舞。

崔艳霞在2016年首届京津冀养老服务职业大赛中获得一等奖，2018年在河北省巾帼家政服务职业大赛中获得养老护理员技能比赛第一名和在河北省家庭服务职业技能大赛中获得养老护理员技能比赛第一名；2018年，她还荣获了河北省五一劳动奖章。

【访谈时间】2021年1月28日
【访谈地点】北京市
【访谈对象】崔艳霞
【整 理 人】白 阳

牛三东：
用实际行动诠释本色

人物简介

牛三东，男，党员，1975年生，河北省石家庄市平山县大吾乡人，现就职于中军军弘保安服务有限公司。

人物故事

26载保安生涯，牛三东始终保持着执着、敬业、奉献的精神，用热情的服务、踏实的作风，做出了不平凡的业绩。首都的每一次重大活动，都有他无怨无悔的付出，他多次带领保安队员参加奥运会、残奥会、G20峰会、一带一路国际高峰论坛、国庆60周年、党的十九大、新中国成立70周年庆典阅兵等重大活动的安全保卫工作。26年间，他累计参加各类大型勤务安保

1 350 余次，处置突发事件 70 余次。牛三东早已把首都作为自己的"第二故乡"，在首都经济建设中发挥了积极作用。

26 年的保安工作，牛三东没有故步自封，利用工作之余，他刻苦学习，获得了中央党校函授学院经济管理大专毕业证书，并先后取得企业人力资源管理师一级证书、安全防范设计评估师一级证书、专业技术人才知识更新工程项目经理证书。在成长为项目经理之后，他在公司提出"7×24 小时在线，3 分钟响应"的建议，只要客户有需求，3 分钟内必回复，目的就是提高保安服务质量，改善响应速度。多年来，他带领的保安队先后荣立集体三等功 6 次、二等功 3 次，被总公司授予"群众满意、客户满意"保安示范岗、"十强保安队"和"企业管理年先进保安班队"等多个荣誉称号。

2008 年奥运会期间，有一场在他负责安保的场馆举行的比赛，由于裁判改判成绩，现场观众情绪异常激动，希腊运动员 5 名家属对裁判判罚结果不满，向竞赛场地扔东西，并企图跳下看台阻止比赛，牛三东及时带领场内值勤人员上前制止，配合工作人员不断安抚运动员家属，及时化解了危机并迅速恢复了正常赛事，展现了临危不惧、冲锋在前的精神品质，他的冷静和果断得到了奥组委的高度赞扬。

牛三东积极参与公益事业，先后拿出 3 万余元资助了近 30 名贫困地区失学儿童和贫困大学生。他还积极参与"爱的教育校园行""有爱无疾肿瘤救助""许孩子一个光明未来""博爱助学计划""帮助困境儿童上好学"等各类公益项目 30 余个，累计捐款 130 余次。

牛三东数十载辛苦耕耘，浇灌出丰硕的人生果实。他用实际行动诠释了一名保安忠于党和国家以及人民的政治本色。

【访谈时间】2021 年 1 月 20 日
【访谈地点】北京市
【访谈对象】牛三东
【整 理 人】白 阳

周弘：
带领乡亲们过上好日子

人物简介

周弘，女，1979年生，河北省承德县刘杖子乡人，现任承德县旭日职业培训学校校长。

人物故事

为了能够替家里挑起生活的重担，刚刚初中毕业的周弘，放弃了学业，与同村的两个小姐妹一起，到外地去打工。她在饭店里当过服务员、端过盘子，在服装店当过售货员，在小旅店里搞过卫生……但是，她始终没有放下书本，每天利用休息时间学习自修课程。2003年7月，周弘通过应聘，就职于天津一家旅游服务公司。对于这份来之不易的工作，她异常珍惜，工作勤勤恳恳、兢兢业业，努力提高自己的业务水平和工作技能，而且一干就是10年。10年中，她不断努力，不断拼搏，不断超越自己，不但自学了经济管理大专课程，而且从一个小职员成长为部门主管，从部门主管再到分公司经理，并且先后在天津、北京、西安、长春、乌鲁木齐等多个分公司从事管理工作。

2013年年初，周弘毅然放弃了高薪的白领生活，重新回到了生她养她的家乡，创办了承德县舜易月嫂家政服务有限责任公司，主要从事养老护理、月嫂和家政服务。她始终坚持"以人为本、以客为尊、卓越服务"的经营理念，把工作"落小、落细、落实"，先后培训家政类服务人员2 800余人，就业率达70%以上，就业地点从最初的县域内，发展到外县、承德市及北京、天津等地。

2017年，为了解决农村富余劳动力就业问题，周弘响应政府号召，多方筹集30余万元申请成立了承德县就业定点培训机构——承德县旭日职业培训学校。学校和公司有机结合在一起，不但保质保量进行培训，还解决就业。自培训学校成立以来，2018年，完成天津对口帮扶培训任务201人，就业144人，就业率达72%；完成再就业技能培训任务157人，就业142人，就业率高达90.4%；完成农村劳动力就地就近转移培训工程任务81人，81人全部实现就业，就业率100%。2019年，承担当地人社局培训任务811人，培训后就业745人，就业率92%，开展创业培训48人。2020年，完成技能提升培训800余人次，就业率70%。

从一个农村打工妹，成长为一家培训学校的校长，一路走来，周弘认为这一切都源于党的好政策和政府的大力帮扶。2021年，她在村党支部书记和老党员的帮助下，写下了《入党申请书》，成为一名入党积极分子，她要努力和先进党员一样，带领乡亲们过上好日子！

【访谈时间】2021年1月22日
【访谈地点】北京市
【访谈对象】周　弘
【整理人】白　阳

孙秀英：
最美家政服务员

🟢 人物简介

孙秀英，女，1967年生，黑龙江省嫩江县人，现任阿姨来了家政公司黑龙江同乡会副会长。

🟢 人物故事

孙秀英来自黑龙江省嫩江县一个偏远的小山村，是一位普普通通的农村妇女。她原本有个幸福美满的家庭，却被一场交通事故彻底颠覆了，丈夫的离世让她痛苦不堪，做生意的失败和家乡洪水灾害，让这个家庭雪上加霜。

为了一心陪女儿上学，孙秀英放弃了做生意。2008年，女儿被重点高中录取了，这好事是别人家求之不得的，可是她却怎么都高兴不起来，手上的钱供孩子上学都花差不多了，高中学费没有着落，她发愁得晚上睡不着觉，偷偷地流泪。

无奈之下，孙秀英领着女儿到金店变卖了所有首饰，换成现金给女儿交了学费。懂事的女儿看见她的伤心，安慰道："妈妈你放心，你现在供我上学，将来我工作挣钱，一定都给你再买回来。"

虽然学费凑齐了，但是以后的生活还要继续，两个孩子每年的学费，以后上大学的费用，这些都需要单亲妈妈孙秀英来负担。于是她尝试着去家政公司找工作。

第一单是护老工作，工资800元，虽然少，但是她很高兴。因为在当时能有份工作就不错了，自己没有家政经验，想挣高工资很难。她对工作认真负责，每天早出晚归，照顾老人细致周到，雇主家人也都很喜欢她。谁知工作一周后，女儿放学哭着回家了，她很疑惑问起原因，女儿说："妈妈你打工可以，可是别去我同学家呀，多让人笑话，我在同学面前抬不起头来了。"

原来她打工的这家老人的孙子和女儿是同学，她诚恳地对孩子说："妈妈是靠双手，靠劳动挣钱，咱不丢人，在谁家都一样，只要我认真工作就好。"虽然嘴上这么说，但是她的心里在滴血。工作一个月后，她还是和雇主提出了下户，因为怕女儿心里不舒服，影响学习成绩。

之后孙秀英在朋友的劝说下学习做月嫂，月嫂工作虽然辛苦但是工资很高。于是孙秀英边工作边学习，每天直至深夜还在看书记笔记，最终她以第一名的成绩，通过了考试拿到月嫂证书。有了证书，她就正式开启了月嫂生活，而且一做就是5年，每年都连续接单，从来不休息。有了稳定的收入，家里的生活水平也在逐步提高。

2012年，为了见识更广阔的天地，也为了进一步改善家庭生活，孙秀英走出东北，走进北京，加入阿姨来了家政公司。

北京的家政服务员收入高，当然客户的要求也很高。孙秀英面对从未见过的电器有点发蒙，也曾着急得偷偷哭，后来女儿给她买了好多关于育儿方面的书籍，她就白天工作，晚上学习，虽然说辛苦点，但是心里挺充实。

阿姨来了旗下有一个培训品牌"阿姨大学"，为孙秀英提供了学习的机会，一休息她就马上赶往阿姨大学学习，每次都特别认真地记好笔记，回来反复看，有时还录点视频，不懂的地方就多看几遍。她清楚地认识到，知识是取之不尽的宝库，学习才是硬道理，要不断地给自己充电，与时俱进，活到老学到老。因此不管是收费课程还是免费课程，她都抢着报名，对她来说只要能搭上这班车，心里就特别高兴。

功夫不负有心人，孙秀英的付出也得到了回报，一名阿姨挣到了本科生的工资，从当年的三位数，一路涨了10倍以上，年薪已超过10万元。在家政行业摸爬滚打10多年，通过服务她让家庭彻底脱贫了，而且她还在河北固安买了属于自己的楼房，家都搬来了。2020年，她参与北京市最美家政服务员评选，成功上榜，被评为"2020年度北京市最美家政服务员"。

孙秀英对今后的生活充满了希望，她说："做家政我是认真的、负责任的，是家政改变了我的生活，改写了我的人生。我要把有限的精力投入无限的家政行业中去，发挥自己的余热，让自己老有所为！"

【访谈时间】2020年11月22日
【访谈地点】北京市
【访谈对象】孙秀英
【整 理 人】张园园

服务业 篇

向成桂：
向阳树木易为春，成桂盛开香满径

> 人物简介

向成桂，女，1982年生，湖北省恩施市崔坝镇班竹园村人，高级保育员、高级育婴师。

> 人物故事

我是穷苦人家出生的孩子，因为家族遗传的满头白发，又排行老幺，被人戏称为"白发魔女""白发老幺（妖）"。2007年，我嫁到恩施市舞阳办事处七里坪村，老公自幼丧母，靠吃百家饭长大，是村里出了名的贫困户，连租房子结婚的 2 000 元，都是他从同学那里借的。一年到头，全是靠着村里的接济。那时的我们在北门河坝当搬运工，夫妻俩一个月工资加到一起还不到 2 000 元，上有常年生病的老父亲，下有嗷嗷待哺的孩子，生活根本就过不下去。

一次偶然的机会，我接触到了家政行业。通过学习，我在 2016 年取得高级家政服务员证书，又于 2017 年取得了高级保育员、高级育婴师证书，正式步入了育婴、保育和家政保洁这一大范围的家政服务业，也同样步入了月薪 7 000 余元的收入群体。自己脱贫的同时，我也积极建议公司回馈社会。在人社局、妇联和各乡镇办事处的支持下，我和姐妹们在恩施、来凤等地举办了 300 多场技能培训。通过培训，吸纳所有考核合格的建档立卡贫困户就业，使得育婴师这一新型高收入职业在贫困地区逐渐被人们广泛认识。截至 2020 年 6 月，在我的鼓励和帮助下，共有建档立卡贫困户 151 人找到适合自己的工作，有近 30 名姐妹被评为金牌月嫂，年收入都在 10 万以上。

我和姐妹们还积极主动参与东西部协作劳务输出的国家扶贫项目，为贫困人口转移就业提供新的途径。2018 年 5 月，在恩施市人社局、市扶贫办及市妇联的组织下，我前往杭州对接了杭州 58 到家家政等对口帮扶企业。自 2018 年 5 月以来，往杭州定向输入家政服务人员近 300 人（其中建档立卡贫困户 80 余人）。这些务工人员的月收入最高的已达 1 万元。团队的事迹得到了有关部门和媒体的高度关注，各级领导先后到我们团队调研，均给予了高度肯定和赞赏。

实际工作中，针对从业人员如何应对工作区域和工作内容的巨大变化、如何应对千千万万个不同个性需求的家庭的问题，我提出了几点思考：一是了解贫困户劳动力的实际情况后匹配不同的帮扶方案和不同的面谈方式；二是确定帮扶方案后进行关怀式面谈；三是制式化常态学习培训；四是做好心理安抚和疏导。针对行业缺乏行为规范，我号召全州的家政服务公司使用国家信用体系数据库，发起并组织恩施市 70 余家家政企业成立了恩施市家政行业协会；义务协助恩施州总工会举办技能大赛，并在全省的技能大赛中取得二等奖。虽然通过劳务输出带动贫困户脱贫工作有些艰难，但我觉得非常有意义，因为这是自己回馈社会的一种方式。

"你若盛开，清风自来"，从贫困户到带领姐妹们致富的"领头雁"，我在追梦路上不停歇！

【访谈时间】2020年6月1日
【访谈方式】电　话
【访谈对象】向成桂
【整 理 人】贾东岚　蔡婧娟

曹志娟：
兢兢业业做物管

人物简介

曹志娟，女，1980年生，河南省开封市杞县葛岗镇郭寨村人，现为杞县天一物业管理服务有限公司物业管理员。

人物故事

2008年，中专毕业的曹志娟婉拒了家人及朋友的劝说，毅然决然地回到家乡，同年5月加入杞县第一家物业企业——杞县天一物业管理服务有限公司，在物业管理员岗位上一干就是12年。曹志娟坚持在平凡的岗位上努力工作，同时也不忘回报社会，积极参与慈善事业，对孤寡老人、孤儿等贫困户慷慨解囊，送米、送面，每年还拿出5 000元钱给予杞县高中贫困家庭的优秀学生作为助学奖励。

2020年春节期间,面对突如其来的新冠肺炎疫情,她响应公司号召,坚持"疫情就是命令,防控就是责任",从2020年1月26日(大年初二)接到公司通知后,曹志娟就投入工作,她还利用空余时间向小区居民送米、面、油、蔬菜、馒头等生活必需物资。当贫困户许长青接到曹志娟亲自送来的米、面、油、蔬菜时,双手颤抖,激动地流下了两行热泪:"谢谢,谢谢,这20多天多亏你了!"在公司的号召下,曹志娟还积极投入帮助农民工返岗复工工作中,跟随复工专车将200余名农民工先后送到工厂。已在家3个多月的苏丰友上车时含着眼泪说:"感谢曹姐帮我外出务工,我家里有三个孩子、两个老人,看着是帮我找到了工作,其实是救活了我们全家人啊!"

从加入公司以来,曹志娟在公司的带领下,积极开展助力脱贫行动,近年来在她的努力下,作为物业管理员的她帮扶了5户16人增收脱贫。

【访谈时间】2021年3月28日
【访谈方式】网　络
【访谈对象】曹志娟
【整 理 人】沐　阳

安登锋：
现实中的活雷锋

人物简介

安登锋，男，1983年生，甘肃省天水市秦州区华岐乡人，现就职于万国印务（北京）有限公司。

人物故事

安登锋16岁来北京打工，保洁、保安等苦活累活啥都干过。他工作尽职尽责，深受同事喜爱，经同事介绍踏入了印刷行业。刚入行的他不会操作机器，不认识纸张规格，对基本知识一无所知。凭着"比别人更努力、更吃苦、更好学、更优秀"的决心，他在上班时，虚心跟老师傅学习机械操作，下班后又认真学习机械理论知识，每天平均工作十三四个小时，不到一年的时间，逐渐成为公司主力员工。在厂里，安登锋就是随叫随到的好帮手，大家认为他就是现实中的活雷锋，亲切称他为"小安子"。

2011年3月，年仅28岁的安登锋跟别人合伙创办了万国印务（北京）有限公司，仍从事图文印刷行业。安登锋在打工创业成长的道路上，始终不忘帮助他人。工作中的他，从小事做起，帮助同事；生活中的他，顾大家舍小家，是正能量的集合体，帮邻居搬家、帮老人拿药、帮邻居接送孩子……帮助他人已经成为安登峰的习惯。

为了帮助本村乡亲尽快实现脱贫，安登锋深谙就业扶贫的道理，先后招用20余名老乡，亲自教技术、授业务。经过3年不懈努力，在安登锋亲自带领下，这些老乡员工逐渐成为公司骨干，依靠稳定可靠的收入摘掉了贫困户的帽子，实现彻底脱贫。

2019年，安登锋所在的公司与新疆墨玉县扎瓦镇缔结友好帮扶关系，开展商贸展销、农超对接等活动，共帮助该镇销售核桃、红枣2 000斤，折合人民币约25 000元。安登峰还对接扎瓦镇3户贫困家庭，连续3年进行帮扶，每年每户资助1 000元，尽自己最大努力帮助贫困地区群众。

2020年2月，安登锋一手抓疫情防控，一手抓企业安全生产，加强对返京复工人员的身体健康检测，加大对工作区与生活区的消杀工作，切实保障工作人员在疫情防控关键时期的安全。安登峰还免费为社区印刷疫情防控宣传单、海报、横幅等，支持社区疫情防控。当得知海淀区花园路街道月季园社区急需一批《疫情防控手册》时，他主动请缨提供印刷服务。在公司人员未到齐的情况下，安登峰带领员工日夜奋战，次日便把印刷的3 000本宣传手册交付使用。他说："这是一场没有硝烟的战争，我们要坚守防线，寒冬终将过去，春天一定会到来，胜利终将属于抗疫者。"

【访谈时间】2021年1月19日
【访谈地点】北京市
【访谈对象】安登锋
【整 理 人】白　阳

林国伟：
靠努力脱贫致富

人物简介

林国伟，男，1973年生，福建省莆田市荔城区西天尾镇溪白村人，现任闽安人力资源公司项目经理。

人物故事

林国伟出生在莆田一个小村庄，祖祖辈辈都是地道的农民，名副其实的贫困户。尽管家境贫寒，他仍坚持读完高中，但后面就没有继续求学。1992

年，林国伟成为啤酒厂的一名操作工。"一个月 110 元，拿到工资的那一刻，十分兴奋，不舍得买包烟，直接拿回家贴补家用。"那个时候的啤酒厂，生产条件有限，没有空调，没有风扇，夏天车间闷热难熬，时常中暑；冬天进入旺季，每日每夜的加班，深夜冷飕飕的寒风，南方都能让人起冻疮。

恶劣的环境没有打倒林国伟，为了尽早让家庭脱贫，他加倍认真工作，敬业的态度很快得到了经理的赏识，林国伟获得了去武汉学习的机会，武汉学成归来，林国伟的操作技能得到质的飞跃，月薪也从 110 元涨到了 200 元。

2013 年，林国伟加入闽安人力资源公司，担任项目主管。万事开头难，"当时刚从操作工转做项目主管，都不知道如何去管理员工，让员工服从你的安排，更不用提如何带领团队提高工作效率"。但是林国伟没有退缩，而是迎难而上，上班时，深入员工群体，及时帮助员工解决工作生活难题；下班后，学习管理知识，丰富自己的管理理念。久而久之，员工都十分认可这个主管，团结一心，林国伟带领的团队绩效连年排名公司第一，员工流失率每年基本控制在 3%，员工十分稳定。林国伟的管理方法和团队业绩，也深得公司领导的肯定。

2016 年，林国伟升任盐城项目经理，但是没想到，盐城项目条件十分艰苦。员工没有食堂宿舍，吃住都是问题；现场生产线陈旧，生产效率低下；甲方要求严苛，员工综合素质跟不上等。林国伟刚过去接任时，天天加班加点，一天睡不到 4 个小时，攻克一个一个难关，终于在半年后，项目顺利运作，得到甲方极大肯定。

加入公司 5 年，林国伟的收入大大提高，年收入差不多在 20 万元左右，培养自己的女儿考上了重点大学，实现了自己年轻时无法实现的学业梦，还在家里盖起了 3 层小楼房。贫困农村的穷小子，凭着自己的努力，吃苦耐劳，好学上进，从一名操作工做到今天的项目经理，全家脱贫进入了小康生活，如今，他已拥有自己的团队、不错的收入、幸福的家庭。

"未来，我将培养我的团队成员像我一样成为项目经理。"林国伟希望自己能够帮助更多的人，特别是像曾经的自己一样贫困的人，他相信贫困只是暂时的，只要肯努力，在努力中实现自我价值，就一定能够成就幸福人生，带领家人过上小康生活。

【访谈时间】2020年9月25日
【访谈地点】福建省福州市
【访谈对象】林国伟
【整 理 人】邓智斌

服务业 篇

杨婕：
幸福生活都是靠努力奋斗出来的

人物简介

杨婕，女，1983年生，宁夏银川市灵武市人，现任宁夏回族自治区亿美生物科技食堂厨师。

人物故事

杨婕出生在宁夏回族自治区一个普通的农民家庭，她小时候家境贫寒，初中毕业就开始在家里的面馆工作，没几年她便接受家里的安排，组成了自己的家庭。两个未经世事的年轻人在一起，日子过得也不尽如人意。开始时家里还养有两头牛，靠卖牛奶还能赚点生活费，可是好景不长，家里仅有的两头牛也不幸患病离她们而去，她们的日子因此一天不如一天。听说邻居家需要人帮忙，于是她决定去邻居家挤牛奶赚钱。可是一个月下来只能赚600多元，根本不够一家开销。后来经人介绍，她一边种地，一边在工地上做小工，虽然辛苦，但是收入多了起来。

2010年，村里土地整体流转，她有了更多的时间外出打工，在工地她学到了更多的技术，也因此抓住机会成为熟练工，工资大涨。虽然工地工资高，可是有个弊端，就是受天气影响太严重。天气暖和的时候还能多工作几天，一旦遇到刮风下雨就只能待在家里了。冬天太冷也完全不能开工，只能靠夏天赚的钱过日子。

2017年一次偶然的机会，她听说亿美生物科技有限公司正在招厨师，于是她勇敢去报了名，这一干就是好几年。工资虽不是很高，但也算有了稳定的经济来源，不用再为生计奔波。凭借夫妻二人的努力，家里的小日子好了起来。

"幸福都是奋斗出来的，只要肯努力，没有过不去的难关。"她笑意盈盈地说道。果然，善于抓住机遇，又肯下苦功的人，幸运之神都会眷顾的。

【访谈时间】2021年2月26日
【访谈地点】宁夏银川市
【访谈对象】杨　婕
【整 理 人】张欣怡

服务业 篇

马攀龙：
通过不断的努力奋斗获得幸福生活

人物简介

马攀龙，男，1974年生，宁夏银川市永宁县人。

人物故事

马攀龙出生在大西北黄土丘陵地带一个普通的农民家庭，父母亲都是农民，他又是家里的老大，为了家里的生计，还没上完小学的他就辍学在家务农。在帮父母务农几年后，马攀龙意识到这样的生活不是他所想的，马攀龙要让自己的家庭摆脱这种贫困的生活。1997年，为了更好的生活，为了改善家庭生活状况，马攀龙带着妻子和年幼的女儿来到闽宁镇，开始了他的脱贫之路。刚开始生活很窘迫，一间不足 20 平方米的土房子，身上不足 100 块的现金，有时候肚子都吃不饱，就这样一家三口紧张地生活着。

十多年来，马攀龙不停地在周边打零工，有时候一天在水泥厂能背完一百袋子水泥，尽管汗水早已浸湿了衣服，可是还在坚持。他也在砖厂拉过板车，在拉面店当过学徒，自己也种过蘑菇。为了生活，为了自己的家人，他一直在努力，慢慢地，他也盖上了属于自己的房子。

2018 年，当时他已经是四个孩子的父亲了，为了更好地解决孩子们的学费，他决定自己开一家饭馆，不过他什么都不会，只能去别人的店里面当学徒。几个月之后，自己的小饭店终于正式营业了。刚开始的时候他也不会经营，只能误打误撞，生意也不怎么好。慢慢地，他在成长中积累经验，生意也越来越好了。虽然他的文化程度不高，但他一直在学习，在进步。因为他相信幸福生活是奋斗出来的！

【访谈时间】2021 年 2 月 25 日
【访谈地点】宁夏银川市永宁县
【访谈对象】马攀龙
【整 理 人】马小芳

新业态篇

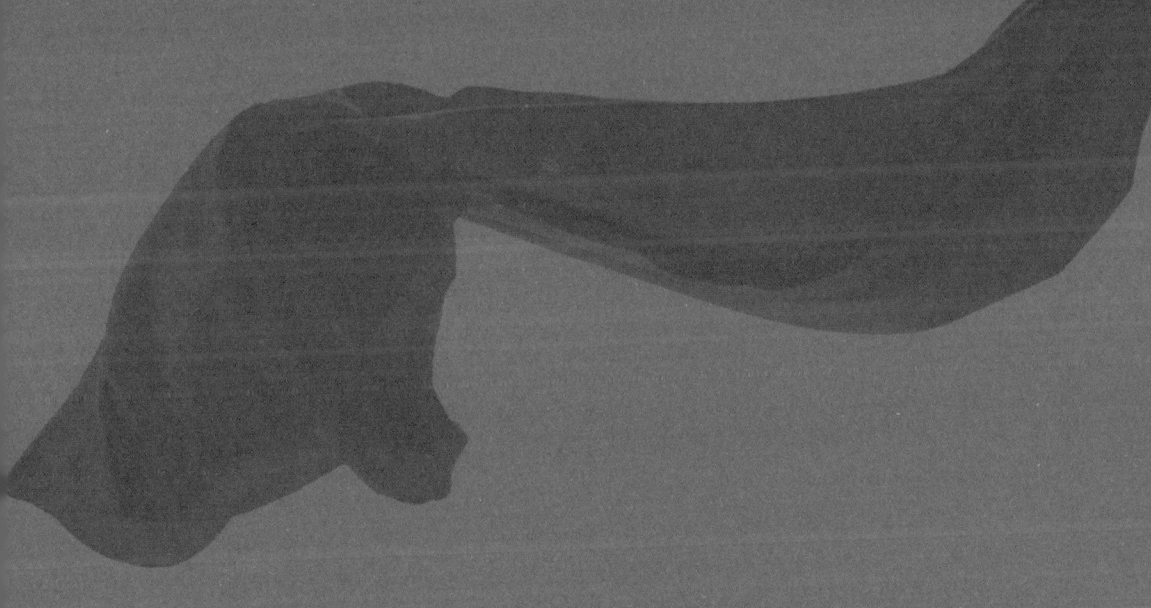

新业态 篇

管林：
搭建教育信息化高速公路

人物简介

管林，男，1973年生，江苏省淮安市金湖县金北乡人，大专学历，现就职于北京慧之源信息技术有限公司。

人物故事

由于家境贫寒，1994年高考落榜的管林，独自一人来到北京，开始了"北漂"生活。初来北京的他，靠着打零工、摆地摊维持生活，生活虽艰苦，但他不断告诫自己：努力拼搏，将来要在北京有一席之地。

从1998年开始，他利用打零工的空闲时间开始学习。三年时间他翻烂了十几本教材，做了五本厚厚的笔记。功夫不负有心人，2001年，他通过自学考试，取得了北京对外经济贸易大学的专科学历。

有了技术和学历，管林在2001年应聘到北京慧之源软件技术有限公司——一家从事中小学教育信息化的公司当基层销售。管林不怕吃苦，最累的活儿、最远的出差，他都主动承担，正是凭借踏实肯干的工作态度、一丝不苟的职业精神，管林多次被公司评为"先进个人"和"销售冠军"。

事业上取得成就的管林没有忘记自己儿时的贫穷，他想用实际行动帮助更多的人。

2014年，他在云南红河州元阳梯田风景区旅游，职业习惯让他走进了景区附近的两所学校，破旧的校舍、落后的教学条件、巨大的城乡教育差别让他内心无比难受。当晚他就和随行的红河电信的同志找到了红河教育局分管教育信息化的局长，提出为红河州建一条教育信息化高速公路，让贫困地区学生能听到一流名师的授课。回京后，管林立即召集相关人员研讨方案、分派任务，经过一年的辛苦努力，2015年红河州教育资源网开通了。

强烈的社会责任感驱使管林要把这件事在贫困地区继续做下去。继红河州之后，他组织公司力量相继在内蒙古、陕西等贫困地区免费为当地建设教育信息化高速公路，让那些落后地区的孩子们都能享受到名校教学资源，让孩子们对未来生活充满憧憬。

如今全国贫困地区有两万多所中小学、几百万名师生在使用他免费搭建的教育信息化高速公路。

【访谈时间】2021年2月28日
【访谈地点】北京市
【访谈对象】管　林
【整 理 人】白　阳

新业态 篇

杨文丽：
我愿做一颗小小螺丝钉

人物简介

杨文丽，女，满族，1982年生，河北省承德市围场县广发永乡人，高中文化，现就职于绿源永乐（北京）农业科技发展有限公司。

人物故事

由于家庭困难，再加上弟弟妹妹都在读书需要学费，已经拿到电子计算机专业录取通知书的杨文丽被迫辍学出门打工。杨文丽先后在天津的地毯厂和家具厂工作，分别从事地毯编织和家具组装工作，勤快好学的她很快就熟悉了工作流程，并能够按时按量完成工作任务。

2011年，杨文丽经人介绍进入绿源永乐（北京）农业科技发展有限公司。进入公司以后，杨文丽刻苦学习杏鲍菇种植技术。市场上需要的是形状好、口感脆嫩的杏鲍菇。可是传统的杏鲍菇种植技术一直面临无法有效控制菇蕾数量，进而控制菇体形状的难题。杨文丽看在眼里、急在心上。经过反复实验，她发明了一个可以控制杏鲍菇定点出菇和优化菇体形状的夹具，使杏鲍菇的产量和质量均得到了提升，公司经济效益明显好转。此项发明填补了国内杏鲍菇产业的一项技术空白，得到了业内人士的一致好评。

由于出色的工作表现，刚进入公司三个月的杨文丽便被提升为组长。面对新的管理岗位，对于只有高中文化程度的她来说是一个不小的挑战。杨文丽在工作之余努力学习管理知识。她认为管理并不是管人，而是协调人力资源，充分利用手中现有的资源做好车间的各项生产工作，正是在这种理念指导下，她将车间管理得井井有条。

杨文丽还热心帮助员工。2013年6月，一名员工的家属受伤住院，由于是外地人，这名员工面临的经济压力非常大。杨文丽得知这一情况后带头为该员工捐款，帮助其解了燃眉之急，使该员工感受到家一样的温暖。

杨文丽在做好本职工作的同时，积极协助公司相关部门，对当地有兴趣发展食用菌种植的农户进行技术扶持。她协助公司每年举办五六次专业技术讲座，制定科学有效的培训方案，编写简单易懂的培训教材，抓住关键、直击问题，取得了实用、简洁、高效的培训效果，使广大农户学到了知识、掌握了技能，为他们发家致富奠定了基础。她还积极介绍没有稳定工作的农民或失业人员来公司工作，几年来，她帮助了约90人次的农民工和失业人员进行了再就业。

【访谈时间】2020年12月12日
【访谈地点】北京市
【访谈对象】杨文丽
【整理人】白　阳

新业态 篇

陈丽华：
用一颗感恩的心温暖千万家

● 人物简介

陈丽华，女，1971年生，福建省建阳市书坊乡饶坝村人，现就职于福州市鼓楼区闽姐姐家庭服务有限公司。

● 人物故事

陈丽华来自一个小乡村。年轻的时候为了给家人更好的生活，不得不留下刚满月的儿子，与丈夫一起背井离乡到大城市去打拼，进入了裁缝这个行业，从一个学徒干起直到当上制衣厂的厂长。可惜好景不长，制衣厂因资金紧张被迫关闭，她也只能另寻出路。每当想放弃回家的时候，想到刚上中学的儿子她就只能把心里的苦压下去。之后她在其他制衣厂做临时工，日子过得紧紧巴巴的，就这样熬到孩子高中毕业上大学了，心里的大石头终于落下了。

在一次机遇巧合之下，陈丽华经人介绍加入了月嫂这个职业。一开始考虑到自己性格内向，不敢去挑战这一份新的工作，后来在家人支持下，她鼓足勇气开始了新的挑战。

刚从事这个陌生的职业，陈丽华啥也不会只能摸石头过河，好在老师们都很好，对她非常照顾，给予了她很多信心，再加上家人坚定不移的支持，让她勇气倍增。

俗话说，"万事开头难"，踏出第一步之后陈丽华也慢慢了解了这个职业，逐渐熟练掌握了月嫂的各项技能。看着一个又一个家庭在她的帮助下，宝宝健康成长，宝妈恢复得很好，她的心里充满了自豪、欣慰和斗志，继续坚持着学习，并成为闽姐姐家政的"钻石月嫂"。

从事月嫂这个职业只要肯吃苦肯钻研，每个月收入稳定在一万元左右不在话下，这份安定让陈丽华的家庭过上了幸福的生活，她也把这份幸福传递给每一位服务的客户，感恩每一位服务过的家庭。

工作虽然辛苦，但是过程总是不断有感动和惊喜，陈丽华分享了一件令她特别感动的事：一位宝妈在我的生日时为我精心准备了生日聚会，带着我去吃传说中的海底捞，当时给我惊喜的同时还把我的儿子约过来陪我一起过生日，我感动得热泪盈眶，感受到她们一家人对我满满的关心，这让我有更大的动力去坚持月嫂这份工作，我要把每一位客户当作家人去对待。身为月嫂，客户的信任就是我们最大的鼓励，我会更加努力用心对待每一位我的家人，让家人们放心地认可我。

【访谈时间】2020 年 11 月
【访谈地点】福建省福州市
【访谈对象】陈丽华
【整 理 人】张水香

陈香妹：
细致入微的好月嫂

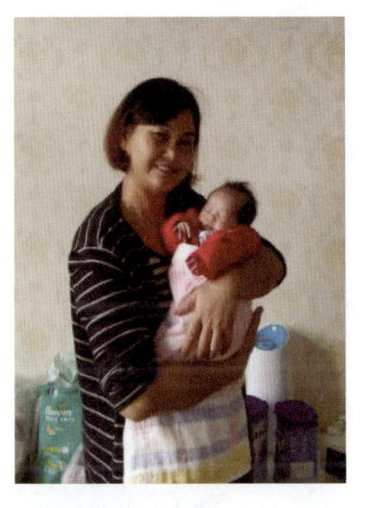

人物简介

陈香妹，女，1966年生，福建省平潭县流水镇大垱村人，现就职于平潭中青家政服务有限公司。

人物故事

陈香妹给人的第一印象是老实、话不多，但做事干净利索。2014年至今她一直从事月嫂工作。像她一样从村子里走出来的月嫂很多，但是能像她一样吃苦耐劳、细心敬业并热爱这个职业的人却不多。用她的话说："做月嫂就要像个管家一样，事无巨细，要有爱心、责任心，有专业的护理水平，外加大师级的厨艺、医生般的健康常识、老师一样的早教理念、心理专家一样的善解人意。"

工作中，陈香妹充满爱心、责任心，她乐于助人、善解人意，工作兢兢业业、胆大心细，获得客户的一致好评。曾经服务过的客户只要有相关的疑问和需要，她都能细心、耐心地解答。

在做月嫂的生涯中，陈香妹能尊重当地坐月子的风俗习惯，结合科学坐月子的理念，配合产妇家庭生活习惯，与客户和睦相处，因此获得了良好的口碑，带来的回头客数不胜数。同时，月嫂职业的高压也给她带来了高收入，最高一个月一两万元的收入水平比同年龄的姐妹们多好几倍，也令她走向了脱贫致富的道路。但她并没有安于现状，仍然不断提升自己，先后取得了母婴护理师中级、高级证书，并逐步将理论融于实践，成长为公司公认的"金牌月嫂"！

【访谈时间】2020年11月
【访谈地点】福建省平潭县
【访谈对象】陈香妹
【整 理 人】薛万航

新业态 篇

陈玉蕊：
科学育儿的践行者

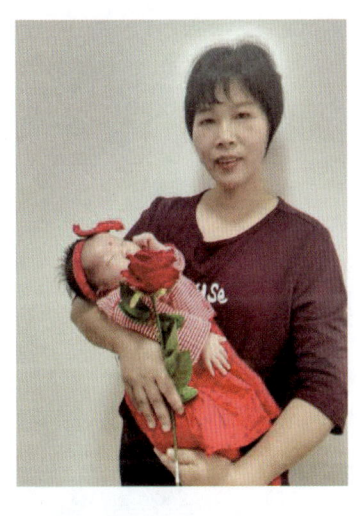

人物简介

陈玉蕊，女，1968年生，福建省莆田市秀屿区黄岐村人，现就职于莆田市凤凰家政服务有限公司。

人物故事

陈玉蕊涉足月嫂工作出于一次偶然的闲聊。闲聊中，她记住了这句话："工资不错，来钱也快，只要肯吃苦、肯努力、肯上进，想挣钱就不是难事。"在陈玉蕊看来，她有护理护士的经验，有医学基础，只要找个培训机构提升一下专业技能，肯定能胜任母婴护理工作。

有了这个想法，2017年，陈玉蕊找到一家家政公司进行专业技能培训。通过技能培训，她学会了宝宝的抚触、婴儿洗澡、被动操、排气操，以及宝妈的产后护理、开奶、催乳等护理技能。有了这些技能，再加上自己本身的医学知识，做起月嫂得心应手。

做月嫂的前几年，陈玉蕊像一个散兵游勇一般，在福州、厦门找工作。因为离家较远，有种"独在异乡为异客"的感觉。2018年，在一次公益培训后，她来到了莆田市凤凰家政服务有限公司。进入这家公司后，她感觉公司的气氛特别好，先是培训老师对员工呵护有加，经常关心员工的日常生活以及上户适应状况，让她逐渐有了归属感。下户后，员工还可以继续接受公司的课程培训，也可以跟姐妹们一起讨论交流，让技能得到提升，这使她在服务期间更加自信。公司还给陈玉蕊缴纳保险，让她上户更有保障，这让她特别感动。

现在的陈玉蕊，一年12个月的订单都是满满的，很多雇主一胎服务好后就直接预订了二胎，工资也水涨船高。陈玉蕊深知，一名合格的月嫂不但需要爱心、细心、耐心、专业心、责任心，还要有过硬的专业技能，学会沟通，不计较多做家务活。她说："看到那些刚刚出生的婴儿，那么的纯净，那样的可爱；看到宝宝一天天健康快乐地成长，所有的累也就值得了。"陈玉蕊一直乐此不疲地工作在母婴护理的实践最前沿。

"我觉得月嫂是一项光荣而神圣的职业，在亲戚朋友面前没有什么可避讳的。"陈玉蕊说，"我心里有种冲动，想大声说我是一名母婴护理师，我为我的工作感到骄傲、自豪！"

【访谈时间】2020年11月
【访谈地点】福建省莆田市
【访谈对象】陈玉蕊
【整 理 人】山 歌

新业态 篇

胡小凤：
保洁行业的一缕清风

人物简介

胡小凤，女，1990年生，福建省长汀县新桥镇石人村人，现就职于龙岩龙慷家政服务有限公司。

人物故事

胡小凤于2015年加入龙岩龙慷家政服务有限公司，是公司最年轻的保洁师。从业近六年，先后服务了大量的企事业单位和个人用户，从一名普通保洁师晋升为公司管理层。

这期间她从事了大量的家政服务工作，以真诚服务赢得了用户的一致好评。她把学习家政理论、掌握家政服务技能当作合格家政员的根本，把培训新人、增加妇女就业机会视为己任。参加培训时，她总是如饥似渴地听讲，不停地记笔记、写心得、求实践；给新员工培训，她用通俗易懂的表达方式，为文化程度低的学员反复讲解重点，手把手模拟实操。在为公司培育了大批优秀家政员的同时，她自身的职业技能和素养也得到了飞速提升，并考取了育婴员五级证书和母婴高级护理证书。

在工作中，胡小凤始终奉行"以爱起航，良心为伴，用爱做好良心活"的宗旨，坚持"客户至上，服务第一"的工作理念，被称为龙慷家政服务质量最好、员工赞、业主夸的服务标兵，更是一面德才兼备、文明服务的旗帜。她严格执行公司的规章制度，无论刮风下雨，只要公司安排任务，都设法克服一切困难立即到岗，迅速进入工作状态。严守服务规程、用心谋划、用情做事，各项工作都做得有条不紊。她用卓越的服务，赢得所有雇主的夸奖。曾有雇主为了感谢她为她多付工资，她委婉谢绝并真诚感谢雇主厚爱，告诉他们这是分内的事；也遇到过有雇主私自为她介绍工资优厚的单位，她也委婉谢绝。

胡小凤用一流的业绩和良好的口碑，造就了明星服务的金字招牌！2016年福建省家庭服务业职业技能电视大赛中，荣获"团队第三名"荣誉称号；2017年荣获龙岩市"十佳家政员""技术能手"称号。

【访谈时间】2020 年 11 月
【访谈地点】福建省龙岩市
【访谈对象】胡小凤
【整 理 人】潘晓燕

新业态 篇

黄丽英：
让阿姨客户都放心

● 人物简介

黄丽英，女，1981年生，福建省泉州市洛江区广桥村人，现为泉州市黄丽家政服务有限公司总经理。

● 人物故事

黄丽英中专毕业后从一线家政员干起，创业之初走过不少弯路，一度差点放弃，但靠诚实守信和用心服务，在业界搏出了一片天，从业10年，如今拥有10个门店、阿姨（家政员）资源长期在6 000人以上。

10年来，她的手机都是24小时开机，任何时间只要客户联系不上阿姨，都会打电话给她，她会第一时间处理。她时刻带着阿姨和客户的资料，并且想办法记清楚每个客户的喜好、地址等。她的努力和诚信，让许多客户视她为朋友，放心将小家交给她。

在她看来，稳定的阿姨队伍是家政业的"命脉"，黄丽英从不缺阿姨，她的秘诀是"以心换心"。

家政行业又脏又累，她观察发现，能吃得这份苦的很多是失婚妇女，有的独自带着孩子，有的甚至背负巨额债务……为了帮助她们"站起来"，她不仅为她们提供工作机会，更给她们荣誉和发展空间。

除了经常组织业务培训，黄丽英还为她们做职业规划。具备一定文化水平的，培训成为育婴师、文员、店长；家政做得好的，当培训师、当组长……在她的培养下，员工先后获得2018年福建省家政服务业职业技能竞赛家政组第一名、福建省三八红旗手、2018年省家政技能比赛泉州赛区选拔赛育婴师前三名和家政员前两名……

作为一名家政从业人员，黄丽英还时常以身作则，带着一群公司姐妹到周边社区，为空巢、孤寡、高龄老人家帮忙打扫卫生、送慰问金……《泉州晚报》《东南早报》等媒体还多次报道过她的事迹。

为应对疫情带来的不利影响，2020年3月以来，黄丽英创造性推出家政直播带人的形式，每周举办一到两期的直播，迄今已举办了20多场公益微直播和5期的线上培训。不仅是为了公司，更是为了许许多多信任她的阿姨和客户。"通过丽英举办的线上直播和培训，我学到了不少新技术，我还通过线上见面会，找到了现在的雇主。"在泉州从事家政服务业的湖北人陈阿姨说，她2021年以来参加过多场由黄丽家政主持的公益微直播。

【访谈时间】2020年11月
【访谈地点】福建省泉州市
【访谈对象】黄丽英
【整 理 人】何光辉

新业态 篇

黄良芬：
心细手快的家政员

人物简介

黄良芬，女，1984年生，福建省莆田市仙游县后蔡村人，现就职于福建莱仁家政有限公司。

人物故事

小学五年级时黄良芬的母亲意外去世，家中三姐妹仅靠父亲一人挣钱养活。她见父亲日渐消瘦，16岁后便主动选择了辍学帮助父亲一同撑起这个家。因学历不高只能在家乡附近找份工作，工资不高但还算稳定。十几年来她对待工作总是一丝不苟，兢兢业业。

2018年父亲病重，但家中姐妹各自有家庭无法长期照料父亲，所以一起凑钱雇了一名家政员照顾父亲的生活起居，姐仨儿隔三岔五就回家探望父亲。看到父亲每日躺在阴潮的小房间郁郁寡欢，黄良芬毅然辞职专门照顾父亲，使得父亲在最后的日子里都是充满笑容。

父亲病逝后，黄良芬决定加入家政服务行业，帮助那些无法自己照顾家人的人群。通过朋友的推荐，2018年7月开始进入莱仁家政旗下的金牌家政培训中心参加育婴师培训学习，学习期间同学老师相处非常融洽，使她感受到了家的温暖，最终以优异的成绩取得了高级母婴护理师证书，工资也随之水涨船高，从原来的2 000~3 000元/月，涨至现在的约6 000元/月。

2018年8月，经公司安排，黄良芬到泉州福兴医院实习，为产妇及新生儿做母婴护理工作，后成为公司正式员工，担任居家家政员，开始入户提供家政服务。每次入户，她都能迅速融入客户家庭，并把客户的家人当成自己的家人对待，全心全意地默默工作着，客户都非常感动，多次向她所在公司客户经理表扬黄良芬。有位客户说她之前换过很多家政员，但她就满意黄良芬，并已经把她当成自己的姐妹对待。

业精于勤，黄良芬认为家政员是一份高尚的职业，没有真心、细心、用心就做不好。目前，黄良芬已服务过五个家庭，她认真对待工作并严格遵守公司的制度，总是很用心地做好每一件事情，服务过的客户对她都给予了很高的评价！

【访谈时间】2020年11月
【访谈地点】福建省泉州市
【访谈对象】黄良芬
【整 理 人】陈福龙

新业态 篇

刘建华：
生活给我压力，我却还你奇迹

人物简介

刘建华，女，1980年生，福建省南平市顺昌县人，现为福州市鼓楼区闽姐姐家庭服务有限公司的金牌月嫂。

人物故事

刘建华出生在农村一个残疾人家庭里，爷爷、爸爸、姐姐都是一级残疾。而她作为一名单亲妈妈，并没有被命运打垮，而是凭着自己开朗的性格，一颗真诚待人之心以及对家庭和工作的使命感加入了家政这个行业。

自2016年3月到如今上岗四年多了，时间过得飞快。在这四年多的日子里，刘建华通过学习家政员职业道德、产妇和婴幼儿专业护理知识，不断提升自己的专业技能，先后获得家政服务员五级、家政服务员二级证书。工资也由原来的几千元到如今的上万元。同时还和队友共同参赛获得过"福建省第二届家政电视大赛"团体第二名的成绩。这份荣誉，让她更加珍惜这份工作并不断成为更好的自己。

刘建华特别喜欢宝宝，一年要照顾11个新生儿宝宝和产妇。刚开始工作时，就遇到了"脐疝宝宝"，刘建华按照前辈一线工作实战经验进行操作，并及时与客户沟通脐疝多发与早产儿宝宝脐疝护理的原则，逐步帮助宝宝度过最艰难的消化系统适应期。她还曾照顾过一名早产儿宝宝，体重2千克，宝宝又患有先天性肠闭锁，一出生就动手术。宝妈得了产后抑郁症，刘建华不断与产妇沟通，用自己的行为感动产妇，用专业技能说服产妇及家人。宝妈每天都在担心自己的奶不够宝宝吃。为了让宝妈放松心情、好好休息，她精心进行膳食搭配，帮助提升宝妈的乳汁质量与奶量。为了让宝宝尽快排便或排气，她每天都给宝宝抚触、按摩，保持宝宝的肠胃减压通畅。在她的悉心照顾下，宝妈奶量有所增加，宝宝也健康地成长着，宝妈和家人都很开心。

刘建华常说："生活中的我没有靠山，自己就是一座大山，一切就是靠自己。我弱了，困难就强了；我强了，阻碍就弱了！"衷心祝愿刘建华未来能始终带着这份勇气和坚定，坚持自己的梦想，在家政的道路上不忘初心，勇往直前！

【访谈时间】2020年11月
【访谈地点】福建省福州市
【访谈对象】刘建华
【整 理 人】张水香

新业态 篇

卢水连：
疫情无情人有情

人物简介

卢水连，女，1973年生，福建省南平市顺昌县洋口镇石溪村人，现为福建雪品家政服务有限公司家政员、育婴员、培训师。

人物故事

2009年，卢水连还是南平市顺昌县光学仪器厂一名普普通通的流水线工人，因为企业效益不好，厂里陆续裁员，卢水连也受到波及。那一年，家政行业方兴未艾，许多从厂里出来的姐妹当起了保姆，帮人做卫生、带小孩，收入还不错。卢水连心有所动，想起高龄的父母和年幼的孩子，她决定在家政行业试试，就这样她成为福建雪品家政服务有限公司的家庭保洁员。

工作不久，卢水连就发现了问题，传统的钟点工是"一块破布走天下"，家政员工作随性，服务时效性差，客户满意率低，这样怎么行。卢水连萌生了一个大胆的想法——推行家政标准化。她的想法得到了公司的全力支持，在家政经理的带领下，卢水连携手其他家政同事，通过大量的实地考察、客户回访、反复实践，家庭保洁标准"七大空间一百个步骤"、家庭清洁工具组合应运而生。标准化的家政服务省时又高效，客户好评不断，许多同行争相到访学习。工作之余，卢水连还积极学习育婴知识，先后照料了20名新生宝宝，育婴经验非常丰富。她推崇精细化服务，积极营造宝宝安全、干净、舒适的生长环境，赢得了广大雇主的高度好评。2018年荣获顺昌县妇女联合会、人力资源和社会保障局联合举办的"2017年度顺昌县'优秀家政服务员'"荣誉称号。

2020年，突如其来的新型冠状肺炎疫情牵动着全国人民的心，卢水连第一时间为武汉灾区捐款5 000元，并自发联合全体家政员工主动坚守在抗疫的第一线，义务为辖区的无物业小区开展每日两次的消杀（消毒）工作，既是宣传员也是管理员，凡事亲力亲为，以实际行动彰显了家政人的匠心精神！

【访谈时间】2020年11月
【访谈地点】福建省福州市
【访谈对象】卢水连
【整 理 人】林　燕

新业态 篇

檀兰香：
如饥似渴学习，练就真本领

人物简介

檀兰香，女，1973年生，福建省永泰县同安镇官路村人，现就职于三明市明嫂家政服务有限公司。

人物故事

由于家庭困难，檀兰香初中毕业后没几年就到三明市打工，一开始她为一家客户做保姆，负责照顾三个孩子，雇主看她勤奋，尽心照顾孩子，就一直挽留她，这一做就是六年。

1996下半年在原雇主的介绍下，她又去了另一家客户，照顾一位半自理的阿姨。为了做好这份工作，檀兰香专门购买有关书籍学习，同时也去请教有医护知识的医生朋友，慢慢熟悉了老人护理的常识。

结婚生子后，檀兰香开启了边带孩子边上班的模式。因为工作关系接触了很多客户，她了解到市场对家政行业的需求很大，有点心动，但因为家庭原因，实在分身乏术。可在她内心深处，则播下了做家政人的种子。

随着孩子不断成长，她内心的梦想再一次被燃起。2010年，檀兰香经面试到梅列区实验幼儿园工作，学习到许多新的知识。因母亲得了尿毒症，她只好放弃干了四年的幼儿园工作，回家照料母亲直到去世。为了照顾母亲，她把多年养老护理积累的经验都用上了，让母亲最后几年生活质量得到保证，心理也得到安慰。也因为如此，檀兰香深深地感受到，社会非常需要有专业知识的养老护理人员，只有努力学好家政服务的专业知识，才可以为更多人服务。

2019年6月，檀兰香通过三明劳动就业中心，到三明市创业职业培训学校报名参加了月嫂培训，这让她领悟到平常自己所积累的经验和专业知识的短缺，重新认识了母婴护理这门专业。檀兰香如饥似渴地学习着，当她顺利通过考试拿到中级育婴师证书时，感慨万千，这让长期打游击可仍心怀职业梦想的檀兰香终于找到了组织，她下决心与团队成员一起成长。入职以后，檀兰香按照三明市明嫂家政公司的派单安排，积极参加各类公益活动，找到了归属感，并有了清晰的职业生涯规划。

接单过程遇到过的种种问题她都能利用在校培训所学到的知识和客户沟通交流、顺利处理。她的技能，也在一次次问题的解决中，得到了提升。现在的檀兰香，已成长为三明市明嫂家政服务公司的金字招牌，每月万元的稳定收入，也让她彻底摆脱了贫困和没有安全感的生活。

【访谈时间】2020年11月
【访谈地点】福建省三明市
【访谈对象】檀兰香
【整 理 人】乐晓燕

新业态 篇

唐淑琴：
家务保洁一把手

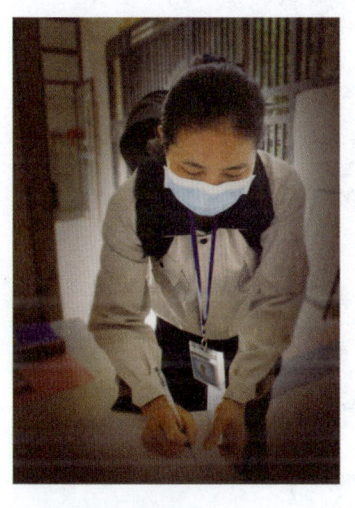

人物简介

唐淑琴，女，1974年生，福建省大田县均溪镇人，现就职于厦门好邦伲家政服务有限公司保洁部。

人物故事

唐淑琴2017年加入保洁员队伍前，参加了好邦伲家政服务有限公司的免费培训，培训的每一天都很充实，每天培训还可获得额外奖励100元。这种培训激励政策，给了全职照顾家庭、多年未工作的她重新起步的希望，为她的职业提升之路加满油。不到四个月的时间，她实现了跨级升星的光荣进阶。

从入职至上升为最高星级的保洁员，唐淑琴仅花了一年的时间。

她是派单坐席员最爱的保洁员，也是派单坐席员"最怕"的保洁员。爱的是她的省心。坐席员同事形容唐淑琴："不需要处理投诉，因为她总是0投诉；不需要为她派单，因为每周的工作时间已经被指定单排满了，她的日程安排稳定，有客户临时取消时，正好给劳模的她放个假。""怕"的也是她的优秀。"有临时单客户恰巧安排到她服务的话，客户往往会要求以后年卡服务只指定她来服务，但是她的指定单日程已经排满了。"凡是她服务过的临时客户，往往都对她非常满意，发展为好邦伲的长期保洁年卡客户。做保洁四年来，她在很多客户心中无可替代，年年续卡都指定她来服务。

成为好邦伲的带单师傅，需具备两个要素：一是要有过硬的服务技能，经验丰富，客户满意；二是要乐于助人，有愿意带人、教人的善心和爱心。这两点唐淑琴都具备了，很快就成了带单师傅。有新人加入保洁团队时，唐淑琴总是主动热情地关心，给予大姐姐的温暖。

唐淑琴说："新人经过最初的培训，由于没有实际上户服务经验，仍然会担心出错，我特别理解，我们也是这样过来的。"带单师父前期的经验指导，对新人来说特别宝贵。热心善良的唐淑琴，从来不吝惜把自己的经验分享给新人，学员遇到困难，她也总是耐心劝导，从不嫌麻烦。

享受当下，感恩当下，祝福每一个当下。唐淑琴是这样的，在她的眼中、口中、心中，永远装满了相敬的客户、相惜的平台、相助的同事、相守的工作。

【访谈时间】2020 年 11 月
【访谈地点】福建省厦门市
【访谈对象】唐淑琴
【整 理 人】黄艺英

新业态 篇

叶兴玉：
一生执着，努力实现自我价值

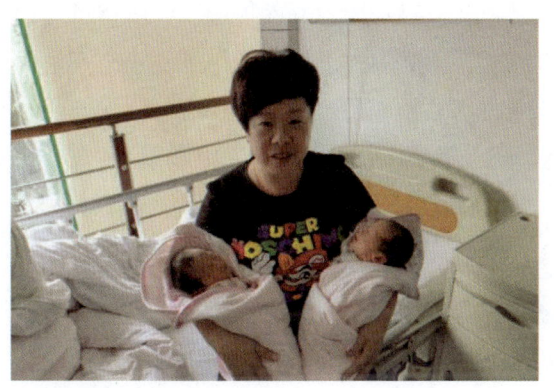

🟢 人物简介

叶兴玉，女，1966年生，福建省宁德市柘荣县双城镇人，现就职于宁德市树人家政服务有限公司。

🟢 人物故事

从事月嫂工作前，和大多数农村妇女一样，叶兴玉面对"上有老下有小"的生活压力，却无一专长。一次偶然的机会，她参加了为期一个月的家政护理理论知识培训之后，她被月嫂这个职业深深吸引了。

工作之初，叶兴玉以为只要能吃苦、够细心就可以把月嫂工作做好。但上户后遇到的每个问题都让她意识到"学无止境"。为保证服务质量，下户之余，她总是找机会向专业老师请教、与同事交流，掏出积蓄到知名月嫂培训中心进修学习，考取了一份又一份与岗位相关的专业证书，取得了育婴员三级职业资格。尽管已成为"行家里手"，而她总是说，每一本证书只代表着拥有一项新的能力，拿到证书并不是终点。

"不仅有过硬的专业技能，还有良好的职业道德"，这是客户们对叶兴玉最多的评价。她曾受雇于一个早产儿的家庭，发现孩子吃奶时呛呛的，她怀疑宝宝是不是长了鹅口疮，宝宝的父母非常重视，马上送医检查。"这是奶瓣，不是鹅口疮。"医生检查完给出了答案，觉得是虚惊一场，大家也就放下了心。可过了几天，孩子的情况非但没有好转，反而加重了，满口都是白色的溃疡，她再次说出了自己的猜测。于是，孩子被紧急送到了省立妇幼医院再次检查，证实了是鹅口疮。主治医生听说是月嫂及时发现孩子的问题，一个劲儿地夸赞她经验丰富，也因为这次契机，她和这位医生成了朋友，增进了育儿经验的交流，她也常常把所获经验分享给更多的宝妈和同事们。

这份职业改善了叶兴玉的生活水平后，她想到了还守着村里一亩三分地的姐妹们，为了激发姐妹们再就业的决心，她毫无保留地将所学所悟教给她们，带着她们一起参加妇联和人社部门等组织的家政技能培训和家政职业技能竞赛，为她们推荐工作。看着姐妹们一个个顺利入行，相较务农收入有了极大的提高，叶兴玉也由衷感受到"赠人玫瑰，手有余香"的快乐。

叶兴玉如今已是"宁德最美月嫂"代表之一，15年来，她始终虚心向学、用心付出，练就了一身"绝活"，职业生涯几乎零差评，一年到头也是档期满满，完美实现了从普通农村妇女到金牌月嫂的人生"蝶变"。

【访谈时间】2020年11月
【访谈地点】福建省宁德市
【访谈对象】叶兴玉
【整 理 人】林瑞斌

新业态 篇

温文溪：
授茶艺，助脱贫

人物简介

温文溪，男，党员，安溪县中顿茶叶专业合作社理事长、中国制茶大师、国家高级评茶师、国家高级茶叶加工技师、国家高级考评员、安溪县第十二届政协委员。

人物故事

温文溪退伍复员回到家乡后，承包了10多亩山地，独自一人挥舞锄头愣是开辟出一个茶园来。随后他开始潜心研究制茶技术，自学成才，在各级茶叶赛事中屡获殊荣，曾获评"福建省优秀农村实用人才""福建好人榜"等荣誉称号。2010年，他带领广大茶农成立安溪县中顿茶叶专业合作社，发展乡村经济。

科技是第一生产力，在熟练掌握制茶技术的同时，温文溪开始着手进行制茶相关的科研创新，先后获得"一种烘焙茶叶快速散热机""一种自动做青机及其控制方法""一种半发酵蒸青茶的加工方法"等多项专利。通过对茶叶的热化反应和铁观音的烘焙技术进行实验研究，较好地归纳了安溪铁观音的烘焙技术，总结出安溪铁观音精加工中烘焙的一些技巧并进行推广，带动了广大茶叶加工者烘焙技术水平的提高。

在更多人眼中，温文溪是位茶叶教师，他兼任福建农林大学安溪茶学院制茶工艺导师、安溪华侨职业中专学校茶叶专业教师，他用今生所学对茶叶专业学生进行茶叶理论专业教学和茶叶加工实践指导。

他积极投身精准扶贫中，带动农村贫困家庭脱贫致富，为服务地方经济发展作出了积极的努力。他参加了由安溪县委组织部、安溪县委党校、祥华乡党委、祥华乡人民政府主办的"组团扶贫，抱团发展"活动，并现场与祥华乡贫困茶农签署结对帮扶协议，又与祥华乡福洋村省级建档立卡贫困户结对。五年来，温文溪通过技艺传授让100多户茶农收入翻番，带领14户省级建档立卡贫困户脱贫致富，解决45名建档立卡贫困户家庭成员和残疾人的就业问题。他广泛开展产学研和非遗进校园活动，培养了33名贫困户二代学生。

2020年新冠肺炎疫情期间，温文溪通过微信、慧农信、抖音等方式不间断地进行制茶技术指导与帮扶，其先进事迹多次被省委组织部、福建省电视台《时代先锋》栏目组采访并在省电视台综合频道专题播出。

【访谈时间】2021年1月10日
【访谈地点】北京市
【访谈对象】温文溪
【整 理 人】李付俊

余海燕：
创明艳茶品牌，助乡村脱贫

人物简介

余海燕，女，党员，福建省古田县鹤塘镇程际村人，福建省宁德市古田县鹤塘明艳茶叶专业合作社创立人。

人物故事

2008年遭逢金融危机，余家茶场里的茶叶严重滞销，余海燕外出推销。虽然见效甚微，可她坚持不懈，销路终于渐渐地打开。在她带领下，周边农户产出的茶青价格，由原来的每千克几元钱，涨到现在的80多元，仅此一项，就为村民带来了数百万元的增收。

余海燕思想上进、学习勤奋，不但加入了中国共产党，还取得了大专学历和相关证书。在父亲的帮助下，参与古田县鹤塘明艳茶叶专业合作社建设管理，不仅扩大了合作社原有的规模，并在商标、包装、销售网络、一体化产业发展格局方面有所突破。由此该社先后被评为宁德市巾帼示范基地（2015年）、福建省巾帼示范基地（2017年）、福建省农科院科技示范基地（2018年）和福建省级专家服务基地（2020年）。

余海燕注重科技创新、绿色发展。2013年起，她与省农科院多个团队开展技术合作，大幅提高了产品质量和生产效益。其中，开展的"茶菌"融合关键技术及模式研究与集成示范项目，可促进食用菌增产提质、降本增效20%以上，降低耗材30%以上，减少茶园化肥用量10%。2020年，她的"茶菌融合技术助力乡村振兴"被福建农林大学推荐为国家级与省级大学生创新创业训练计划项目。

五年多来，"闽之艳"茶叶产品质量逐年提高，先后获得了多项荣誉，余海燕个人也获得了"全国农村青年致富带头人"、福建省三八红旗手等诸多荣誉，同时还被推荐担任第三、第四届宁德市青联常委，第十一、十二届福建省青联常委和第十三届全国青联常委。这些佳绩和荣誉的取得，为合作社高质量发展奠定了坚实基础，也提高了余海燕带领社员及村民发展产业、脱贫致富的能力。

富有爱心的余海燕，致富不忘初心、不忘乡亲，以茶为媒、多业联动，积极带动乡亲发展生产，助力乡村扶贫脱困。合作社优先吸收贫困户村民入社，带动其就业、发家致富，每年带给每户社员数万元收入；农忙时节雇用女工160多名，每人每天工薪150元以上，让农妇在家门口就业。

2020年年初，新冠肺炎疫情肆虐，农民外出务工难。余海燕从省农科院作物所引进了50多千克高蛋白大豆新品种种子，无偿提供给贫困户种植，并多次邀请专家进行实地指导，确保新品种试种成功。仅此一项就为三家种植户增加了收入11.7万元。同时，她还通过捐赠物资、赠送保险、提供技术培训支持等方式帮助贫困户努力脱贫。

【访谈时间】2021年1月10日

【访谈地点】北京市

【访谈对象】余海燕

【整 理 人】李付俊

新业态 篇

路玉龙：
打响庆阳黄花菜品牌

人物简介

路玉龙，男，1979年生，甘肃省庆阳地区环县演武乡人，现为庆阳得圆农产品种植农民专业种植合作社负责人，2020年被评为庆阳市模范退役军人。

人物故事

路玉龙为了生活曾打过工、当过小贩、跑过运输、开过饭店、当过专职司机、干过工程，经过多年打拼，个人积累了一定财富。出身农村的他，知道乡亲们还过着靠天吃饭的贫苦日子，他决定为乡亲们干点实事，改善父老乡亲的生活状况。

2015年，经过多方面调查，路玉龙发现庆阳黄花菜质量在全国名列前茅，在市面上有很高的知名度和很大的需求量。他决定发动乡亲种植黄花菜，自己则建立农业合作社加工基地，对鲜菜进行统一加工，进行规模化生产、销售，打响庆阳黄花菜品牌。

路玉龙想明白了，但让周边人跟着一起干却并不容易。经多方沟通，乡政府决定组织召开村民大会，让他在会上说服乡亲。会上，他直接拿出价值34万元的菜根免费送给乡亲，每家需要多少拿多少，鲜菜成熟后，直接联系合作社，合作社以每千克鲜菜高于市场价1元保底收购。这个举动彻底让乡亲放弃了所有疑虑。

2016年3月，庆阳得圆农产品种植农民专业种植合作社成立，主要以黄花菜种植、加工产业为主。种植户负责黄花菜种植、采摘，合作社负责技术支持、鲜菜收购、加工。同时免费投放黄花菜根给当地58户农户，种植面积达1 200多亩，并且签订了保市场价的回收合同。

合作社经过2017年的试运行，无论是黄花菜的加工速度，还是成品菜的品质都显现巨大优势。为了让好产业形成稳定产业，让老百姓真正脱贫致富，2017年下半年，由当地政府组织，合作社和周边325户建档立卡贫困户签订了合作种植合同，种植面积增长到3 000亩，后期种植户的菜根由政府免费发放。

2018年上半年雨水充足，前期投放的1 200多亩黄花菜长势喜人。不幸的是，从收购的第二天开始，连续20多天一直阴雨连绵，导致晾晒工作无法进行。尽管如此，路玉龙还是顶着压力，冒着风险继续收购种植户手里的鲜菜，手中仅有的一台烘烤炉不分白天黑夜地工作。但这样的晾晒速度明显赶不上采摘速度，无法及时晒干的黄花菜一车车发霉变质。最后经过合作社和种植户共同决定，中间有4天时间停止收购鲜菜。尽管合作社遭遇灾情，种植户每亩收入也能达到2 000元，这远远高于种植其他农作物。

灾情中乡亲们表现出来的宽容体谅和大度无私也更加坚定了路玉龙不仅要干下去，而且要干好黄花菜产业的信心。在惠农政策关照下，合作社2018

年年底向当地农业部门申请到一座果蔬冷藏库,这让路玉龙内心因为灾情产生的阴霾一扫而空,从硬件上也进一步增强了合作社生产和抗风险能力。据不完全统计,2019年以来,当地菜农亩产收入平均能达到3 500元,大大提高了农户收入。

下一步,路玉龙将带领他的团队,不忘帮乡亲脱贫致富的初心,继续前行。

【访谈时间】2021年1月7日
【访谈地点】甘肃省兰州市
【访谈对象】路玉龙
【整 理 人】白　阳

辛亮：
开发食用菌的荣耀

人物简介

辛亮，男，党员，1983年生，甘肃省陇南市徽县江洛镇人，现为甘肃鑫亮食用菌开发有限公司负责人。

人物故事

辛亮2006年退伍后，一直在建筑工地干小工，即便工资微薄，有时候也难以拿到手。面对挫折，他没有气馁，多方筹资贷款20万元，开始了种植香菇的创业尝试。

2013年起，辛亮刻苦研读食用菌相关资料，不断请教杨凌农业示范基地专家，边干边学。经过不断学习与实践，他熟练掌握了香菇种植核心技术。之后，他几乎吃住在大棚中，呕心沥血，孜孜不倦。当年年底，种植香菇就盈利了。

2015年，辛亮流转23亩土地，成立了青泥河农业生态技术开发农民专业合作社，建成香菇种植大棚28个，年产香菇10万千克。同时，注册了青泥岭牌食用菌和陇供天下交易平台，申请建立了宣传销售网站。从此，他的香菇事业插上了"互联网+"的翅膀。

辛亮心里始终萦绕一个念头：一人富不算富，众人富才是真正的富。只有帮助父老乡亲脱贫，才能更好地体现人生的价值。2016年起，他带动130户农户开始种植香菇，初步实现规模化生产。面对广阔的市场前景，他和公司确立了"扩大规模、产品升级、品牌发展、示范带动"的发展思路。2017年，注册成立了甘肃鑫亮食用菌开发有限公司。先后共集中流转土地80亩，发展以香菇为主的食用菌标准化生产，建成了年产食用菌600万袋、年产值6 000万元的标准化生产基地。

近三年来，辛亮多次参加全国各地蔬菜博览会，推销公司产品。功夫不负有心人，公司香菇、木耳等产品赢得了天水、兰州、宝鸡、西安等地消费者的青睐，鑫亮牌食用菌成为徽县远销西北五省及周边省份的品牌。2018年，鑫亮菌业被命名为首批"东西扶贫协作示范扶贫车间"。2019年，公司食用菌线上销售540万元，线下销售1 200多万元，年产值达到2 310万元。自此，辛亮通过回乡创业，造福家乡，彻底实现了人生新跨越。

辛亮始终保持本色不变，坚持回报故土的初心不改。他带领公司员工坚持"统一提供菌袋、统一技术服务、统一价格收购、统一品牌销售"的发展模式，确立了土地流转带动劳务增收、保底回购带动稳定增收、地资入股带动分红增收、先欠后还带动服务增收、线上线下带动电商增收的"五个带动"助农增收模式不动摇。2020年以来，公司共招用徽县当地农民工360人，与155户群众签订了长期用工合同，其中贫困户43户，户均年务工增收2.8万元；公司以产销协议承诺，对于贫困户新鲜香菇保底全部收购。公司共流转苟庄村土地 28 亩，每年村集体获得收益 2.68 万元；先后带动县内农民合作社 22 家，帮助贫困户 275 户实现了稳定增收脱贫。

辛亮始终把奉献作为乐趣。正如他常说：奋斗的青春最精彩，奉献的人生更荣耀。

【访谈时间】2021 年 1 月 5 日
【访谈地点】甘肃省兰州市
【访谈对象】辛　亮
【整 理 人】白　阳

新业态 篇

何伟：
眼里有光的副班长

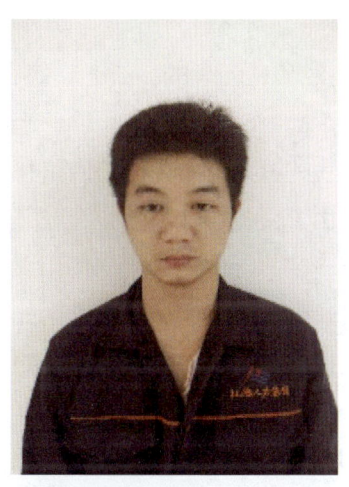

人物简介

何伟，男，1989年生，广东省韶关市曲江区大塘镇梅花村人，系广州红海人力资源集团股份有限公司韶关分公司劳务员工，现任韶关红海驻广东韶钢松山股份有限公司韶钢项目部精整甲班副班长。

人物故事

何伟的老家位于韶关市区与曲江城区的交界地带的一个山区小村，村民以种植稻谷为生。何伟的家境并不好，一家五口人挤在矮小破旧的平房里，一辆破旧的老式单车是家里唯一的交通工具。在何伟小的时候，父亲就去世了，母亲一个人耕种家里的几亩田地，靠勤劳的双手维持家里的生活，养育何伟和弟弟妹妹。那时的生活就像平房里的灯光，昏暗迷茫。作为家里的长子，为了补贴家用，何伟18岁那年就辍学独自一人到中山市打工，赚钱供弟弟妹妹上学。穷人孩子早当家，既是自强，也是无奈。

在中山市打拼了三年，2011年年底何伟回到了韶关，当时正值韶钢减员转型，红海人力资源集团股份有限公司作为协力单位进驻韶钢，新产线需招聘劳务员工，何伟顺利通过了面试。就这样，何伟成为红海一员，开始了自己新的工作征程。

新产线对于韶钢职工和新入职的协力员工来说都是陌生的，新的环境、新的设备、新的工艺，都需要去学习、调试、摸索，何伟就跟着大伙一起学、一起干，年轻的小伙儿很快就上手了。新产线的试产筹备工作历时整整三个多月，然而试产时却并不顺利，第一次出钢由于设备调试不到位造成了堆钢，第二次出钢造成了冷床乱钢，这都是具有一定危险性的。但何伟和大伙儿并没有退却，在保障作业安全的前提下，班长带队手把手教大伙学习如何处理堆钢、乱钢，如何应对设备故障，经常是白白净净上班去、灰头土脸下班来，虽然苦，但很快乐，因为大家都是一条心冲着一个目标在努力，互相帮助。当第一次钢试产成功时，一切的努力和汗水也终于得到了回报，现在回忆起当时的情形，何伟的脸上仍充满了笑容，那是发自内心的喜悦，是作为新产线建立的参与者和见证者的自豪和荣耀。

随着新产线运作逐步步入正轨，何伟工作也愈发顺手。掌握了本岗位的操作技能后，何伟不满足于现状，主动学习其他岗位操作技能，逐步成长为一名技能多面手。由于他认真负责、团结同事、技能过硬，获得了作业区和班组的一致好评。2018年何伟升任精整甲班副班长，新产线也在全体人员不懈努力下，发展成为一条年产量130万吨的示范性成熟产线。

在国家脱贫攻坚和乡村振兴战略政策指引下，梅花村发生了翻天覆地的变化，何伟家里盖起了一栋二层的楼房，彩电、空调、太阳能热水器一应俱全，以前破旧的自行车也换成了小汽车，母亲再也不用为一家人的生计劳作奔波，何伟也从最初食不果腹的贫困少年成长为一名成熟老练的班组长，弟弟妹妹也已经长大独立，一切都在往好的方向发展。困难的岁月里从未放弃过奋斗，只要眼里有光、心中有爱，目光所及皆是美意。

【访谈时间】2020 年 9 月 29 日
【访谈地点】广东省韶关市
【访谈对象】何　伟
【整 理 人】周哲宇

秦娇妹：
"猪场+基地+农户"的新模式推广者

人物简介

秦娇妹，女，壮族，1973年生，广西贵港市覃塘区三里镇大零村人，现为贵港市覃塘区三里镇君富养猪场管理员。

人物故事

作为一名只会种田的农村妇女，一开始秦娇妹对生猪养殖，特别是科学养猪技术是一个门外之客。自2010年担任养猪场管理员以来，秦娇妹感到压力巨大，但她相信，只要有信心、有工作责任心，就一定能做好本职工作。

秦娇妹通过购买养猪书籍、网上查资料等方式，刻苦学习科学养猪技能、研究猪场管理，做到理论和实践相结合。同时，她积极参加上级业务部门举办的各种学习班，到其他猪场学习取经，使自己的养殖技术和管理水平有了很大的提升。

在秦娇妹的努力下，猪场管理规范、工作到位，带来了较好的经济效益和社会效益。秦娇妹制定并完善了一系列规章制度，定期举办饲养管理培训班，科学规范地对生产母猪进行免疫，加强无公害生产技术的推广和应用。她积极与上级畜牧业务部门和养猪协会沟通信息，及时了解掌握国内外疫病的流行趋势、防治方法及饲料、生猪价格信息，提高了猪场抵御市场风险的能力。她还利用"猪场 + 基地 + 农户"的养猪模式，与技术员亲自到农户家指导科学养猪技术，在防疫、保健、治疗方面做到上门服务，并把农户请到猪场进行参观和在现场传授技术。

"要想养猪产业有更好的经济效益和社会效益，必须靠自己有新的管理水准，而且要有更新的发展思路。"秦娇妹查阅资料，走访其他猪场，了解其具体困难和发展养猪产业出路，借鉴他场的经验，为本场寻找改进方案。经过她几年的艰苦努力，猪场已初具规模，越做越大、越做越强。她善于总结经验，为当地养猪业发展起到良好的示范带动作用。

秦娇妹一心把工作放在猪场上，严格执行猪场的管理制度。她切实做到了工作在猪场、吃住在猪场，为猪场管理事务倾心尽力。在做好猪场工作的同时，为更好地发展附近农民养猪，她组织妇女姐妹，深入到农户家中宣传养猪致富门路，推广"猪场 + 基地 + 农户"的养猪模式。

秦娇妹引导 300 多名妇女投入养猪事业，让她们不用到外地打工，在家里养猪就能有经济收入，而且比外出打工收入高，为促进农民增收做出了贡献。

【访谈时间】2020 年 2 月 3 日

【访谈地点】北京市

【访谈对象】秦娇妹

【整 理 人】武　唯　张赢方

罗靖：
将蔬菜地变成了聚宝盆

人物简介

罗靖，男，1984年生，贵州省威宁彝族回族苗族自治县玉龙乡和平村人，现为毕节市威宁蔬菜产业基地销售人员。

人物故事

2002年，罗靖刚初中毕业就开始打工，经人介绍到贵阳市花果园搅拌站当搅拌车司机。罗靖是个上进的人，在认真工作的同时，他利用业余时间学习，提高自己的业务能力和文化素质。只要有空，他就学习各种销售与管理知识，买不起书，就在书店里看，有时边看边抄，就像"饥饿的人扑在面包上"。单位领导见他如此刻苦，设法为他提供便利条件，创造学习机会，这期间他先后通读了销售类书籍100多本。

2016年云南省昆明市大棚产业兴起，这对罗靖来说是机遇，更是挑战。他毅然决然选择辞职，前往昆明投身蔬菜种植销售，想把自己所学销售知识应用到实践中。他勤于学习、善于思考、注意总结，积累了丰富的蔬菜销售工作经验，掌握了各类销售渠道，得到同行的高度赞许。

2017年，得益于易地扶贫搬迁的好政策，罗靖一家从威宁乡下的两间土坯房搬进了城区的安置房，罗靖被聘为朝阳新城安置社区的公益专岗人员，有了固定工资。妻子李陆妹也在城区超市做起了收银员，一双儿女就近入了学。2019年11月，威宁从配套设施齐全、种植条件良好的易地产业扶贫蔬菜基地中，划出离搬迁小区较近的土地建立蔬菜种植合作社，罗靖看到了一展身手的机会，第一时间加入种植合作社干起了销售。蔬菜的产量上来了，销售成了最大的问题，他看在眼里急在心里。为了把蔬菜尽快销售出去，他马不停蹄地跑周边城市，还通过网络联系客户。一个菜季下来，罗靖瘦了一大圈。在他的努力下，合作社日益壮大，带动了合作社务工搬迁群众就业脱贫。

为更好地帮助威宁蔬菜产业发展，政府制定蔬菜产业优惠政策，蔬菜基地紧密结合，大力发展无公害冷凉蔬菜种植。目前，这些基地所产蔬菜通过政府和罗靖等销售人员的努力，不仅畅销国内，还出口东南亚国家。

罗靖所在基地通过吸纳搬迁群众227户1 380人入社参与分红，同时解决了1 200余名搬迁劳动力就近就业问题，实现稳定就业。随着威宁蔬菜产业配套基础设施的不断完善，产业链条逐渐形成，产业选择、产销对接、利益联结等发生了深刻变革，推动了威宁蔬菜产业提质升级。罗靖将自己学习的销售技术学以致用，如今实现了自己的脱贫致富梦，搬出大山，搬来幸福和美好。

【访谈时间】2020年2月8日

【访谈方式】电　话

【访谈对象】罗　靖

【整 理 人】吴亚蓝

刘闫杰：
不辞辛劳的销售员

人物简介

刘闫杰，男，1995年生，贵州省遵义市党湾村人，现任上海浦江特种气体有限公司销售员。

人物故事

刘闫杰的父亲在外打工，母亲长期身体不好只能在家务农，老两口用微薄的收入养大了刘闫杰兄妹二人。2016年刘闫杰不负众望考上了贵州师范大学，但面对上大学所需费用，刘闫杰萌生了辍学打工的念头。父母知晓后说："考不上大学就算了，现在考上了，即使砸锅卖铁，我们也要让你顺利毕业。"当地村委会知道刘闫杰的家境后，帮他申请了国家助学补贴。但国家助学补贴只能解决刘闫杰的学费问题，因此他还申请了国家助学贷款，四年共计32 000元。

为尽快还清助学贷款，刘闫杰到处打工。大学毕业后为了更好地照顾家人，刘闫杰果断放弃培训机构的就职机会，在老家当地的一家电子厂做起了促销员，月薪4 000元。通过省吃俭用，刘闫杰凭一己之力，于2019年12月还清了国家助学贷款。

在2020年9月上海市奉贤区人力资源和社会保障局与遵义市政府共同组织开展"遵沪协助促就业、两地同心奔小康"的招聘会，刘闫杰成功应聘到上海浦江特种气体有限公司的销售员一职。为了能够给家人带来更好的生活，他与父母商量后毅然辞职，独自一人前往上海打拼。为了解新公司的产品特点、客户需求，刘闫杰每天都奔赴在前往客户单位的路上，利用在公交车上的时间学习销售话术技巧，为每一笔订单而努力奋斗。在公司上班，每月固定工资5 000元加提成，公司提供住房补贴和伙食，让他在奋斗的过程中减轻了生活负担，他每月还会给家人2 000元来补贴家用。

锦上添花容易，雪中送炭难。深知寒门子弟生活不易的刘闫杰，养成了热心公益的习惯。在大学期间就积极响应学生会组织的捐赠衣物、书籍活动；在2020年报名成为上海化工区运动会志愿者。对于未来他满怀憧憬，希望通过自己的努力，让家人生活越来越好。

【访谈时间】2020年12月18日
【访谈地点】上海市
【访谈对象】刘闫杰
【整 理 人】毛丹丹

龙启才：
养殖生态鸡，"啄"开致富门

人物简介

龙启才，男，贵州省铜仁市碧江区滑石乡老麻塘村杨柳坪组人，现为老麻塘村跑山鸡养殖专业合作社负责人。

人物故事

10多年前，龙启才常年四处打零工养家，妻子则在家务农，照顾两个上学的孩子，家庭虽谈不上富裕，但也衣食无忧。

2013年，龙启才被查出患有肿瘤，先后辗转四川、重庆等地医治，由此开启了漫长的求医之路，后来虽然手术顺利、身体也恢复得很好，但为了治病，不仅花光了家里多年的积蓄，还因此欠下了几万元的债务，一家人的生活更是没了着落。

2014年，村支"两委"及驻村干部通过走访了解到龙启才的实际情况后，将他们家列为精准扶贫户进行帮扶。

"为治病欠了一屁股债，只能靠吃低保维持生计。"谈起曾经的家庭情况，龙启才感叹道。

后来，在朋友的帮助下，龙启才做起了水管生意，随着身体一天天康复，日子也一天天好起来。"作为家里的'顶梁柱'，我不想一辈子都靠政府养活，我要靠自己的努力养活家人。"采访中，龙启才告诉记者，自力更生、勤劳致富一直是自己最大的梦想。

"此后，我多次找组织反映，主动申请退出低保户之列，并决定通过自主创业来实现我的脱贫致富梦想。"龙启才说，2016年3月，他主动写了申请，并于当年年底退出了低保和贫困户之列。

在此期间，龙启才结合村里实际情况，多次考察市场，并最终选定了生态土鸡养殖项目。同时，村支"两委"、驻村干部等多次入户与龙启才面对面沟通交流，给予他支持和鼓励，帮助拟写养殖方案，并积极协调对接碧江区扶贫办、农牧科技局等部门，争项目、争资金。

2016年6月，在村支"两委"及驻村干部等倾情帮扶下，龙启才的养鸡场建成投用。后来，驻村干部又帮助协调了20万元扶贫款作为村中10户贫困户的扶贫资金，以每户2万元标准入股到合作社中，并按照每年不低于5%的比例进行分红。2017年7月，养殖场成功销售了第一批幼鸡1 000只。

第一批土鸡出栏后，龙启才立即给10户贫困户分了红。

如今，在党和政府的惠民政策下，在驻村干部的用心用情帮扶下，龙启才抓住"鸡"遇，乘"鸡"而上，不仅盖起了小洋房、买了小汽车，还成了村里的致富带头人，带动村里10户贫困户一起脱贫致富，过上了好日子。

"好日子都是脚踏实地奋斗出来的,未来,在经营管理好跑山鸡养殖场的同时,将发展多元项目,让家人的生活越过越好。"龙启才坚定地说。

【访谈时间】2021 年 2 月
【访谈地点】贵州省铜仁市
【访谈对象】龙启才
【整 理 人】张天胤

新业态 篇

潘汉华：
薪火相传的三代"红"

人物简介

潘汉华，男，1964年生，贵州省独山县基长镇江寨村人。

人物故事

善带头、甘奉献、有情义，在独山县基长镇江寨村，有这样一个远近闻名的家庭，他们一家三代都是军人、党员，在村里，他们积极发挥着自己的党员带头作用，保持着退伍不褪色的军人精神，为江寨村发展贡献着自己的力量。

潘汉华是一名退伍军人，1983年，年仅19岁的他到云南参军，踏上了军人的道路，其间，他参加了对越自卫反击战，经过了战场的洗礼，变得格外珍惜军人的身份和荣耀。

"除了我，我的父亲和女婿也都是军人，我们家是一个真正的军人之家。"提起一家三代的入伍情缘，潘汉华很是自豪，立刻滔滔不绝地向我们细数了起来。

"我们一家三代都是军人,也都上过战场,这是一件很有缘分的事,也是一件值得骄傲的事。虽然早已退伍回乡,但我们身上都流动着'红色'的血液,拥有着共产党员甘于奉献的红色情怀。"潘汉华说。

退伍后,潘汉华一直在外务工,但随着年纪的增大,2008年,思念家乡的他决定返乡创业,开始养殖生猪。

为了提升自己的养殖技术,潘汉华购买了大量的养殖书籍及光盘资料,一边自学,一边开始了生猪养殖,还成立了畜禽养殖专业合作社。

2016年,女婿李凯和女儿回家一同养猪,更是为家里的生猪养殖开辟了新方向。女婿是年轻人,对于网络要熟悉得多,潘汉华常常与他一起在网络上学习,不但可以及时更新养殖技术,还拓宽了销售渠道,也让家里的养殖产业发展得更加迅速。

养殖规模逐渐扩大,家里的生活也变得越来越好,潘汉华开始关心起了身边的父老乡亲。一直以来,父亲潘应忠就常常叮嘱他,要谨记军人和党员的使命,不忘初心、帮助群众,大伙富了才是真的富。为此,潘汉华和李凯积极带领村民们一同发展养殖业,只要村民们在养殖中遇到了问题,他们都会迅速上门帮助解决。此外,他们还联合周边养殖户抱团发展,为村民们联系收购商,帮助村民们解决销售难题。

"在他们的带动下,现在我们村里发展生猪养殖的人非常多,类似猪生病了、饲料配比不明这些问题,我都会找他们帮忙,他们都是随喊随到的,这让我们很是感动。"村民潘汉吉说。

如今,潘汉华一家的养殖场年出栏生猪350头以上,共存栏生猪158头,圈舍800平方米。与潘汉华一同发展养殖的群众共有4户,在他的帮助下,4户养殖户生猪年出栏都在140头以上,户均纯收入超3万元。

【访谈时间】2020年12月18日
【访谈地点】贵州省独山县
【访谈对象】潘汉华
【整 理 人】韦万利

新业态 篇

王启忠：
昨日贫困户，今日"致富人"

人物简介

王启忠，男，1985年生，贵州省长顺县鼓扬镇新关村人，现为长顺县万家红农民种养殖专业合作社负责人。

人物故事

1999年3月，由于家庭贫困，王启忠选择放弃学业、远离家乡，随着打工的浪潮南下广东。由于学历、技术等问题，他在外闯荡一直遭受挫败，后来换了10余份工作，生活还是没有着落。

2010年，王启忠到福建从事肉牛养殖工作，由于缺乏养殖技术，只能从事体力劳动的他工资少得可怜。看到有养殖技术的工友拿着高工资，他暗暗地给自己定了一个目标："我一定要学到养殖技术，为了钱，也为了前途。"

2016年9月，在县、镇、村的大力支持下王启忠决定回家发展养牛产业，在选址、贷款、建牛栏、买牛等方面都比较顺利，办理相关手续时，只要是脱贫项目都是全程绿灯。

王启忠通过"特惠贷"、自己务工积蓄以及亲戚朋友的帮助，共筹集20多万元，在新关村建起养牛场，买进了19头牛。通过半年时间的养殖，2017年2月，养殖场的第一批肉牛出栏，5头肉牛获利12 000多元。"虽然量不大，但打开了销售渠道，我的创业信心更足了。"王启忠掩盖不住内心的喜悦。

王启忠尝到了"甜头"，又争取到扶贫项目资金20万元，联合12户贫困户入股到养殖场中，主要用于圈舍建设和购牛。同时将圈舍扩大到容量200头的规模，并在养殖场附近种植15亩的皇竹草，成立了万家红种养殖农民专业合作社。

"大家回家创业，只要勤劳肯干，一定能够闯出一条致富道路。"新关村青壮年劳动力有500多人，在外务工300多人，村里有很多的留守儿童和老人，王启忠想把自己的养牛产业发展壮大，让在外打工的乡邻看到并参与进来，在家门口创业，一起抱团发展。

【访谈时间】2020年12月18日
【访谈地点】贵州省长顺县
【访谈对象】王启忠
【整 理 人】蓟华扬

新业态 篇

罗才菊：
当年因学致贫，如今种柑脱贫

人物简介

罗才菊，女，党员，贵州省毕节市七星关区大屯乡大河村人，现为椪柑种植户。

人物故事

初中文化的罗才菊，以前一直在大河村希望小学做代课老师，丈夫在家务农，一家人过着清贫的日子。

2008年，她家里三个子女陆续读初中和高中后到乡镇去读书，吃住费用渐渐增加，家庭压力越来越大，家庭的收入已经支持不了孩子们上学的支出。丈夫和她商量再三，最终决定出去务工，她留家看护孩子们读书。

2012年，罗才菊的大女儿刚上大一、儿子就读高三、小女儿读初中，生活的重担使得她脑子一片空白，自己都不知今后的日子该怎么过。她虽然知道知识能够改变孩子们的命运，但几个孩子的学费、生活费却令人发愁……

就在罗才菊四处奔走向亲戚借钱、感到生活无望之时，2014 年迎来了脱贫攻坚的好政策。当年年底，她向村委会递交了困难申请书。驻村工作组、村委会和其他乡镇领导干部到家里走访调查，按照相关程序，他们家被列为建档立卡贫困户。同时，她也到村委服务站做起大河村文化志愿者和巡河员。因为离家近，农忙时自己做点农活，农闲时到村委办公室做些力所能及的事，每月都能有几百块钱生活费，日子也慢慢好了起来。

通过教育扶贫，孩子们每年读书都享受了不同程度的教育资助，大女儿本科阶段有 4 800 元学费补助，再加上每年的助学贷款，孩子们的就学基本就不用愁了。2016 年，大女儿从贵州师范大学毕业，随后也成功考上了研究生。

在产业扶贫政策支持下，罗才菊一家先后种植了大约 200 株椪柑，收成时能收 3 000 多千克椪柑，收入一万多元。罗才菊还积极参加种植椪柑技术培训班，获得了农技资格证书。

2016 年，罗才菊一家退出了贫困户行列。脱贫不脱政策，一家人非常感谢党的脱贫攻坚的好政策，现在吃不愁、穿不愁、住得好，看病也有保障。

2017 年，因孩子上学没有能力修缮的房屋，在政府政策资金帮扶下也翻新扩建，一家人住进宽敞舒适的小平房。

今年是椪柑的大丰收，明年大女儿研究生毕业，小女儿进大学，一家充满希望。罗才菊深知，是脱贫攻坚政策成就了她的三个孩子，成就了她的家庭。

吃水不忘挖井人。家里脱贫后，罗才菊在村里工作也经常和其他干部一起走访未脱贫的乡亲，向他们宣传相关惠民政策，介绍椪柑种植技术，尽力为他们排忧解难。罗才菊深知，作为一名普通党员，虽然做不了什么惊天动地的大事，但一定要竭力做好身边的每一件事。

【访谈时间】2021 年 2 月
【访谈地点】贵州省毕节市
【访谈对象】罗才菊
【整 理 人】汪瑞梁

新业态 篇

瞿国红：
用一技之长，解他人之忧

人物简介

瞿国红，女，满族，1978年2月生，河北省秦皇岛市青龙满族自治县木头凳镇人，专科学历，现就职于秦皇岛市海港区金管家高级家政职业培训学校。

人物故事

瞿国红从廊坊市乡镇干部管理学院毕业后，决心通过创业改变自己的命运，为改变家乡的贫困面貌探索新路。在外打拼的十几年，她始终不忘家乡人的嘱托，坚持诚信经营，在创业的路上，不断施展才华。她和爱人所承担的几十项装饰工程，恪守品质至上，从投标定价、施工方案确定、装饰材料选购、施工环节检查等方面严把质量关口，以细心专心赢得了业内的广泛赞许。

2013年，瞿国红选择家政服务这一阳光产业，续写新的辉煌。她创办了秦皇岛市海港区金管家高级家政职业培训学校、秦皇岛市尚诚家庭服务公司。为了帮助更多的下岗女工、农村进城务工者实现就业愿望，她秉持"品牌服务帮您掌握一技之长，品牌服务助您解除后顾之忧"的理念，依托政府扶持政策，面向市场需求设置培训专业，不断扩大培训规模。为使求职人员上岗后能获得多一点的报酬，她亲赴北京、天津等地，联系用工单位，搜集岗位信息，自掏腰包组织乡镇干部、妇女代表赴京考察，看望外出务工人员。她承办了首届秦皇岛家政服务京津对接会，推介300多名学员与用人单位达成了上岗意向。

瞿国红坚持以促进就业为导向、以客户满意为宗旨，事业越做越大，职业培训学校和家庭服务公司先后成为家政类就业创业实训输出定点服务机构、优秀家政服务企业。多年来，她累计向社会输送了2万多名家政服务从业人员，其中百余名优秀学员参加省市家政服务技能比赛获奖。

瞿国红热心社会公益活动，多次率领教职工去社会福利院，协助护理人员看护残障儿童，送去物品、送去关爱。2020年，面对新冠肺炎疫情冲击，瞿国红带领团队在做好疫情防控的同时，发挥业务优势，录制培训课件，组织了40余家家政企业参与线上培训，积极推动企业复工复产。同时，编制家政服务标准，为广大学员和客户提供专业化、精准化服务。

【访谈时间】2021年3月5日
【访谈地点】北京市
【访谈对象】瞿国红
【整理人】白　阳

白茹云：
靠毅力出彩

人物简介

白茹云，女，1975年生，河北省邢台市南和区郝桥镇人，初中文化，现为灵活就业人员。

人物故事

白茹云从小听到长辈最多的叮嘱是：好好干活，只有踏踏实实苦干才能过好日子。结婚后，她和爱人发现邢台板材市场兴旺，于是借钱买台电锯，把大块木头分成薄板条销售。后来出于环保考虑，当地板材市场规模逐渐萎缩，爱人出去打工，她在家照顾孩子。闲不住的她又在当地建筑工地做钢筋工，每天站在高高的楼顶上，不论严寒酷暑。

2011年正月，白茹云被确诊为淋巴癌，自此，她无法再外出工作了。但为了赚钱还治病的债，她养过羊，也做过手工插花加工。她不敢给孩子买一件新衣服，孩子都是穿人家的旧衣服。为了不让孩子自卑，她读书背诗，也教孩子读书背诗，诗词伴随她做完全部治疗。

治疗完毕，白茹云看到河北卫视的《中华好诗词》节目，心想："去参加一次吧，不管成败与否，都能给孩子做一个好榜样，如果有什么意外，起码能给孩子留一个念想。"她顺利通过面试，登上了《中华好诗词》的舞台，这让她的孩子很骄傲。

2017年，中央电视台第二季诗词大会海选，有朋友邀请她一起去。此时，她的孩子即将高考，经常打电话哭诉压力大。她安慰说："我能入选诗词大会，你也能考上大学，我们一起努力。"她很庆幸自己从百人团突围而出，站到了万众瞩目的中央舞台。她在台上淡定答完所有题目，感动了很多人。

白茹云认为，人活着最重要的是如何劳动、如何生活。她根据自己身体的康复程度，选择劳动强度低的插花、缝纫等工作，她常常一边插花，一边背诗学习。在工作之余，她开设公众号，写一些热爱生活的文章，给大家一些鼓励。她觉得只要能够凭着自己能力赚钱，只要不违法，任何工作都应该尊重。

【访谈时间】2021年2月1日
【访谈地点】北京市
【访谈对象】白茹云
【整 理 人】白　阳

新业态 篇

缴艳霞：
带动姐妹们学习葫芦技艺

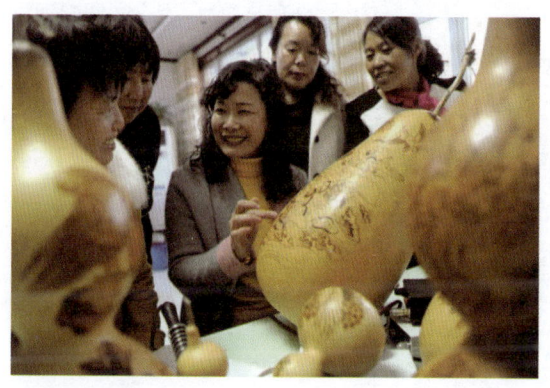

🟢 人物简介

缴艳霞，女，1975年生，河北省廊坊市大城县臧屯镇人，初中文化，现就职于大城县九间房聚葫轩葫芦工艺加工厂。

🟢 人物故事

1998年缴艳霞嫁到葫芦种植基地九间房村，老少四代人的生活只靠丈夫一个人有限的工资来维持。为了减轻丈夫负担，她选择到葫芦地里打工，边工作边照顾老人和孩子。

在打工期间，缴艳霞无意中发现老板从外地买来的烙画葫芦，自幼酷爱美术、手工的她，萌生了做烙画葫芦的想法。2008年11月，她辞去工作，正式以烙画葫芦为业。为了实现自己的梦想，她拜河北烙画传承人艾秀琪为师，学习烙画和美术技法。经过多年钻研和努力，她成为河北省级民间工艺美术大师（烙画类），其作品入选了中国邮政发行的纪念改革开放40周年《启航新时代 逐梦新征程》限量版珍藏邮册，纪念改革开放70周年《世界上的中国文化》限量版珍藏邮册。

有人提出让缴艳霞开办学习班，带动更多的农民靠手艺赚钱致富。她听从了建议，在QQ、微信、快手、抖音等平台吸引了全国各地上千名美术爱好者，附近村中心灵手巧的姐妹们都向她学习烙画。

2017年夏，缴艳霞去乡里办事，孩子打电话说有人找，半个小时后回到家，让她吃惊的是一位拄着拐杖的残疾老哥坐在家门口。他的第一句话就是："缴老师，教我学烙画吧，我想学点手艺来养活自己。"缴艳霞说："你不要着急，不管你有没有美术基础，也不管你能不能学成，我都会免费教你学烙画。"缴艳霞后来得知他无儿无女，孤身一人，为了求学，骑两个小时自行车来学习。这件事更加坚定了缴艳霞带动更多人靠手艺致富的信心。如今，她在为乡亲们的美好生活无私奉献着。

【访谈时间】2021年1月27日
【访谈地点】北京市
【访谈对象】缴艳霞
【整 理 人】白　阳

新业态 篇

陈世君：
组织乡亲"入社"脱贫

人物简介

陈世君，女，1978年生，河北省邢台市宁晋县侯口乡人，现为宁晋县源远种植专业合作社理事长。

人物故事

1997年，陈世君高中毕业后，靠自己的辛勤劳动，在北京经营了一家花卉蔬菜种子公司，效益可观。但她放心不下守着"聚宝盆"却没能过上富裕生活的父老乡亲，带领父老乡亲一起走上致富路的梦想始终激励着她。

2013年，陈世君回到老家，注册成立了源远种植专业合作社，现有社员360多户，农户入社耕地1.2万亩，已流转土地1 200余亩，服务农户耕地近5万亩。几年来，陈世君带领广大社员以市场为导向，以效益为目标，以品牌为抓手，大力推广优质专用小麦和高效种植作物，产品远销京津冀市场，走出了一条"合作社＋基地＋农户＋科技"的产业化经营模式，年均带动农户增收3 600多万元。

2018年1月，陈世君联合其他五位职业农民，自发成立了邢台市新型职业农民联合会，创办了河北省首家集全市新型职业农民名优特农产品的展销中心，注册了全国首个新型职业农民公共品牌"职农优品"，多次组织会员产品参展北京农业嘉年华、中国（廊坊）农交会、上海国际食博会等大型展会，为全市新型职业农民抱团取暖、共赢发展搭建了平台。

近年来，陈世君免费为贫困群众提供优质种子2 500多千克，化肥、农药等15 000多千克，并对贫困群众免费进行技术指导服务和培训，帮助贫困群众加强田间管理、提高种粮收入，贫困群众"造血"功能显著增强。同时，陈世君不定期携带米、面、油等生活必需品帮扶贫困群众，希望他们渡过难关。

新冠肺炎疫情期间，作为邢台市新型职业农民联合会的秘书长，陈世君组织开展"伸援手、献爱心"募捐活动，购置5吨新鲜蔬菜连夜运抵武汉市，转交当地抗疫医疗机构，支援当地抗击疫情工作。

【访谈时间】2021年2月3日
【访谈地点】北京市
【访谈对象】陈世君
【整 理 人】白　阳

新业态 篇

胡兵：
带动一方群众脱贫

● 人物简介

  胡兵，男，党员，1984年生，河北省泊头市营子镇人，中专学历，现为泊头市园农种植专业合作社理事长。

● 人物故事

  2013年为响应国家号召，加快土地流转，减少土地闲置浪费的情况，胡兵先是考察市场，而后看准时机，开始尝试大棚蔬菜种植。万事开头难，由于蔬菜行情不稳定，对蔬菜种植技术不了解，胡兵的合作社在第一年亏损严重。不服输的他并不气馁，辗转各大超市洽谈购销业务，加入电商培训班努力学习电子商务，主动去中国农业大学、河北农业大学学习种植技术，并与中国农业大学建立基地指导帮扶关系。从此合作社采取了"合作社＋农户＋基地＋超市"的发展道路，实行规模化种植、标准化生产、商品化处理、品牌化销售、产业化经营，以过硬的质量，打造从田间到餐桌"无公害、绿色、健康"的放心蔬菜品牌。年产各类绿色果蔬 2 000 吨，年经营收入 600 万元。2019 年，合作社为带动"泊头桑椹"产业发展，投资建设标准化桑椹加工厂，每年生产桑椹干 400 吨，年加工鲜桑椹 2 400 吨，带动更多村民种桑椹，增加收入。

作为一名党员，胡兵心里一直牵挂着没有摆脱贫困的乡亲们，时刻关心着贫困户的生产生活情况。70 多岁的张大爷儿子瘫痪，儿媳改嫁，两位老人抚养着一个 5 岁的孩子，生活非常困难。村里还有一位李姓女士，因为意外而丧失左手，丈夫患有严重的腰椎间盘突出症，还要供孩子上大学，经济负担比较重。胡兵看在眼里急在心里，他便将类似的贫困户纳入合作社，让他们做一些力所能及的事情，打扫卫生、喂喂鸡鹅等。他们挣到了钱，也摆脱了贫困。合作社自建立以来，共吸纳 216 人就业，累计帮扶建档立卡贫困人员 562 人，辐射带动周边种植人员 628 人。

【访谈时间】2021 年 1 月 29 日
【访谈地点】北京市
【访谈对象】胡　兵
【整 理 人】白　阳

新业态 篇

胡磊：
敢于超越自我

人物简介

胡磊，男，1987年生，河北省张家口市蔚县宋家庄镇人，现为河北不荒田园生态农业开发有限公司负责人。

人物故事

胡磊出生在一个普通的农民家庭。13岁时，一场突如其来的变故打破了他家宁静的生活，他不得不辍学，早早扛起了照顾家庭的重任。当时的他是别人眼中年龄最小的北漂，搬过水泥、端过盘子、在歌厅做过驻唱……但现实并没有将他打败，反而令他越挫越勇。为了弥补欠缺的知识，他选择半工半读，每天打四份工，下班后再去上学，最终取得了本科文凭。2008年，他通过招聘被知名企业录用。他从初级销售员做起，凭借敏捷的思维和良好的服务，短短几年便一跃成为核心项目的高级管理者。当同事都羡慕他时，他却踏上了返乡创业之路。

  胡磊说离乡的时间越长，对家的渴望越强烈。2018年10月，他创立不荒田园生态农业开发有限公司。他对资源进行整合，通过加盟经济和自营模式快速形成高质量的民宿、农副产品、领养领种、田园旅行等乡村产品，通过短视频电商平台进行市场输出，让都市人快速体验田园生活。

  初期，他为参与建造的老乡们支付薪水15万元。现在，公司还吸纳不少乡亲就业。56岁的醋柳沟村村民李大叔是公司厨师，做的蔚县本地菜让人赞不绝口。鸡禽区饲养员、餐厅服务员、田地管理员等工作，胡磊都会让村民承担。此外，大家还可以将自家产出的小米、黄米面、土豆等农副产品销售给游客。村子和民宿成为一体，胡磊完成了一次由"输血"到"造血"的精准扶贫，更带给了村子真正意义上的"不荒"。

  在回乡考察的过程中，胡磊还遇到了不少返乡创业的年轻人，他们有激情有干劲，却苦于没有项目。"我希望让更多创业者参与到'不荒'中来，倾听每个村子的历史和文化，帮助他们打造具有'一村一品'的民宿项目，将成功经验在张家口一直复制下去。"

  胡磊回乡创业后，先后组织青年培训和演讲几十场，紧接着又成立了蔚县青年商会，带着家乡青年一起干，一起贡献青春力量。胡磊说："我会将自己所有资源都对接到蔚县青年商会，产生1加1大于2的效应。"

【访谈时间】2021年1月23日
【访谈地点】北京市
【访谈对象】胡　磊
【整 理 人】白　阳

李建梅：
以食用菌助力贫困户

人物简介

李建梅，女，1972年生，河北省邢台市宁晋县凤凰镇人，高中文化，现就职于河北省宁晋县盛吉顺食用菌种植专业合作社。

人物故事

2009年，李建梅把农民联合起来，成立了宁晋县盛吉顺食用菌种植专业合作社。2014年，她带领合作社七拼八凑的1 200万元，新建了食用菌速冻库。在她的带领下，现在合作社拥有社员131户、种植基地260亩、菇棚200多个。

李建梅深知，办企业对学历不高的自己来说难上加难。她要求员工做到的，自己首先要做到。合作社通过"六统一分"的模式，真正把农民组织起来，带动了周边 3 000 多户农民发展食用菌种植，解决了 5 000 余名农村剩余劳动力的就业问题。合作社掌握了珍稀菌种羊肚菌的高产稳产技术，亩产超过 500 千克，单产 1 350 千克，刷新了纪录，达到国内外顶尖水平。

李建梅积极响应国家精准扶贫号召，2018 年承接食用菌产业扶贫项目，建设食用菌菌包生产线。为帮助贫困户增加收入，李建梅创建宁晋县食用菌产业扶贫基地，采取"新型经营主体＋基地＋贫困户"的产业扶贫发展模式，探索建立与贫困户之间行之有效的利益联结机制。通过土地流转、项目分红、扶贫专岗、技术指导、产品回收等方式，打出扶贫组合拳，打通致富路。流转 39 户贫困户土地，按照每亩每年 1 200 元支付流转费用；项目资金以分红的形式覆盖 8 个乡镇区的 815 户贫困户 1 590 人，贫困户每人每年收入 400 余元；设立扶贫专岗，吸收有劳动能力的贫困群众到园区就业，带动贫困户稳定增收，企业现有贫困员工 10 余人，每人每年平均收入 15 000 元左右；连续多年举办技术培训班，邀请专家教授提供技术支持，组建技术团队，定期开展技术指导帮扶。为了让大家放心种植，对贫困户种植的菌类产品全部进行回收，确保贫困户无后顾之忧，带领周边近 500 户贫困户成功脱贫。

新冠肺炎疫情期间，交通受阻、市场停滞，广大菇农生产的食用菌无法外运销售，为此，李建梅要求合作社不仅收购社员的食用菌，对当地其他菇农的食用菌也全部按市场价格敞开收购，让自己公司的生产线全线开工，将食用菌速冻储藏。这不仅解了菇农的燃眉之急，还保障了后期"菜篮子"的市场供应。

【访谈时间】2021 年 3 月 3 日
【访谈地点】北京市
【访谈对象】李建梅
【整 理 人】白　阳

新业态 篇

李伟：
帮助乡亲就地就业

🟢 人物简介

李伟，女，党员，1973 年生，河北省秦皇岛市山海关区孟姜镇人，专科学历，现任秦皇岛市山海关区忠伟蔬菜专业合作社理事长。

🟢 人物故事

李伟所在的回马寨村是远近闻名的蔬菜专业村，回马寨村的韭菜以其特有的品质深受百姓欢迎。1986 年，山海关韭菜种植面积过大，回马寨村韭菜积压严重。为了不让韭菜烂在家里，李伟创建配菜站，收购乡亲积压的韭菜。为拓展外地销路，李伟与丈夫冒着寒冬不辞辛苦远赴东北推销韭菜。靠着优质的产品和夫妻二人的执着，他们把积压的韭菜全部卖了出去，同时也结交了东北经销商，一举打开了山海关韭菜在东北的销路。李伟看到了自己在蔬菜经销方面的潜力，特别是蔬菜销售对村民增收致富的作用后，更加坚定了她带动乡亲致富的决心。

通过经营配菜站，李伟深深体会到，攥紧拳头才能出击有力，只有将广大菜农联合起来，心往一处聚、劲往一处使，才能共同闯市场，共同富裕。为此，她在2010年成立了忠伟蔬菜专业合作社，合作社和农户共同种植、共创市场、共担风险、共同富裕。一是广泛吸收社员。农户以土地和人员捆绑入社，合作社再将原有土地返租给社员进行生产种植，提供统一的种苗和生产物资，约定最低产量和保护价格，收购时随行就市，多收多劳多得。二是社员全员参与入股分红，享利不担险。建立入股分红机制，按照股金档次和社员年内与合作社交易的蔬菜量分红，通过利益联结实现社员与合作社同呼吸、共进退。三是建立优厚的福利制度增强凝聚力。每年为社员预先垫付蔬菜设施保险，并给予30%的补助，还组织社员到外地集中观摩学习两次。

作为一名中共党员，李伟时刻不忘自己的社会责任。2010年至今，合作社为资金有困难的农户垫付建蔬菜大棚的钢筋骨架460万元。针对当前农村大部分社员存在老龄化、种植管理难问题，2017年，李伟成立了农业生产托管服务队，服务队下设栽苗收割、棚室配套设备装卸、种苗培育、统防统治、技术指导、农机管理、统收统销服务小队，业务涵盖了蔬菜生产的各个用工环节，既解放了生产力、提高了生产效率、降低了农业投入，又解决了近百人的就业问题，实现了生产和就业的共赢。

【访谈时间】2021年1月24日
【访谈地点】北京市
【访谈对象】李　伟
【整 理 人】白　阳

新业态 篇

刘玉荣：
用智慧照护老人

人物简介

刘玉荣，女，1969年生，河北省邯郸市涉县人，小学文化，现任河北省邯郸市涉县玉荣养老院院长。

人物故事

刘玉荣13岁辍学，照顾病榻上亲人的经历让她饱尝辛酸，智障儿的降生和离世让她受尽苦难。但百折不挠的精神，让她一次次战胜了失落和无助，一步步走出了农村、走进了城市。刘玉荣建大棚、办猪厂、开超市、办养老院，经过20多年的奋斗，她用干事创业的智慧和自信展现了人生辉煌。

为了寻求生存之道，刘玉荣建起全县第一个塑料日光温室，栽培反季节蔬菜。正当她和丈夫憧憬美好生活之时，1992年的一场大雪把没有钢筋混凝土支架的温室大棚压塌，即将出售的黄瓜也全部冻坏，夫妻俩站在地头号啕大哭。之后他们又东拼西凑，建大棚、办猪厂，不走运的是，1996年的一场特大洪灾又把三个大棚和一个猪厂全部淹没，再次血本无归。1998年，不服输的刘玉荣走进北京农家女学校，接受食用菌栽培技术培训。回来后，刘玉荣又建起了占地50余亩的日光温室生态园，发展食用菌立体栽培、果树间养鸡。她每天披星戴月，风里来、雨里去，半夜下地管理、起早进城送菜，把自家的蔬菜、水果摆进了县城的超市。2003年，她承包了全县8家超市的蔬菜水果专柜和品牌冷鲜肉代理，最多时解决农村妇女和下岗失业人员再就业40余人。目前，刘玉荣的公司下设金福祥八五超市、快餐和金福祥龙山酒楼，经营面积达5 000平方米，职工110人。

　　生活的磨难让刘玉荣更能理解别人的困苦。她创建涉县博爱生活网公益网站；加入石家庄君创爱心社做志愿者，每遇残障儿必捐助。2011年，刘玉荣创建涉县第一家民办养老院——康乐老年公寓，现累计入院300余位老人。

【访谈时间】2020年12月18日
【访谈地点】河北省邯郸市
【访谈对象】刘玉荣
【整 理 人】白　阳

新业态 篇

左文明：
优蓝的劳务经济人

● 人物简介

左文明，男，1982年生，河南省南阳市新野县新甸铺镇靠骆湾村人，现任优蓝招聘（加盟）西北区域总监。

● 人物故事

左文明出生在河南南部偏远的小山村，祖祖辈辈都是地道的农民。他从小家境贫寒，靠着乡亲们的帮助和自强不息的努力，2002年考上大专，成为村里为数不多的大学生。2005年大专毕业后，作为家里的老大，他深感必须承担起全家生活的重担，于是背井离乡到湖北襄樊一家眼镜加工制造厂做普工，加入农民工队伍。为了多挣钱，左文明非常肯吃苦，经常加班，挣的钱除了基本生活费外全部都邮寄回家。凭着吃苦耐劳的干劲和执着的钻研精神，左文明从众多工人中脱颖而出，一路从普工升为手工组长、部门主管，最后成为公司少有的农民工技术员。

2008年汶川地震让左文明内心受到震撼，立志改变人生的想法让他辞去多数农民工心中的"香饽饽"工作，开始尝试去创业。他抓住西部开发的机遇，决定到陕西寻找机会。一个偶然的机会，他加入一家到陕西拓展市场的浙江汽车金融企业，一个人从零开始在陕西拓展业务，从最早的拜访客户、招募员工开始，年轻的左文明靠着不怕吃苦的狠劲儿，不分白天黑夜地干，半年后他打开市场，步入正轨，帮助公司从陕西只有一家分公司发展到五家分公司，连续五年业绩排名西北五省第一。

2018年，左文明接触到人力资源，他发现做劳务经纪人既能帮助企业解决用工短缺难题，还能帮助农民工朋友就业脱贫。于是他到上海优蓝招聘总部希望加盟。成为优蓝招聘劳务经济人后，左文明再一次将他吃苦耐劳的狠劲儿发挥出来，短短两年时间，便在陕西、河南两省建立了20余个农村就业服务站，并开始在西安做优蓝招聘门店落地服务，与陕西和河南近百家企业建立合作关系，业务渐入佳境。左文明坚持"诚信服务"赢得普遍赞誉，因其出色的工作，被优蓝招聘评为十佳劳务经济人，在全国范围内进行宣传。

作为劳务经纪人的左文明成功了，但是除了是劳务经纪人，左文明还积极推动行业的进步，在更大的范围内为农民工就业"呐喊助威"。2019年左文明成为陕西省阳光就业联盟理事、陕西省人力资源行业协会理事，在多次会议上向行业主管部门和行业协会提出关爱农民工就业、规范劳务市场的提案。

【访谈时间】2020年9月28日
【访谈地点】上海市
【访谈对象】左文明
【整 理 人】祝桂花

新业态 篇

张临英：
知、智、志给我脱贫的力量

● 人物简介

张临英，女，1973年生，湖南省岳阳市云溪区永济乡茅岭头村人，现任湖南省荷香醉人农业开发有限公司技术培训讲师。

● 人物故事

张临英早年生活坎坷，虽然只有高中文化，但她不甘贫穷，她摆过摊、开过店，还在花炮厂里打过工。在她谋求更好发展的时候，一次意外的车祸让她差点被截肢。更令她心灰意冷的是，父母因病先后去世，接连的打击让她一度跌至人生低谷。但在亲朋好友的关心和社会爱心人士的帮助下，生性倔强的张临英重新振作了起来，开始学习推广荷花培育种植技术。

为了增强本领，张临英先后参加了各种荷花种植专业技能培训班。培训期间，她勤学好问、刻苦钻研、积极努力的劲头给授课的专家留下了深刻的印象，来自湖南省农业科学院和湖南农业大学的专家称她为"荷花仙子"。她还有幸得到袁隆平院士多次面对面的指导、帮助。张临英重视学习、善于学习，并且学以致用。她将新技术应用在荷花培育和加工上，尝试立体循环生态开发，成为发展荷花产业培育、加工，促进乡村旅游开发的"土专家"。

张临英的成功，离不开许多专家的传经指导，如今成了"土专家"，她毫不吝啬将自己的本领倾囊相授。她积极参与各类技术培训活动，担任讲师传授发展的"真经"，一年受邀参加各种培训讲座超过100场次。

张临英的课堂不局限在教室里，更多的时候是在生产一线手把手教学。她在培训中传授的知识，无一不是自己经过实践检验并系统总结的"实战经验"，可操作性强、接地气，很受学员的欢迎。还有很多地方直接发出邀请，希望张临英现场予以指导甚至建立合作。对此，张临英从来都是非常热情地答复，随时给予培训指导帮助。从台下的学生成长为台上的专家，张临英说："我吃过贫穷的苦，所以希望更多人能够脱贫；我也吃过没有技术的亏，所以希望更多人能掌握技能，对此我是义不容辞。"

如今，张临英受聘成为湖南农业大学农村管理干部学院客座专家、长沙市上山助残服务中心创业就业技术顾问、湘潭县农民教育培育工程授课老师，她获得了越来越多的头衔，这没有改变张临英的初心。她每次登上讲台，都毫不藏私，尽己所能帮助群众找到致富的"敲门砖"。

张临英从一无所有努力打拼到现在，因此特别理解、也特别希望帮到贫困户。她非常认可扶贫要扶两个"zhì"，一个是智慧的智，一个是志气的志。她创新思路，通过入股带动、技术带动、示范带动，帮扶贫困户1 000余户。

为了帮助更多贫困户，张临英选择主动走出去，与全省各地的农业开发企业展开交流、合作，带动他们一起发展，帮扶贫困户1 340人。仅张家界一个合作社，就带动了80个贫困户脱贫。

带着一颗朴素的赤子之心，张临英在乡村开创了一片新天地，让乡村变得更美丽，让事业变得更兴旺，也带领当地群众脱贫致富，走上了一条康庄大道。三年来，张临英开办培训、讲座超过了 300 场次，培训人数超过 1.5 万人，足迹遍布全省各市州。除了培训讲座，她还收徒传艺，2021 年在浏阳、张家界、邵阳、郴州等地吸收了 28 个湘莲种植徒弟，直接指导湘莲种植面积超过了万亩。

张临英先后荣获了全国"巾帼建功标兵"、湖南省"最美扶贫人物奖"、浏阳市"脱贫贡献奖""帮扶之星"等称号，还登上了中央电视台、湖南卫视等中央级、省级媒体，"荷花仙子"的事迹也为更多人熟知。

【访谈时间】2021 年 4 月 16 日
【访谈方式】网　络
【访谈对象】张临英
【整 理 人】李　宏

周艳文：
我将"草民"做下去

人物简介

周艳文，女，党员，1984年生，吉林省榆树市大岭镇人，中专学历，现为榆树市巾帼草编专业合作社负责人。

人物故事

高中毕业之后，周艳文开始外出务工。在外的经历使她开阔了视野、增长了见识，但她始终觉得自己根在榆树、情在榆树，2003年她返乡创业，创办了家庭农场。

2016年，在长春市妇联组织的草编培训班中，周艳文第一次接触草编，

新业态 篇

才知道玉米叶子竟然能变成钱。她认识到了草编工艺品的美，也发现草编工艺品的价值，她心想，如果将草编当成一项事业来做，不仅能让姐妹们赚到钱，同时也能为家乡环保做贡献。于是，她下定决心当一名"草民"。在当地妇联帮助下，当年周艳文就成立了榆树市巾帼草编专业合作社。她一边免费为身边姐妹培训草编技术，一边远赴义乌、广州等地开拓市场，足迹遍布5省21市。随着生产规模的扩大，周艳文带领榆树市其他草编合作社成立了联合社，实现抱团发展。

经过几年的摸爬滚打，周艳文带领下的草编产业已初具规模，联合社现发展社员104人，分社达到了16个，建设乡镇级草编基地17个，分工负责产品设计、产品制作、模具生产、产品销售。草编产品发展到1 000多种，包括农特产品外包装、家居用品、颈椎保健、婴幼儿用品、室内装修、草雕系列等领域，其中80多个首创产品已申报了版权保护。联合社还在辽宁、天津、长春等地建立了9个实体店铺销售点。

在扩大产业规模、带领农村妇女致富的同时，周艳文始终心系贫困户。在一次巾帼扶贫活动中她认识了正阳街道兴隆村的贫困户，她多次到其家中，动员其参加市妇联草编培训班。在周艳文的帮助下，该贫困户现在不仅自己能接订单赚钱，让家庭摘掉了贫困户的帽子，还带动村里20多名妇女学习草编，一起用双手帮助家庭增收致富。

2016年以来，在各级妇联组织的大力支持下，周艳文已累计免费开办草编培训班119期，培训农村贫困妇女6 200多人，累计带动4 800余名妇女居家增收，累计帮助妇女实现家庭增收1.5亿元，帮助100多名建档立卡贫困户脱贫致富。

农村妇女的腰包鼓了，但是妇女整体素质还有待提高，在榆树市妇联的帮助下，2018年1月，周艳文把"新时代文明实践站（点）"建在了39个草编致富妇女之家，让草编讲师在为本村姐妹传授草编技能的同时，宣传党的十九大精神和理论、政策以及文化、法律知识，用妇女文明素质提升带动家庭文明素质提升。如今，实践站（点）每天都有很多农村妇女在学草编、学政策理论，大家在欢声笑语中边挣钱、边学习，极大促进了乡村文明建设。

  2020年，面对新冠肺炎疫情，周艳文组织6位草编讲师在抖音平台开直播课，3万多人次跟着讲师在网上学草编技术，实现了居家隔离和草编挣钱"两不误"。周艳文还两次参加省妇联组织的直播带货活动，有效带动了草编的线上销售，通过电商直播实现了复工复产。

【访谈时间】2021年1月11日
【访谈地点】吉林省长春市
【访谈对象】周艳文
【整 理 人】白　阳

新业态 篇

徐广伟：
走养大鹅的脱贫路

人物简介

徐广伟，男，党员，1976年生，吉林省长岭县永久镇人，初中文化，现为长岭县永久镇红圣大鹅养殖农民专业合作社负责人。

人物故事

1993年，年仅18岁的徐广伟带着一股子韧劲儿，骑着自行车走村串户做起了收大鹅的生意，第一笔生意赚了40元钱，他兴奋得睡不着觉，坚定了用自己的双手创业致富的信念。他起早贪黑，慢慢地自行车变成了摩托车，摩托车变成了三轮车，家里的日子也有了些许起色。靠鹅致富的想法在徐广伟心里扎下了根。

2003年，徐广伟不顾家人的反对，告别了妻儿老小，来到农安县一家孵化场打工，一边打工一边学习孵化技术和管理知识，历经三年的磨炼，无论是对孵化器的安装、操作，还是对经营管理上的流程、注意事项，他都学到手、记于心。不满足于现状的徐广伟决定返乡，打造自己的一片天地。

2006年，徐广伟用东拼西凑借来的2万元和爱人买的3间瓦房，凭借着打工学来的经验和手艺，建立了自己的小孵化场。第一批2 000个鹅蛋孵化成功，一家人悬着的心终于落了地。可是，第二批价值2万元的4 000枚鹅蛋由于温度过高导致大部分胎死蛋中，这给徐广伟接下来的创业之路增加了巨大的压力，资金成了他的首要难题。但是，失败并没有击垮倔强的徐广伟，他越挫越勇，坚持着自己的创业梦想。

为了扩大产业，徐广伟曾多次到四川、江苏、福建等地进行实地学习。学习解决了孵化过程中很多困难，渐渐地，徐广伟的孵化事业不但在省内占有一席之地，在外省也开辟了广阔的市场。

2015年，徐广伟的红圣大鹅养殖农民专业合作社正式成立，这无疑是他创业路上的一个极其关键的转折点。他为入场规模养殖户免费提供棚舍场地，无偿为所有养殖户提供技术指导，并承诺由合作社承担市场风险，保证养殖户保本经营的底线。徐广伟在实践中摸索出"合作社＋规模养户＋散养户"生产经营模式，合作社实行"种鹅养殖回收种蛋、孵化鹅雏、出售鹅雏、出销半成品、淘汰种鹅"一条龙产业链流程。

同时，徐广伟雇用村里未就业劳动力，从种鹅养殖户、后勤人员到上蛋拣雏工，共带动40户村民加入合作社，并为他们带来了可观的收入。

【访谈时间】2021年3月9日
【访谈地点】北京市
【访谈对象】徐广伟
【整 理 人】白 阳

新业态 篇

张红霞：
让电商助乡亲增收

人物简介

张红霞，女，1981年生，吉林省通化市辉南县石道河镇人，高中学历，现为辉南县源田居土特产有限公司负责人。

人物故事

张红霞2009年7月返乡创业，注册了淘宝网店。2014年，快递入村、电商正兴起时，她开始在淘宝平台上经营自己的土特产品店，卖的都是家乡产的蘑菇、木耳和核桃仁，年总营业额达到5万余元。她靠诚信、绿色实现了滚雪球式的发展，得到了全国各地买家的认可。

张红霞的电商越做越大，作为辉南县乡村电商带头人，她时刻把乡亲致富挂在心上。她组织草根电商宣讲员到各个乡镇讲课，邀请在乡青年参观电商基地，让他们看到电商的发展前景。2017年，她的电子商务平台业务辐射到全县143个行政村，实现共享驿站全覆盖。

为了进一步加强产品质量管理，满足消费者对包装美观的需求，她适时为当地妇女免费提供草编以及土特产加工的培训。培训由编织能手进行授课，授课以实用技术为主，采取理论和实际相结合、实物与步骤相统一的办法，从编织方法、图案设计、技能操作、艺术审美等方面对学员详细讲解，让学员能够一听就懂、一学就会。两年多来，她投入资金12万元，免费开展电商培训共45期3 672人次。

张红霞把绿色无公害和手工制作作为自己的发展品牌。2018年3月她在全县143个村建立"吉青家园—共享驿站"，6月成立了吉林省拔尖儿手工艺品合作社。针对家乡盛产稻草、柳条、藤条、玉米叶的区位优势和山区不乏民间编织艺人的人才优势，她请教编织高手、潜心研究民间技艺技法，并把编织设计、色泽搭配、款式风格、销售定位有机结合起来，经过几年艰辛探索，她成了现代编织"土专家"。

张红霞还聘请民间编织传人、能工巧匠，对村民开展手工编、织、雕培训，仅2019年就举办草编培训班8期，培训学员1 200多人次。同时，她与柳河草编合作社签订培训回收合同，与磐石草编合作社和榆树市巾帼草编专业合作社联合签订草编回收合同，在县内外用订单模式以销带产。2019年上行产品收入已达到100多万元，下行产品收入也已经达到20余万元。

【访谈时间】2021年2月22日
【访谈地点】北京市
【访谈对象】张红霞
【整 理 人】白　阳

新业态 篇

管延丽：
带领大家共同富

人物简介

管延丽，女，党员，1968年生，吉林省柳河县柳南乡人，大专学历，现为吉林省柳俐粮食有限公司总经理。

人物故事

管延丽曾经在城里工厂打工，下岗后经过一番闯荡，走上了回乡创业之路。

2003年管延丽成立了吉林省柳俐粮食有限公司，靠着"求实创新，诚信经营"的理念，生意越做越好。富了，出名了，但她不忘乡亲。用她自己的话说："是党和政府的富民政策使俺富了起来，我自己富了不算富，让大家共同致富那才是我的奋斗目标。"

2009年公司注册的"老管家""大米姐"商标,已通过食品质量标准(QS)认证。公司现有管理人员21人、正式员工205人,平均年龄42岁。企业注册资金共计6 000万元人民币,年经营玉米40多万吨、稻米5万吨。

她看见家乡的村民,除了干点农活,没有其他创收途径,于是她在家乡投资建厂,吸收更多的贫困村民到公司上班,实现就业、创造价值。由于她的公司在冬季生产,很多村民踊跃报名,每月可以拿到700~1 000元的工资,有农用车的农户家庭,一个冬天能赚2万多元钱。据初步统计,参加打玉米的农村妇女有2 000多人,创造价值300多万元。

2017年至今,管延丽带领村民共种植有机稻田1 700亩,农户增收近100万元;种植绿色稻田20 000亩,增收近800万元。2018年,她带领贫困户种植紫苏1 500亩,为农民增收240万元。

在别人眼里管延丽已是颇有成就,但她谦虚、亲切的态度没有变,她苦干实干的精神、艰苦朴素的作风没有变,她对乡亲们的仁爱之心没有变。有个单亲妈妈很不容易,女儿要上大学,家里非常困难,管延丽看在眼里急在心上,即使当时公司根本不缺人手,但还是让她来公司上班,每月除了给她开工资,还让她吃住在厂里。别人不理解,管延丽说:"我也是一个普通女人,也有孩子,现在我有钱了,虽然管不了社会上所有的贫困妇女、孤残儿童,但是在我身边的、我看见的,我还是要管的,我也许不能帮助她们太多,但我会尽我所能去帮助她们。"

为了让村民们在农闲时有点娱乐活动,管延丽出资为吕家村购买了一些娱乐设施,每到傍晚,村里的老老少少聚在一起欢歌笑语,不但扫除了一天的劳动疲惫,还增进了邻里之间的友谊,丰富了村民的业余生活。

【访谈时间】2021年1月12日
【访谈地点】吉林省长春市
【访谈对象】管延丽
【整 理 人】白 阳

新业态 篇

杨子亮：
让大伙富是我的追求

人物简介

杨子亮，男，1983年生，吉林省白山市抚松县北岗镇人，初中文化，现为抚松县浦春河村福苑生态家庭农场负责人。

人物故事

杨子亮初中毕业后辍学务农，与土地朝夕相伴，日出而作、日落而息。他的父母因身患多种疾病，丧失劳动能力，每年仅医药费就需要3万多元。为了生活，杨子亮选择到附近工厂里打工。但是生病的父母需要照顾，杨子亮只好又回到村里，夫妻二人以种地为生，却难以维持日常生活。

2015年，精准扶贫政策的落实帮他解决了基本生活保障问题。"纳入建档立卡贫困户之后，我家的生活改善了很多，但等、靠、要可以富裕起来吗?"杨子亮在心里不断地反问自己,很快他坚定了一个信念:仅仅靠着政府的补贴政策只能渡过眼前的困难,根本不是长远之计,要想摆脱当前的困境唯有通过自身的勤劳与努力。于是,他开始了艰苦创业。经多方考察,他发现种植木耳有较好的发展前景,东拼西凑筹集了3万多元启动资金后,他又在镇党委的帮助协调下,投入10万元扩大生产规模。

杨子亮有过种植方面的经验,虽然对种植技术略知一二,但他深知,要想扩大规模,继续学习种植技术才是关键。在镇、村两级政府的帮助协调下,他主动参加省、市、县举办的各项木耳种植技术指导班,又多次找专家虚心请教,凭借着自身认真钻研的那股劲儿,渐渐掌握了木耳种植的成熟技术,大幅提升了木耳产量。

杨子亮深知吃水不忘挖井人的道理。他说:"村里像他一样的贫困户还有不少,而且大多数都是因病、因残才导致贫穷的,如果能够动员他们一起发展木耳产业,或者来自己的木耳发展基地务工,这样岂不是双赢?"

说干就干,杨子亮立即与村"两委"干部联系,并同村干部一道入户走访做贫困群众的思想工作。通过努力,村里种植木耳的村民逐渐多了起来,他把自家的接菌室、灭菌锅无偿借给有需要的村民。谁家需要指导帮助,他随叫随到。在木耳收获的季节,他优先雇用村里贫困户采摘木耳,为他们增收致富。

"一个人富不算富,我要带动更多的村民共同致富,早日奔上小康之路!"杨子亮用朴实的语言描绘着自己的铿锵誓言。

【访谈时间】2021年1月10日
【访谈地点】吉林省长春市
【访谈对象】杨子亮
【整 理 人】白　阳

新业态 篇

李爱红：
家政服务带头人

🔵 人物简介

李爱红，女，1981年生，山西省临汾市永和县人，现为太原市贝亲好家政服务有限公司负责人。

🔵 人物故事

李爱红的家乡在临汾市永和县一个偏僻的小山村，父母常年在地里干活。12岁她就踩着凳子做饭，那时吃个馒头都是奢侈的事。

李爱红2008年在太原创办贝亲好家政服务有限公司，多年来先后培训了1.8万名进城务工人员，安置就业达3.18万人次。公司目前扩充到5个连锁店、25个加盟店、13个社区养老服务中心。

多年来，李爱红一直不忘家乡人。永和县是山西吕梁山外的国家贫困县，劳务输出是脱贫增收的主要渠道。李爱红从第一期开始，就把永和县列为每期必招的生源地进行家政扶贫。据初步统计，10年来，李爱红的公司为永和县培训了600多名各类家政服务员，目前在她创办的公司就业的有400多人（其中建档立卡贫困户138人），年收入均达4万元以上，真正实现了"一人就业，全家脱贫"。其中，金牌月嫂、管理层人员等，最低年收入在5万元以上，高的可达10万元左右。李爱红通过组织家政服务让一批贫困户走出黄土高坡，帮助了别人，也成就了自己，趟出了一条打工脱贫之路。

近年来，随着公司越做越大，李爱红的名气也越来越大。因为在家政提质扩容、家政扶贫等方面做出的突出贡献，她得到更多认可，先后获得了多项荣誉。她成为山西省"三晋英才"支持计划拔尖骨干人才。2015年，成为太原市女企业家协会会员，获得"全国优秀农民工"称号。2017年，荣获山西省五一劳动奖章，同年当选山西省十三届人大代表；2019年，获评全国五一巾帼标兵、山西省特级劳动模范等荣誉称号。

【访谈时间】2020年11月28日
【访谈方式】网　络
【访谈对象】李爱红
【整 理 人】张沐阳

新业态 篇

程东政：
从开餐馆到滴滴司机的脱贫路

人物简介

程东政，男，1977年生，安徽省金寨县板堰村人，现为滴滴平台上的一名"优享"司机。

人物故事

因为家境贫寒，程东政早早结束学业外出打工，一开始在一家小饭馆做洗碗工，由于常年接触洗碗水，他的双手比别人看着更加粗糙。酷暑严寒，程东政凭借着这样的一双手挣着微薄的工资，即便如此，他仍攒下了一笔小小的积蓄，开了一个小饭店，自己做起了小老板，收入不高但也足够养活自己。

后来，程东政的两个孩子相继出生了，由于他常年在外务工，照顾孩子老人的工作便交给了妻子，而一家六口的吃穿用度也自然全部落在了程东政一人身上。随着父母年迈，身体状况不如从前，常年吃药维持也成了一笔不小的开销，而两个孩子也相继进入校园，家庭支出除了日常开销之外，老人的医药费和孩子的生活费一下子成为程东政沉重的负担，愈加入不敷出。为了减轻程东政的负担，他年近80岁的父母仍旧和儿媳一起下地干活，维持病情的药也是有时吃有时便不吃了。

2015年，程东政决定关闭勉强维持的小饭馆，加入滴滴平台开网约车，这之后，他的收入明显增加了，而且比之前开小饭馆时的收入更加稳定。一年下来，程东政攒了10万元，父亲的医药费、孩子的学杂费问题全都解决了。2018年，程东政的女儿凭借优异的成绩考上了合肥市的一所高中，程东政便在合肥租了房，把两个孩子都送到了合肥上学。

程东政对当前的生活非常满意，他说开网约车能让他承担起养家的责任，让他摘掉了"贫困户"的帽子，生活也更有奔头。未来他打算继续在滴滴平台开网约车，把两个孩子供到上完大学、参加工作。

【访谈时间】2021年3月9日
【访谈方式】网　络
【访谈对象】程东政
【整 理 人】冯　馨　汪晓菲

新业态 篇

李俊：
疫情下"逆行"的顺丰速运司机

人物简介

李俊，男，1979年生，山西省运城市绛县安峪镇安峪村人，现为广西顺丰速运有限公司司机。

人物故事

李俊来自农村，文化基础较弱，但自2018年入职广西顺丰速运有限公司以来，他立足本职工作，兢兢业业，创造了连续两年零事故和零延误的"双零"纪录。工作期间，李俊严格要求自己，关键时刻挺身而出，常常都能够出色地完成任务，受到各方高度肯定和赞扬。

作为一名司机，李俊在做好本职工作之外，还主动加强学习、提升自己。虽然入职时间不长，但他却是有着十多年驾龄的老司机，除了驾驶技术熟练，他还掌握了车辆构造原理、车辆保养修理等知识。李俊特别注重全面提升自己的个人素质和业务水平，他经常虚心向管理员和老员工请教，主动和维修工一起参与车辆保养维修等工作。他还制作了一本车辆运行情况记录本，每次车辆更换，他都会主动与上一班的司机沟通，了解车辆性能等情况，把驾驶操作过程中发现的问题记录下来，及时同车辆管理负责人沟通处理。

工作的特殊性，决定了李俊没有规律的工作时间，常常是班次调整到什么时候，就要在什么时候对驾驶车辆进行运输服务保障。但他从无怨言，无论刮风下雨还是严寒酷暑，他都随叫随到，经常牺牲休息时间完成"额外"的工作。面对临时受领的任务，他也严格要求自己，按时驾驶车辆到达装货地点，服从客户的调配，协助客户顺利装载好货物，在确保安全的前提下，争分夺秒，按时将托运物送到目的地。

2020年年初，多地遭遇新冠肺炎疫情侵袭，李俊所在的公司受南宁市经济开发区政府委托，需紧急组织员工向湖北省仙桃市运送一批抗疫物资。得知公司召集运输司机的消息后，李俊第一时间联系到司机组负责人，强烈要求承担这一光荣的任务。由于平时业务水平高，且有一定的修理保养经验，李俊被公司选派为运输小队长带队出发。正月初四早上，李俊与家人告别后，与另外三名同事驾驶两台货运卡车奔赴湖北仙桃。昼夜兼程，饿了就嚼一口方便面，渴了就喝一口矿泉水，历时四天三夜，李俊一行及时将防疫物资送到了仙桃中心仓库，为湖北的抗疫工作雪中送炭，圆满完成了任务。

【访谈时间】2020年2月11日
【访谈地点】北京市
【访谈对象】李　俊
【整 理 人】武　唯　张赢方

新业态 篇

杨明富：
京东物流的"配送速神"

人物简介

杨明富，男，1985年生，壮族，广西东兰县武篆镇巴学村人，现为广西京东信成供应链科技有限公司快递员。

人物故事

杨明富于2016年9月入职广西京东信成供应链科技有限公司，即将步入京东"五年大佬"行列，是南宁江南营业部的一名快递员。他业务扎实，在岗期间，配送距离已达92 560千米，足以绕地球2.31圈，完成13.7万件的配送量、137万件的揽收量，被客户称为"配送速神"。为保证客户能快速拿到快件，杨明富时刻要求自己严格执行公司标准，每件快递都必须在要求的时效内配送完成，基本全年无休。尤其是在"双十一"等电商促销时，他更是心系每位客户的需求，在完成基本业务的同时，了解各兄弟营业部人力情况，整合利用自己手上资源，及时提供人力资源信息，解决公司的燃眉之急。

公司开展揽收业务后，略有腼腆、对于开发客户一无所知的杨明富感受到了挑战。起初，因快件揽收的业务量不是很多，业绩及收入都有所下降，身边的同事选择了离职。但杨明富凭借着一股不服输的韧劲，不断克服遇到的困难，积极主动开发客户，不放过每一次机会。他主动沟通、深层挖掘，凭借平时积累的好人缘、好口碑以及不断努力，创下了揽收最高纪录。凭借自己的双手和汗水，杨明富争取了至高的荣誉，成为公司的"最佳创收能手"。

新冠肺炎疫情期间，杨明富迎难而上，成为一名积极的抗疫勇士。在大家都紧闭家门足不出户的时候，他心系每位急需用药的客户，不顾危险，穿梭在大街小巷，揽收散单散件的医药物品，平均每天 60~70 单，保证了用药客户的药品能够准时送达，解决了客户的燃眉之急，也在人们之间传递了爱与希望。由于线上订单量大增，站点原有的人手明显不足，对于此，杨明富承担了更多的货量配送，每天从天蒙蒙亮送到夜色浓郁。当有人问他："你不怕累吗？"杨明富质朴的答复令人动容："累，但是职责所在，而且客户们都需要我，我义不容辞。"

作为一名快递员，杨明富立足岗位，甘愿做人群中穿梭的"小蜜蜂"，在平凡的工作岗位上默默奉献着自己的青春。

【访谈时间】2020 年 2 月 4 日
【访谈地点】北京市
【访谈对象】杨明富
【整 理 人】武　唯　张赢方

新业态 篇

孟庆飞：
"90后"退役军人搭上脱贫直通"车"

人物简介

孟庆飞，男，1992年生，河北省保定市阜平县人，现为滴滴平台上的一名专车司机。

人物故事

孟庆飞是一名"90后"退役军人，出生在阜平县一个偏远小村子。阜平县是河北最穷的县，也是国家级贫困县，约一半人口属于贫困户，而孟庆飞家就是贫困户之一，家中世代是面朝黄土背朝天的农民，靠天吃饭，收入微薄。由于家境贫寒，孟庆飞初中毕业后就早早外出打工，独自一人到北京十三陵一个农家院做杂工。为了能够多挣些钱，他包揽了农家院几乎全部的工作，从面点炒菜到保洁、保安，即便如此，他每月的薪资也不过才3 300元。

在他 20 岁那年，他光荣地参了军，在黑龙江省东宁县服役，第一年获得了优秀士兵称号，第二年就光荣入党。孟庆飞原以为会顺利转为士官，从此过上不一样的生活，没想到一场疾病提前结束了他的军旅生涯，生活似乎又回到了原点。退役后，孟庆飞拒绝了县里安排的月薪 1 800 元的正式工作，来到了大城市，他先后在一所学校做宿舍管理员，后来又去了保健品专卖店做店员，其间结婚生子，但每月 2 000 多元的工资让一家三口入不敷出。

随着孩子慢慢长大，一家人的生活也越来越拮据。2016 年年底，父亲说"现在跑滴滴很赚钱"，他也打听过，如果去给私人开车，一个月最多挣 6 500 元，而在滴滴平台开专车一个月能挣 1 万多元，时间还能自由支配。于是他四处借钱，首付 6 万元、贷款 10 万元买了一辆车，正式开启了滴滴平台专车司机生涯。在滴滴平台开专车后他的收入出现了大幅提高，每月净收入有时达到 1 万元，第一年他便还清了借来买车的首付款。

孟庆飞很热爱这份事业，刚开始的时候，因路况不熟，被乘客投诉了，心里很委屈，后来他努力熟悉路况，积极参加培训课程学习，很快他就能游刃有余地处理各种问题了。他很珍惜这份工作，每天早早出门，最多一天赚过 1 000 多元。

说起来，孟庆飞很感谢滴滴平台这份工作，他说开专车不但能挣钱养家糊口，也能够照顾家庭陪伴妻儿，他的眼睛里充满了幸福。

【访谈时间】2021 年 3 月 5 日
【访谈方式】网　络
【访谈对象】孟庆飞
【整 理 人】冯　馨　汪晓菲

新业态 篇

谭周海：
"剥板栗机"的网络营销

人物简介

谭周海，男，1990年生，湖南省益阳市安化县人，是快手幸福乡村带头人之一。

人物故事

谭周海从小就是留守儿童，不到20岁，便前往广东打工，但多年的城市生活并没有让他获得归属感。2018年，独自在家的谭周海的爷爷摔了一跤，他决定回乡照顾爷爷。

起初，谭周海在镇上找了些零散的工作，其余时间就在家里务农。为了增加收入，谭周海又找到了同时回乡的好朋友陈曦，两人一起帮人拍摄婚礼、寿庆等照片维持生计，但这份收入并不稳定。空闲时，谭周海拍视频放到快手平台，陈曦成了他的搭档。最开始，他们拍的都是农村日常，播放量并不高。作为没有外出打工赚钱的青壮年劳动力，有大半年的时间，谭周海都背负着巨大的心理压力。不仅朋友不理解，周围邻居也议论纷纷。

直到一个拉上83岁爷爷出镜的小创意，给他的视频带来转机。在那期视频里，谭周海化身"剥板栗机"，爬上板栗树采摘，而爷爷只需按下按钮，就会有喷香的板栗喂到嘴边。爷孙俩的温情互动，让视频播放量迅速突破百万，从那以后，爷爷和美食成了谭周海视频里的必要元素。

2020年，谭周海开始在快手做电商，售卖当地特产坛子菜。目前已经在快手累计销售1.8万单。通过快手，谭周海在照顾爷爷的同时有了一份稳定的收入。并且，除了自己家的产品，谭周海也会去村里收购农产品用来做坛子菜，帮助村里的老人增收。除此之外，他还通过直播，把村里的李子销售到了全国各地。如今村民开始理解并支持谭周海选择的这条短视频创业之路，并积极参与拍摄。

【访谈时间】2021年1月20日
【访谈地点】北京市
【访谈对象】谭周海
【整 理 人】李秉钧

新业态 篇

苏占武：
借助直播平台卖牛，带动村民增收致富

🟢 人物简介

苏占武，男，1992年生，宁夏西吉县硝河乡硝河村人。

🟢 人物故事

　　苏占武是硝河村土生土长的农民，父母年老体弱，父亲还身有残疾，家里有兄弟姐妹7人，多年来一直靠种地为生，弟弟上大学，家里欠债较多。苏占武腿受过伤，是3级残疾，干不了重活儿。为了改变家里的生活状况，苏占武到新疆打工，一年下来挣3万多元，工作很辛苦。

　　看到这几年国家精准扶贫政策的力度越来越大，村里越来越多的人通过

养牛挣到了钱，2018年苏占武决定回家养牛。听人说甘肃武威的牛体型大、品种好，还不易得病，他当时手里没钱，只买回来两头自己养。苏占武精心饲养着两头牛，本想靠这两头牛扩大养殖规模，可是中途却被人高价买走，苏占武也仅赚了一些钱。虽然舍不得，但这让他看到了商机。不久，苏占武拿着东拼西借的几十万元购进了20头西门塔尔母牛。喜欢看快手短视频的苏占武，为了让更多的人了解自己家的牛，便把自己的快手账号改为"硝河牛魔王"，尝试利用直播带货卖牛。没想到很见成效，陆续有客户前来看牛，20头牛很快卖出，也盈利了，从此苏占武走上直播卖牛之路。

苏占武的哥哥苏占全是个手艺人，以种地为生，农闲时节也帮别人盖房子挣点钱，弟弟苏占军大学毕业后也选择回家乡发展。这时头脑灵活的苏占武萌生了兄弟三人协作卖牛的想法。当他把这个想法告诉兄弟二人时，他们立即爽快地答应了。为了尽快将牛卖出去，大哥苏占全开始学习快手直播卖牛，弟弟苏占军则协助二哥跑运输。买牛的人渐渐增多，2020年卖了近600头牛，销售额达到了1 000多万元。经过两年的努力，苏占武一家的生活水平得到了改善，吃喝不用愁，房子、车子现在都有了。

2020年，村里给苏占武兄弟颁发了"致富能人"奖牌。在苏占武的带动下，现在村里越来越多的人开始通过养牛和卖牛增加收入。借助直播平台，养殖户畅通了信息渠道，实现了更方便、更快捷的交易方式，加快了增收致富步伐。苏占武已经成了远近闻名的"牛经纪人"，带动着本村牛产业的快速发展，让全村养殖户增收致富的路越走越宽。苏占武说："2021年的目标是1 000头，这个行业虽然辛苦，但是你所付出的汗水跟收获是成正比的。"

【访谈时间】2021年2月25日
【访谈地点】宁夏固原市西吉县
【访谈对象】苏占武　苏占全
【整 理 人】刘建利

新业态 篇

段召军：
科学发展养殖，勤劳务实致富

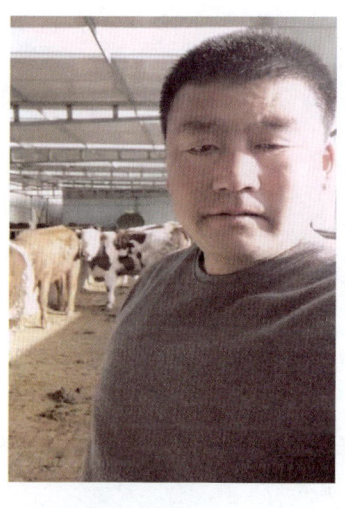

人物简介

段召军，男，1980年生，宁夏固原市西吉县人。

人物故事

2015年以前，段召军一家主要靠种地生活，一年到头除去花销也剩余不了几个钱。随着各种脱贫致富政策不断出台，看到同村人依靠党的政策走上脱贫道路，段召军也跟上了大家的步伐，誓要闯出了一条致富之路。

段召军家有土地十余亩，但同村有很多土地因村里年轻人外出务工而荒废，他就积极承包下来开始种植饲草料，利用以前的积蓄建起了牛棚，并申请政府扶贫贷款5万元购进3头基础母牛开始发展养殖业。为了扩大规模，他主动与驻村工作队联系，在第一书记的帮助下，到养牛基地进行参观学习，并通过协调获得扶贫贷款 10 万元。经过短短两年的发展，牛的数量从刚开始的 3 头发展到近 20 头，成为村里的养牛大户。直到 2020 年，他的牛数量扩展到了将近 40 头，年产值已超过 10 万元。

段召军在自己发展的同时不忘带动乡亲们致富，把自己的养牛知识无私地讲解给乡亲们，向他们传授养牛经验，并把自己的优质牛低价卖给乡亲们，带领乡亲们一起致富。2021 年他准备扩建一个 200 平方米的养牛棚，扩大自己的产业，并修建了青储池，准备奔向小康。

【访谈时间】2021 年 2 月 25 日
【访谈地点】宁夏西吉县
【访谈对象】段召军
【整 理 人】任建飞

技能人才篇

技能人才 篇

刘发生：
打磨家具也是好手艺

人物简介

刘发生，男，1975年生，江西省婺源县太白镇程家湾村人，现任浙江省东阳市御乾堂宫廷红木家具有限公司打蜡组长。

人物故事

刘发生出生在江西婺源太白镇的一个偏远小山村——程家湾村，该村离镇上有15公里，仅有60多户人家。

过去，刘发生家是程家湾村最穷的，父亲多病，母亲是盲人，兄弟姊妹8人，他排行第7，一家10口艰难度日。最要命的是，在刘发生6岁那年，父亲病故，家里的顶梁柱倒了，原本贫困的家境更是雪上加霜。

1993年，刘发生随"打工潮"南下广东，在一家红木家具企业跟着一位东阳师傅学做打蜡。由于他刻苦努力,手艺很快就学成了。在这家企业,刘发生一干就是9年,但他的工资并不高,最后几年才有1 200元左右的月收入,勉强维持一家人的生计。

之后,刘发生先后去了山东、辽宁、天津、福建等地。尽管他的打蜡手艺不错,但始终没能挣到什么钱。"在天津时,一天只有100元的工资,老婆又没工作,还有两个孩子要养,日子过得紧巴巴的。"刘发生回忆道。

2005年,刘发生来到"中国红木(雕刻)家具之都"——浙江东阳,进了专业生产大红酸枝家具的御乾堂宫廷红木家具有限公司(以下简称"御乾堂红木"),并担任了打蜡组长。

在御乾堂红木,刘发生拿到了比以往高得多的工资,公司还为他缴了社保。"不仅如此,中餐、晚餐在食堂吃,公司还给我们每人每餐7元钱的补贴。在这里做工,几乎不要多少花销,可把挣的钱绝大部分都带回家去。"刘发生笑着说,现在他们夫妻在御乾堂红木做工,每年有20万元左右的收入,"我在许多地方打过工,都没有挣到大钱,只有在东阳,才挖到了'金矿'。"

2014年,刘发生在老家建起6间3层楼房,两年后又进行了内外装潢。"在程家湾,我家钱最多不敢说,但我家房子肯定是最好的,邻近三村的人都很羡慕。"

2015年,刘发生买了一辆"众泰"汽车。因为两个孩子在老家念书,夫妻俩每个月都要驾车回家一趟。"有汽车很方便,头一天下班回去,只要3个多小时就到家了,第二天下午在家吃过晚饭轻松返回。"

刘发生说,御乾堂红木工作、生活环境都很好,老板对员工又关爱,这是他到过的其他地方所不能比的。"如果可能,我们愿意在这里干一辈子。"

【访谈时间】2021年3月2日
【访谈地点】浙江省东阳市
【访谈对象】刘发生
【整 理 人】吴　帅　俞佳平

技能人才 篇

朱付军：
传承和创新泥塑

人物简介

朱付军，31岁，河南省鹤壁市浚县人，现为"快手"平台手工领域创作者和幸福乡村带头人，其在"快手"创设的账号"泥巴哥（腾哥）"拥有近420万的粉丝。

人物故事

儿时的朱付军生活在素有"中原泥塑第一村"之称的河南省浚县杨玘屯村。那时的杨玘屯整个村子家家户户都做泥塑，受此影响，朱付军从小就喜欢做泥塑。但因为挣不了多少钱，而今村子里只有不到一半的人还在坚守这门老手艺，多数都是老年人。一开始，朱付军也没有选择坚守，14岁便离开家乡，外出打工。

2018年，因为在工地上摔伤了腿，原本在外打工的朱付军选择回家养伤。正好当时"快手"和鹤壁市开展战略合作，推广鹤壁市的民俗文化和非遗项目，朱付军决定重拾儿时爱好。他尝试捏了一个泥塑拖拉机发布到了平台，没想到，这条视频一夜之间播放量就突破了 200 万。从那以后，朱付军开始靠短视频传播泥塑技艺。

在"快手"上，朱付军创造了全新的泥塑创作方式，他把泥塑做成剧情、段子，甚至通过绿布抠像技术还原影视片段。除此之外，朱付军还用泥巴复制了电影《头文字 D》的精彩片段。他用泥巴拍摄的"电影"在村里播放，成为孩子们夜晚的最大乐趣。

以前，当地泥塑除了庙会之外销路有限，但现在，在朱付军成为"快手"网红之后，泥塑又有了新的销路。从 2018 年至今，朱付军已经帮助 100 多位手艺人销售了 10 万多件泥塑作品，总销售额达到 120 万元左右。除此之外，在朱付军的影响下，如今村子里的二十几个年轻人也重拾泥塑手艺，打算在网上销售传统泥塑作品。未来，朱付军打算带着乡亲们学习"快手"直播，在传承传统技艺的同时也帮乡亲们增收致富。

【访谈时间】2021 年 1 月 20 日
【访谈地点】北京市
【访谈对象】朱付军
【整 理 人】李秉钧

技能人才 篇

柴少娟：
勇于奉献的"女焊子"

🟢 人物简介

柴少娟，女，1978年生，湖北省钟祥市柴湖镇人，现就职于湖北鄂电德力电气有限公司。

🟢 人物故事

2013年进入湖北鄂电德力电气有限公司（以下简称"鄂电德力"）工作前，我和丈夫在武汉造船厂工作了5年，熟练掌握了熔焊、压焊、钎焊的焊接技巧，成为名副其实的"女焊子"。

2013年，丈夫因交通意外丧失了工作能力，生活不能自理，一家人的生活重担全部压在我身上。为了兼顾年迈的老人和两个孩子，我选择返乡就业，进入鄂电德力工作。

我的工作主要是对铁塔、构架、柜体等钢结构进行焊接。我对待工作一丝不苟，多次被评为公司先进工作者、优秀员工，带领车间的兄弟姐妹们屡次获得荆门市、钟祥市"工人先锋号"荣誉，2018年被评为"荆门市首届十大魅力女性"。

2020年1月31日晚，公司受国家电网湖北省供电公司委托，承接了在48小时内为雷神山医院提供风机智能动力柜、照明配电箱等紧急物资的重任。疫情严峻、时间紧迫、任务艰巨，我主动请缨，连夜加班参与电气设备的生产赶制，不惧危险毅然前往雷神山医院安装电气设备，确保了雷神山医院如期交付供电，为雷神山医院的建设做出了贡献。

我是大柴湖移民的后代，继承了前辈不怕苦不怕累的拼搏精神。我对待工作热心，技术上是骨干，业务上是尖兵，用行动证明了自己是名副其实的"女焊子"；我对待同事真心，从来都不计较个人得失，公司每年年底对贫困家庭给予一定的资助，但是我都委婉拒绝了，因为我知道，还有比我更需要帮助的家庭。

虽然生活中我负重前行，但我会用行动在平凡的人生里，抒写属于自己不平凡的故事。

【访谈时间】2020年5月21日
【访谈方式】网　络
【访谈对象】柴少娟
【整 理 人】贾东岚　蔡婧娟

喻银灯：
尝到电焊技术的甜头

人物简介

喻银灯，男，1984年生，湖北省大悟县新城镇江冲村人，现为武汉武船重型装备工程有限责任公司电焊工。

人物故事

1999年，15岁的我跟着老乡一起踏上了南下广州的打工之路。亲戚给我介绍到一家做钢结构的工厂学习电焊，我发现这不就是我想学的技术吗！我下定决心一定要学到这门技术！于是我就在广州认真学习了两年。两年后，我回到家乡，机缘巧合下得知武船重型装备工程有限公司（以下简称"武船"）正在招聘电焊工，我凭借自己的实力，成为武船一名农民合同工。

  在武船工作期间，我品尝到了电焊技术带来的苦涩和甜蜜。对于电焊工来说，受伤是家常便饭。工作的时候，滚烫的铁水珠乱溅，落到皮肤上后，不但不能将它抖落，反而要一动不动。因为有时高精度的焊接工作容不得半点差池，讲究一气呵成，稍微有所停顿，将严重影响产品的质量。所以，每当遇到这种情况，只有咬牙坚持。几年下来，我身上的小伤从来没有断过，工作服也烫破了好几件。但是我不怕苦也不怕累，遇到急难险重的任务毫不畏缩，每次都能高质量地完成，领导和同事们也因此对我表示了高度的赞扬和肯定。

  在科学技术迅猛发展的今天，我清楚地意识到，理论是实践的基础，要想在技术上有突破，就必须以丰富的理论知识武装自己。所以我在接受公司培训的同时，经常自费购买参考书，抓紧时间学习焊接理论知识。经过不断的学习，我熟练掌握了埋弧自动焊、手工电弧焊、CO_2气体保护焊等常用的及一些尖端的焊接技术，成为焊接能手。

  我已经快到不惑之年，对未来我有着清晰明确的规划，我要一步步成为行业专家！我相信只有吃得工作的苦，才能品尝到工作的甜。

【访谈时间】2020年5月27日
【访谈方式】电　话
【访谈对象】喻银灯
【整 理 人】贾东岚　蔡婧娟

技能人才 篇

赵小梅：
钙业公司的技术能手

人物简介

赵小梅，女，1974年生，江西省德安县林泉乡林泉村人，现任巨石集团九江钙业有限公司工艺技术员。

人物故事

一直在农村成长生活的我，先前在家务农，也曾到德安县周边砖窑打过零工。2010年，巨石集团九江钙业有限公司落户德安县林泉乡小溪山村，我应聘成为公司的首批驻地员工。进厂初期，我从事矿石和粉料成品的物性检测和原料化学分析工作。通过自身不断的努力与钻研，以及师傅的教导和同事的帮助，我很快就熟练地掌握了工作要点和化验技能。除了完成本职工作外，从2011年开始，我先后培养了6名合格的化验员。2012年，公司聘任我为工艺技术员，具体负责公司生产和质量管理工作。

2018年6月，公司投资1 000万元建设的年产5万吨生石灰生产线点火投产，新建二期生产线窑炉的容积有320立方米，日设计产能为150吨生石灰。从点火烤窑到投料试生产，我每天都要数次到将近40米高的窑炉顶端观察炉内上火及料位情况，即使6月里燃烧的窑炉顶部温度达60~70 ℃也不例外，每次待在炉顶观察的时间都要15~20分钟。通过细致的观察，调整立窑煅烧过程中的供氧量、石灰石与无烟煤的配比、卸灰及加料的数量与时间等各项生产工艺参数。在我的悉心指导和班组员工共同努力下，公司二期生产线在预定时间内达产达标，为巨石九江公司年产35万吨玻纤生产基地的正常生产提供了重要的原料保障。

为响应国家脱贫攻坚的号召，我积极做好企业驻地贫困群众的帮扶工作。作为德安县义工联合会的志愿者，我利用工余时间跑遍德安县林泉乡40多个自然村，访贫问苦，慰问和帮扶贫困群众。2017年，我上门做工作，招录了小溪山村4名建档立卡贫困户和部分困难群众加入公司，在公司成立扶贫工段，帮助村民就业脱贫。在我的帮扶和关心下，4位贫困员工都在较短时间内熟悉了各自的工作流程，胜任各自的岗位。现如今，他们通过自己的努力，已在公司稳定就业，人均年收入4万余元。有了固定的经济来源，他们对未来的生活充满信心。在我的带动下，公司员工成立了"爱心基金"，累计捐款数万元，用于帮助公司和驻地中遇到天灾人祸和暂时困难的员工和群众。

2020年1月新冠肺炎疫情来袭，公司第一时间成立了疫情防控领导小组，我担任副组长。我主动放弃节假日休息，积极投身到疫情防控工作当中，通过悬挂横幅、张贴海报等多种形式开展疫情防控知识宣传；建立疫情信息微信群，开展疫情联防联控；安排人员每天做好厂区及人员防控检查、技能人才

消毒、测温等工作；严格管控外来人员，及时采购防控物资，全力保障了员工的身体健康和公司的正常生产经营。

我会继续通过自身的努力，实现自我价值，为公司的发展和家乡的经济建设贡献自己的力量。

【访谈时间】2020年6月19日
【访谈方式】电　话
【访谈对象】赵小梅
【整 理 人】贾东岚　蔡婧娟

龚伟贵：
掌握挖掘技术的乐趣

人物简介

龚伟贵，男，1980年生，宁夏回族自治区中卫市海原县董堡村人，自学挖掘机技术后创业。

人物故事

龚伟贵出生在宁夏的一个偏远小山村，由于家境贫寒，母亲重病缠身，读完小学三年级，他被迫辍学。春天辛辛苦苦播种，夏天除草杀虫，秋天忙着收割，冬天也不闲着。一年四季，无论风雨，无论烈日，为的就是种出庄稼，然后卖到市场，使家里的物质生活得到基本保障。

一晃七八年过去了，他已成人，他知道没有技术很难过上好日子。18岁的他去县城学盖房子，可是病重的母亲还需要照顾。他奔波于家和工地，尽管这样，他盖房子的技术仍得到很大的提升。22岁时，母亲过世，在舅舅的帮助下，他开始学习挖掘机技术。但是在白天，他根本没机会自己尝试，只能每天凌晨2点到5点独自一人在荒郊野外练习。"我没有出过远门，刚开始挺害怕的，可是为了学习这门技术，我只能忘记害怕，忍受孤独。"他不羡慕别人的好运气，只学习别人努力的过程。

艰苦的环境，更能激发人的斗志，用了3年的时间，龚伟贵开挖掘机的技术已经达到炉火纯青的地步，但还是缺少属于他自己的挖掘机。他说："虽然目前我还没有能力买挖掘机，可是我会努力奋斗，争取尽快拥有一辆属于自己的挖掘机。"他一年四季在外努力赚钱，终于在2010年买了一辆小型挖掘机与一辆小轿车。夏天、秋天的时候，他去外地干活，冬天的时候，他为家乡开山铺路！他说："从小我就对这里产生了浓厚的感情，我虽然习惯了漂泊的日子，但我对家乡的情意只增不减。我想让家乡的泥泞小路不再崎岖。"

当一个人努力的目标越高，他就会发展得越快。2015年，他在家乡创办了一家农资店，除了工程机械的租赁，还经营农药、化肥、常规种子。2018年，他凭借自己的努力，拥有了两辆属于自己的挖掘机、一辆平板车、一辆大货车、一辆小轿车，在家乡修建了一座院子。2020年在县城买了一套房子。

二十多年来，龚伟贵坚持保持那颗进取的心，不仅自己摆脱了贫困生活，还为家乡的发展做出了贡献！

【访谈时间】2021年2月25日
【访谈地点】宁夏海原县
【访谈对象】龚伟贵
【整 理 人】龚旭鑫

段建灵：
打磨好装配钳工技术能力

人物简介

段建灵，男，1984年生，云南省大理白族自治州巍山彝族回族自治县大仓镇小河村人。

人物故事

2003年上海援建云南贫困山区，由于我在学校表现出色，成为第一批赴上海的农民工。2003年春节刚过，我踏上了开往上海的列车，开启了装备制造业一线技能工人的学徒生活。

最初我的工作岗位是公司第二金工车间装配工段装配钳工。在师父的指导和鼓励下，我积极学习，遇到看不懂的图纸和不懂如何下手的活儿都积极请教。三年多不间断的岗位实践和锻炼，我的综合能力得到积累，逐渐能够独立完成车间安排的一些简单的中小型冶金产品的装配任务。车间领导和同事对我的评价较高，但是我深知这只是专业技术能力的一些基础而已，要想成为一个合格的装配钳工，还需继续努力。

为了更多掌握装配钳工领域丰富的技术与知识，我积极参与很多产品的装配攻关工作。在短短的几年时间里，我完成了一系列不同型号规格的压机装配任务，有辽宁忠旺的 12 000 吨油压机、重庆中远萨帕 12 000 吨油压机、无锡 7 500 吨油压机等。2012 年，我通过培训取得钳工三级证书，在公司领导的关怀下，破格转正成为公司的正式职工。

2016 年 10 月，新日铁轧机项目在车间 36 米跨全面铺开，装配节点一再告急，日方用户每天有近 20 人的团队在公司的现场检测验收，目标直指集港节点。我主动担当作业组领头人，在班组团队的支撑下，用多年的经验、扎实的技能，完美地完成了世界上第一台可移动式牌坊的轧机装配工作。

2018 年，我取得钳工二级证书，并入选公司以攻关装配任务中的重难点项目为目标的首席技师工作室。在工作室，我学习了团队管理知识和同步攻关的方式方法，并将自己的所学和经验传授给身边的青年工人，培养和带动了一批装配能手。2018 年年初，我成为"奋战风洞项目组"的成员。10 月，我和团队成功克服技术难点，先后完成了产品的装配和现场安装，得到了用户专家组的高度评价。

2020 年年初，新冠肺炎疫情发生，我积极加入公司志愿者队伍，每天坚持对工段的几个更衣室、办公室进行早晚两次的消毒，早上和中午负责组织相关工作人员进行体温测量并登记。3 月初疫情控制相对稳定，复工复产逐渐推进，公司停产期间积压了很多订单，但因为疫情原因生产人手严重不足。2020年7月,在车间及时安排下,我带队完成了2PC-2022双转子破碎机的总装与调试,做到了一次成功。通过几个月的努力,公司装配工作的总体产能后来居上,满足了产品任务的时间节点要求。

【访谈时间】2020年7月3日
【访谈方式】电　话
【访谈对象】段建灵
【整 理 人】贾东岚　蔡婧娟

技能人才 篇

张小花：
从绣娘到掌舵工坊

人物简介

张小花，女，1975年生，贵州省台江县方召乡反排村人，非物质文化遗产（苗绣）传承人，现任贵州台江翁你河苗文化发展有限公司方黎湾工坊负责人。

人物故事

张小花出生于贵州交通不便的偏远山区，由于家境贫寒，中学未毕业便辍学到县城打工供弟妹上学。到县城几个月后，张小花给家里寄出了第一笔款：116元，金额虽少，但却是她起早贪黑工作、省吃俭用换取而来。

1984年年底，张小花在朋友的引荐下结识了当地舞蹈团的领队，她凭借着自己精湛的舞艺成功加入了舞蹈团。自此，张小花便投身于舞蹈事业中。1985—2015年，张小花跟随舞蹈团踏遍国内各大舞台，北京、河北、云南、

425

贵州，以及香港等地都留下了她的足迹。

2016年年初，41岁的张小花告别了30年的舞蹈生涯，回到了家乡反排村，但眼前的生活景象令她惊讶不已，村里的生活还是一如既往，道路坑坑洼洼、房屋破破烂烂，这场景和大城市的繁华简直天差地远。于是，张小花便立誓不仅自己要走出去，还要带领村里的乡亲走出去。几天后，张小花再次来到县城，有老乡告知，吉玉鸟公司在招聘绣娘，这对从小就开始学习刺绣，有着扎实基础的张小花来说，应聘成功轻而易举。起初的绣娘职位，因订单不稳定，收入也不容乐观，这令张小花着急不已。收入不稳定，就会随时面临着失业。因此工作了一段时间，张小花便离职另寻职位。

2019年年初，脱贫攻坚给当地带来了新的项目、新的就业岗位。张小花积极参加了贵州台江翁你河苗文化发展有限公司（妈妈制造台江苗手工合作社）绣娘培训，在此期间因刺绣能力突出、管理能力强，被选拔为妈妈制造台江苗手工合作社方黎湾工坊负责人。

2019年至今，妈妈制造台江苗手工合作社在发展，张小花也跟着成长，除了工资的提高，不再为生活的开支而烦恼，更多的是得到了技能的提升、获得了工作的满足感。在工坊办公，事务虽多，产品登记、打样、返工等，有时也会手忙脚乱，但这样的生活让张小花收获满满，精力充沛。张小花不断培训工坊周边的待业妇女，传授刺绣技艺，如今工坊的绣娘人数已达200余人，订单源源不断，从原来每月几百单上升至几千单，绣娘们都乐此不疲，实现了在合作社"背着娃、绣着花、赚着钱、养着家、美了自己、富了家"的美好愿景。

"在妈妈制造台江苗手工合作社这个大家庭，我深感幸福，能陪伴孩子成长，能给同为妈妈的绣娘们带来收益，这便足矣！"张小花激动地说。

【访谈时间】2020年11月11日

【访谈地点】贵州省台江县

【访谈对象】张小花

【整 理 人】唐和兰

技能人才 篇

熊日刚：
脚踏实地，迎难而上

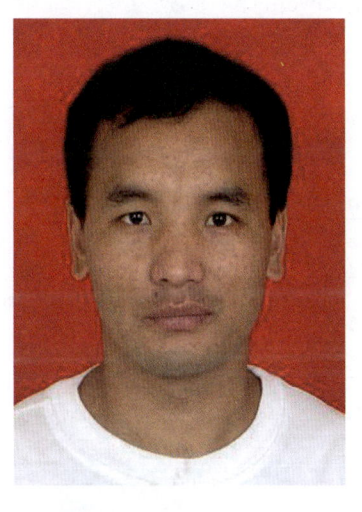

人物简介

熊日刚，男，彝族，1983年生，四川省德昌县热河乡小司达村三社人，现任德昌县佳普包装有限公司生产技术员。

人物故事

我出生在四川省凉山彝族自治州德昌县的一个偏远山区。在我的记忆中，我生活的小山村一直以来是个不通路、不通电的地方，稍大点时，每年能和父母走上4个小时的山路到乡镇去赶一次场，在同伴面前是无比自豪的一件事。我祖辈都是农民，虽然家境极度贫穷，但老实巴交的父母却知道让孩子走出山区的"路"就是读书，所以在家人无数次的坚持下我完成了高中学业。

奇迹的"切片"
——2020位农民工口述脱贫

2009年3月,我作为一名实习生在德邦物流做业务员,说是业务员,但更多的时候都是自己找货源、搬货、发货,每天忙到晚上十一二点才能下班。工作虽累但对我来说反而觉得很有挑战性。因为踏实肯干,实习结束后,公司与我签了一份无实习期的劳动合同。

2009年7月,我一离校,扛着行李直奔公司上班,工作内容是和一位新任经理去四川绵阳找门市,新开网点。我们冒着酷暑奔波,一个月后,新网点开业,3个月后我接任经理,每天带着4个伙伴没日没夜地忙,到12月底网点实现了微盈利。如此一干转眼到了2016年,我为公司新开了6个网点,员工由开始时的4个增加到了40多个,每天营业额达到近20万元。在物流公司上班的这几年让我深刻体会到了工作中团队合作、脚踏实地、迎难而上的重要性以及天道酬勤的真理。

正当工作做得顺顺火火之时,2016年年底,我父亲被查出了心脏问题,由于病情的特殊性,我不得已辞职回乡,一边工作一边陪伴年迈体弱的父母。通过朋友介绍,现在我就职于德昌县佳晋包装制品有限公司,从事技术工作。在这里,我学会了多种生产技术,也提升了管理能力。

现如今,在国家政策的扶持下,家乡贫困落后的面貌已焕然一新,随之而来就业环境也得到了大大的改善,再也不用经历外出打工的艰辛,而且也能照顾家庭。我坚信,通过自己的努力和政府给予的各种优惠政策,以后的日子一定会越来越好,生活会更上一层楼。

【访谈时间】2021年1月26日
【访谈地点】四川省德昌县
【访谈对象】熊日刚
【整 理 人】吴 帅

技能人才 篇

杜承三：
坚持中国千年工艺传承

人物简介

杜承三，男，1958年生，浙江省东阳县人，现任浙江卓木王控股有限公司董事长。

人物故事

1958年杜承三出生于一户贫困的泥水匠人家，为了养家糊口，17岁进入乡镇企业维风木雕厂学习东阳传统木雕手艺。为了能快速提升自己的手艺，他晚上回家经常偷偷躲到自家楼上学打胚。那时候的房屋楼板都是木板，为了防止被别人听见，误会自己帮别人干活赚外快，他每次打胚前都会在工作台脚下面垫上垫子。平日里,别人都跑去吃饭休息的时候,杜承三会默默地端着饭盒站在师傅作品边上安静地研究其手法和技术。不仅如此,杜承三的叔叔是木工,经常跑义乌干活。每次干活结束,杜承三都会叫叔叔带上一些废樟树桩回来,目的就是为了练习雕花床。放假的时候,他会自己一个人跑去磐安农户家找活干,不论有没有工资,包餐饭就行。在他的眼里只要是能磨炼提升自己手艺的机会都不会放过,哪怕吃再多的苦也无所谓。终于,皇天不负有心人。22 岁的杜承三凭借自己精湛过人的雕刻技艺和严谨认真的工作态度被破格提拔为维风木雕厂最年轻的厂长。任厂长期间,杜承三多次南下北上,四处学习考察,不断糅合各流派之间木雕工艺的风格和特色,汲取民间艺术的养分,在题材、工艺、用料、品类等诸多方面积极探索,不断创新。

1983 年,杜承三创建了木雕工艺厂,开始了自己的创业之路。为了打响品牌的知名度,创业初期他经常自己一个人出去跑业务,一去就是一两个月。创业条件艰苦,为了省钱,每次出门前他都会给自己准备好一大袋霉干菜带上。那时候出远门通行基本都是绿皮车,没钱买座位票,从义乌上车挤在人群中,一站就是两三天,腿经常是又麻又肿。在火车上过夜遇到运气好的时候,就找到座位底下没有行李物件的地方睡觉休息来补充体力。1983 年 12 月 20 日晚,杜承三从哈尔滨到鹤岗,火车上没有暖气,为了御寒只能在车厢里来回走动,一晚上都没有休息。下了火车,他借了辆自行车准备找饭馆吃饭,但不知道东北的饭馆在冬天风雪大的日子大多是不开着门营业的。他只穿了一双单薄的解放鞋在大雪天骑了很久的自行车,浑身冻得僵硬最后好不容易才找到一家饭馆,花了几分钱买了一碗白米饭就着霉干菜泡白开水吃,慢慢才缓过神来。

杜承三喜欢将政治、经济、人体工程学、文学艺术、民情风俗等不同的创作元素融入脍炙人口的题材中,以达到内容与形式的完美统一。有人评价说:"杜承三希望呈现给后人的是一幅动态的时代写真,而不是单纯的木雕家具。"2011 年,杜承三被推举为"中国红木家具行业风云人物"候选人。

自 1983 年创立以来,杜承三的公司从一个家庭小作坊发展到现有员工近 800 人,解决了部分农民工就业问题。杜承三几十年如一日,坚持中国千年工艺传承，制作红木精品。杜承三秉承"非大师之作，不足以传世，非精湛工艺，不足以立名，非真材实料，不足以取信"的经营理念，带领公司获得人民大会堂特选定制品牌、中国轻工业百强品牌、浙江省著名商标、浙江名牌产品、中国红木家具十大品牌等几十项荣誉。其设计的红木家具"中国梦和谐宝座"代表中国参加美国洛杉矶国际艺术博览会，向世界展示中国工匠艺术，让世界看见东方美。

【访谈时间】2021年3月12日
【访谈地点】浙江省东阳县
【访谈对象】杜承三
【整 理 人】陈 晓

吕忠民：
帮助他人，快乐自己

人物简介

吕忠民，男，1962年生，浙江省东阳市横店镇方家小区居民，现任东阳市长庚集团有限公司顾问。

人物故事

吕忠民出生于东阳市马宅镇长庚村，家境贫寒，一家人以捕鱼、砍柴为生，经常吃了上顿没下顿。为了贴补家用，初中毕业后，吕忠民便进入社会打拼，跟着他人四处修路、铺桥、盖房子，拼死拼活干一天只能赚两毛钱。后因南江水库加高，吕忠民一家积极响应政府号召，搬迁至横店镇方家小区，生活条件才逐渐有了改善。

吕忠民长期从事建筑业的土石方工程，在东阳、义乌、武义、衢州、龙游、丽水、青田、温州等地参与了几十个重大工程项目的建设，积累了丰富的工作经验。后来，吕忠民开始创业，从找来几名工人帮人盖房子开始，工程越做越大，直至创立东阳市长庚集团有限公司。在这过程中，无论严寒酷暑、刮风下雨，他总是坚守在工地上，一丝不苟地抓好工程质量，交出了一张张令人满意的"答卷"。

一件红白条纹POLO衫，穿了洗，洗了穿，却始终舍不得丢弃；每次出门，总是习惯性地穿上旧布鞋，直到鞋底磨平，才会重新换一双……因为从小过惯了苦日子，吕忠民对自己很"抠门"。但对其他人，他又很大方，出钱出力，毫不心疼。

20世纪90年代，30多岁的吕忠民并不富裕，但家乡修桥造路，他毫不犹豫地掏出钞票，几百几千地捐。后来口袋里的钱多了，他就一万两万地捐。再后来，五万十万甚至上百万，只要是善事、好事，他都十分慷慨。

事业做大后，吕忠民特别关注教育事业、关心贫困学生，不仅给东阳的学校捐款捐物，还远赴湖南汨罗传递爱心，汨罗市的"浙商吕忠民希望小学"便是他出资建造的。截至目前，吕忠民已资助学生800多人。他说："资助一名家庭贫困学生完成学业，不仅可以改变一个孩子的人生，还能给这个孩子的家庭乃至整个社会带来希望。我想通过捐资助学，让更多贫困学生上好学，让更多人都能脱贫致富。"

2014年5月，在吕忠民儿子的婚礼现场，父子二人共同出资380万元，成立长庚慈善基金，交由横店镇慈善协会管理；出资近20万元，向横店镇3所农民工子弟学校捐赠68台联想电脑。同时，吕忠民带动亲朋好友，当场结对帮扶汨罗市的63名贫困学生。

"帮助他人，快乐自己"，在吕忠民的影响下，他的家人朋友也纷纷加入到公益事业中来。在汨罗市 2018 年"脱贫攻坚、罗城有爱"扶贫日专题募捐活动中，吕忠民父子再次捐赠 140 万元。据不完全统计，吕忠民一家已累计向社会各界捐款 3 000 多万元，为打赢脱贫攻坚战做出了积极贡献。

【访谈时间】2021 年 1 月 6 日
【访谈地点】浙江省东阳市
【访谈对象】吕忠民
【整 理 人】陈巧颖

技能人才 篇

郝艳锋：
理论成熟、政治坚定的劳动模范

人物简介

郝艳锋，男，1971年生，陕西省延安市甘泉县石门镇石门村人，现任甘泉八千里食品公司党支部书记、副总经理、工会主席。

人物故事

郝艳锋出生在陕北农村，家境贫寒的他从小就体谅父母艰辛，努力学习，成为村上为数不多的大学生。为贴补家用，1999年郝艳锋进入县上一家杂粮销售公司打工，高强度的工作让他身心俱疲，体会到了生活的艰辛。不久郝艳锋的父亲检查出胃癌，为救治父亲，他更加勤奋工作，想法赚取诊疗费用。后期为照顾病重的父亲，他辞掉工作，守候老人走完了最后一程。

2005年，郝艳锋进入甘泉八千里食品公司担任会计，稳健练达的工作作风让他赢得了领导、同事的肯定。但年迈的母亲又患上了阿尔兹海默症，起早贪黑工作的郝艳锋有时下班后还要寻找外出而忘了回家路的母亲。2007年，郝艳锋事业迎来了转机，业绩突出的他得到公司总经理的青睐，被提拔为副经理。从此，他全身心投入公司营运管理中。为加强员工管理，他制定了"职责明确、任务到组、质量到人"的工作制度，有效消除了生产安全隐患。为提升生产效率，他同业务骨干研究制定了一套科学作业规范，全面优化了生产流程。面对工作挑战，郝艳锋从不言苦、乐在其中，担当尽责、敬业奉献，有力助推了公司从手工作坊向年销售6 000余万元大企业的跨越转变。公司生产的"八千里"牌豆腐干更是被评为"陕西省名牌产品""陕西省著名商标"。

郝艳锋认为，只有理论上成熟，才有政治上坚定；只有不断学习、更新观念，才能在创新中求得进取发展。2009年郝艳锋申请入了党，后被选举为支部书记。他扎实履职尽责，发展11名业务骨干入党，建起了党员活动室，创新建立了"党员流动红旗+亲情工资+党员示范岗"制度，有力提升了党在公司的组织力。郝艳锋被评为"陕西省优秀党务工作者"，公司党支部获评"陕西省五星级党组织""延安市基层党建综合示范点""延安市先进基层党组织"。

在担任公司工会主席期间，郝艳锋围绕公司发展大局，强化工会服务效能。为保障职工权益，他研究制定了职工工资集体协商机制，积极帮助职工维权维稳，开展劳动竞赛，营造了和谐干事的氛围。公司先后被全国总工会授予"厂务公开民主管理先进单位""模范职工之家"荣誉称号，被陕西省总工会评为"服务职工创先争优先进单位"。郝艳锋也被评为"延安市劳动模范""延安市优秀工会工作者"，荣获2014年延安市"五一劳动奖章"，被推选为陕西省工会第十三次代表大会代表、延安市第五届人大代表。

【访谈时间】2021年3月1日
【访谈地点】陕西省甘泉县
【访谈对象】郝艳锋
【整 理 人】吴　帅

技能人才 篇

朱云兰：
哈密瓜中的致富之路

人物简介

朱云兰，女，1962年生，浙江省金华市画水镇画溪五村人，哈密瓜种植大户。

人物故事

昔日贫困户，今日走上致富路，这是画水镇画溪五村朱云兰的真实写照。走进朱云兰的大棚里看见她，认识她的人都会不相信，从前的小白脸现在变得这么黑了。朱云兰自豪地说："我靠种植哈密瓜，走上了脱贫致富的路，我变黑了，身体更强壮了，生活更富裕了，我非常高兴。"从前的贫困户如今过上了比哈密瓜还香甜的小康生活。

在脱贫产品上，朱云兰选择了种植哈密瓜。每年3月，朱云兰都会请几个工人，用一天的时间把 10 亩多的哈密瓜苗定植完。日后朱云兰夫妻俩每天都在大棚里辛勤劳动，精耕细作，拔草、吊蔓、打药、施肥。朱云兰最大的优点就是勤奋好学，听从技术人员的指导。"世上无难事，只要肯登攀"，通过自己的努力，朱云兰种的哈密瓜成了全镇最好的瓜。

一分耕耘一分收获，每年 6 月下旬朱云兰的哈密瓜上市，来她棚里采摘哈密瓜的游客非常多，来看瓜的经销商也很多。经销商们都说朱云兰的瓜最好，每年从开始采摘到采收完毕不到 1 个月的时间全部销售一空，产量达 2 万多斤，最低批发价为 10 元 / 斤，总收入达 20 多万元。朱云兰面带笑容地说："哈密瓜真是致富瓜。"

【访谈时间】2021 年 1 月 5 日
【访谈地点】浙江省金华市
【访谈对象】朱云兰
【整 理 人】戚惠英

技能人才 篇

陈有生：
传统美食的传承之路

人物简介

陈有生，男，1965年生，浙江省诸暨市岭北镇人，现在东阳市经营一家饧梅店。

人物故事

饧梅是东阳地方特色小吃，农家逢年过节、嫁娶、乔迁等宴席上，均能见到饧梅的身影。靠做红红、圆圆的小饧梅，来自诸暨岭北的陈有生一家过上了红火的日子。

陈有生2岁时失去了母亲，由姐姐把他带大。初中毕业后，他就出去打工,在北京一家装修公司的食堂务工时,与一名河南姑娘相识并结了婚。

"妻子是河南人,爱吃面食,我就寻思着早点做包子、馒头等。"陈有生说,1997年,他带着妻子来到东阳上卢,开了一家专做早点的小吃店并附带制作饧梅。

"刚开始生意不好做,为了节省开支,我们租的房子前半间是小吃店,后半间住人,房子不大还漏雨。"陈有生说,做早点很辛苦,要起早,每个5毛钱的馒头有半斤重,利润薄,生意淡,再加上2个孩子要读书,平时收入只够开销。后来生意渐渐有了起色,他和妻子关了小吃店,专做饧梅和馒头生意,并在上卢菜场边上租了店面。

十多年前,陈有生把岳母从河南接到东阳。他说,那些年多亏了岳母帮他们带孩子,他们才能安心做生意。后来,陈有生把岳父也接到了东阳居住。

2012年,靠着辛苦赚下的钱,陈有生在上卢建了三间三层半的小楼,一家人搬进了新房子,生活水平有了很大提高。2015年,陈有生的女儿工作了,每天骑着电动车去东阳城区上班。陈有生觉得女儿骑车上班辛苦,就特意给女儿买了一辆轿车代步。

每到下半年,结婚喜事多,需要的饧梅也多。忙不过来时,陈有生就会雇请七八个阿姨帮忙一起做饧梅。

"这些饧梅都是提前预订的,我们做好后就送过去,遇到好日子,一天能预订五六千只饧梅。像今天就有人预订了1 000只,已经交了订金……"陈有生一边翻开手机里的客户订单,一边说,"饧梅是东阳特色美食,酒席上少不了,我和妻子在这里坚持了20来年,作为新东阳人,靠着辛勤劳作和诚信经营,一家人过上了好日子,生意也越来越红火。"

【访谈时间】2020年10月15日
【访谈地点】浙江省东阳市
【访谈对象】陈有生
【整 理 人】黄保平

技能人才 篇

吴武江：
坚定信念，勤奋努力，成就美好人生

人物简介

吴武江，男，1972年生，浙江省东阳市人，现经营一家位于江北街道许村的农场。

人物故事

吴武江靠着努力和勤奋，在8年创业之途，脚踏实地，一步一步实现了自己的人生理想和美好愿景。

"父母都是农民，供我和妹妹读书，家里还要造房子，以前的日子过得紧巴巴的，想吃水果也舍不得买。"吴武江说，高中毕业后，他就外出打工，也跑过运输，虽然一天忙到晚，但因为竞争压力大，没赚到钱。

"我在农村出生，对土地很有感情，想来想去，我还是决定去种地，尽管当时身边的朋友不理解，他们觉得和土地打交道，没什么搞头。"吴武江说，但他的决心没有动摇，2012年他向朋友借了几万元，在江北街道许村承包了60亩土地，打算种植水果和农作物。当时那一片都是荒地，吴武江和家人起早摸黑，花了一年时间将它改造成了农场。第一年，他们种的是甘蔗和草莓，收成还可以。第二年开始了多样化种植，西瓜、香瓜、桑果、葡萄、橘子、蔬菜等。忙不过来的时候，就请几个工人来帮忙，生活特别充实。靠着诚信、勤劳和良好的口碑，吴武江将自己的农场经营得风生水起，他的客户越来越多，生意也越来越好，一家人的生活水平也有了突飞猛进的提升。

"随着时代发展，市民生活方式也在改变，越来越多的人喜欢在周末和节假日郊游，与大自然接触，体验采摘的乐趣。如今，农场周围荒地都盖起了高楼大厦，面貌焕然一新。"吴武江说，他庆幸自己当初选择的道路是正确的。这些年，他通过自己的努力，买了车，并在杭州买了房，还在市区开了一个三间店面的水果超市，并请了几个员工照看。回味过往的日日夜夜，他感觉如今的生活很幸福，也很有成就感。

【访谈时间】2020年11月6日
【访谈地点】浙江省东阳市
【访谈对象】吴武江
【整 理 人】黄保平

技能人才 篇

余康义：
讲究信誉为本的企业家

人物简介

余康义，男，1985年生，江西省九江市都昌县中馆镇南塘村人，现任鑫景舟建设集团有限公司董事长。

人物故事

余康义出生在鄱阳湖边的一个小村庄，这里人多地少，土地贫瘠，村里的人多靠外出打工维持生计。1997年的春天，12岁的余康义用半根扁担扛着铺盖跟随打工的父母，来到了景德镇读书。

余康义没有条件上大学，中学毕业后，开始了自己的打工生涯。他先到了一家汽车修理厂当学徒，后随父亲在同乡的装修队做木工。由于在装修队里勤快、机灵、好学，他得到了大家的爱护，逐渐掌握了室内装修的各环节技术。打工期间，余康义除了自己的基本生活费外，将所有赚的工钱都存了起来。2005 年，20 岁的他拿出几万元组建了自己的施工队承包揽活，到 2007 年创建了江西顺义装饰工程有限公司。

创建公司，是余康义人生的转折点，一系列原来从没遇到的管理问题相继而来。由于接不到大单，开始只能找一些私人的小工程。有一次，工程发包方经营出现问题，导致资金链断裂，工程款支付不了，余康义垫付了工程材料款，变卖了刚买了不久的汽车和公司财物，给工人支付了工资，但公司经营已难以为继。

余康义只好暂停公司，带着原班施工队伍去了九江承接电网公司最艰苦、最偏远的输电铁塔工程，经历了创业的艰难险阻。在九江，他一边积累资金，一边学习文化知识，两年后，余康义重新回到景德镇，向公司注资 2 000 万元，将江西顺义装饰工程有限公司改为江西顺义建筑工程有限公司，并出资培训自己的施工队伍，包括他本人在内，公司近 30 名员工考取了注册建造师资格。

余康义讲究质量和信誉，在承接的工程中，从没有出现过施工质量问题，从没有拖欠过工人工资。公司不断增加技术含量，争取更多更高的施工资质，从成立时的三级资质，到 2020 年获得建筑工程总承包一级资质。同年，余康义将江西顺义建筑工程有限公司变更为鑫景舟建设集团有限公司，公司资产达亿元，累计纳税近 7 000 万元。

【访谈时间】2020 年 12 月 20 日
【访谈地点】江西省九江市
【访谈对象】余康义
【整 理 人】戴四维

技能人才 篇

占绍林：
一双泥手，
拉起了陶瓷行业创新的风帆

人物简介

占绍林，男，1978年生，江西省上饶市鄱阳县田畈街镇占家村人，现任国家级占绍林技能大师工作室领办人，景德镇市占绍陶艺职业技能培训学校校长。

人物故事

1978年，占绍林出生于江西省鄱阳县的一个不起眼的小村庄，一家人的生活虽然贫寒却充满了阳光，因为全家都在为生计而努力着。1992年占绍林初中辍了学，也就在这一年，叔叔带他去工厂里学修坯，结果学了20天，厂子倒闭了。于是，他便回老家干起了农活。

1994年占绍林第一次踏上了前往景德镇的班车。他没想到这一去，便是和景德镇缘分的开始，从此之后便与泥巴结下了不解之缘！初入行时，占绍林没少吃苦头。给他印象最深的是1994年的冬天，温度降至零下一二度，为了制作拉坯用的泥，他将干坯粉加水搅拌，光脚踩泥。无论多难，他都告诉自己必须坚持，在坚持中学习，在坚持中琢磨，在坚持中领悟。

出师之后，占绍林和其他工匠一样开始"吃百家饭"，靠手艺养活自己，景德镇的老厂、新厂、化工厂，凡是有需要拉坯的地方，都有他的身影。20世纪90年代中期的中国，整个艺术界充满着躁动、冲突和变革，这种风气也悄然改变着中国陶瓷的创作环境，现代陶艺的概念在中国渐渐兴起。1995年下半年的一天，有艺术家需要拉一些奇奇怪怪的器型，拉坯师傅们都不接手，占绍林却跃跃欲试，于是他成了中国陶瓷界接触现代陶艺、实践现代陶艺的开拓者，创新的种子被种下。占绍林所创作的器型和对线条的领悟力得到了客户的高度认可，他在景德镇陶瓷界开始小有名气、崭露头角，并有了远超普通人的丰厚收入。

机会总是留给有准备的人，占绍林在传承中国陶瓷传统拉坯技艺的同时，长期坚持不懈钻研陶瓷拉坯技术的改革与创新，其提炼创造出的拉坯五步法和一气呵成大件成型技术，突破了景德镇传统大件三节拉法，创造了陶瓷成型方法新的里程碑。占绍林高超精湛的技术技艺使他在全国行业大赛、作品展中屡获殊荣，在业界获得认可，被誉为陶瓷拉坯第一人，被30多所高等院校聘为特聘教授。

2011年，占绍林创办了占绍陶艺实践基地。2015年，基地被评为"国家级技能大师工作室"，与全国几十所大专院校及上百家美术培训机构签订了合作协议。工作室培养出来的学员遍布全国各大城市、各地窑口，为陶瓷行业注入了很多新鲜的血液，为陶瓷技能传承储备了大量的人才，为陶瓷行业的发展提供了有力支撑。2019年，占绍林成立了景德镇市占绍陶艺职业技能培训学校，致力于为社会培养更多的综合和技术技能专门人才。

【访谈时间】2020年12月
【访谈地点】江西省上饶市
【访谈对象】占绍林
【整 理 人】吴　帅

刘敏捷：
扎根土地的"土专家"

人物简介

刘敏捷，男，1968年生，江苏连云港灌云县小伊乡人，现任江苏灌云县民发甘薯专业合作社理事长。

人物故事

刘敏捷出生在苏北贫困的农村，小时候的生活十分困难，那个年代家里一到冬天就没有粮食吃，经常挨饿。因此他从小就非常珍惜粮食，也暗暗下决心自己一定要好好学习将来种好粮食。在刘敏捷小学三年级时，家里难以负担学费，是他的二叔卖掉自家仅有的半袋红薯干帮他交了5毛钱的学费才让他重获上学的机会。也是从那时起，红薯在刘敏捷的心里扎下了根，他发誓再苦再累也要坚持把书念下去。

刘敏捷大学毕业后积极响应政府号召进入最基层的乡镇企业，协助企业领导将一个不景气的50人小工厂扭亏为盈，发展成为全市排头兵。这一晃就是10年，在一次下乡走访中刘敏捷发现当地南岗乡红薯亩产量太低，想起自己儿时的经历，他不顾家人的反对从企业辞职投身于农业生产。此后，刘敏捷长期致力于农村一线的甘薯产业，带领乡亲们脱贫致富。

万事开头难，当时最大的难题就是当地种植的甘薯品种老化、种植技术落后。2000年的一天，刘敏捷满怀一腔热血去南京拜见了甘薯方面的专家，专家终被他的决心和诚意打动，同意支持他。刘敏捷自掏腰包去省农科院买了一批新品种"苏薯9号"，并顶着巨大的压力说服村民们栽种下去。结果新品种的亩产量增收1 000斤以上，一下轰动了整个乡村。

二十年如一日，作为一名普通的无偿为广大农民科技服务的农民技术员，刘敏捷始终把农业科技创新、带领周边群众科学种田发家致富放在首位，视群众增收为己任，被当地各乡村农民亲切地称为土专家、甘薯大王。

二十年来，刘敏捷走遍灌云县所有乡镇，共服务100多个村甘薯种植户，免费为农民提供科技普及宣传资料超万份，请专家为农民技术培训5 000人次以上，为农民提供"苏薯9号""宁紫薯1号""北京553"等新品种30多个，研发新技术6项，完成试验示范20多项，帮助农民建设良种库、良种繁育基地、新品种示范基地。目前新品种推广应用已辐射到周边灌南县、响水县、涟水县、沭阳县、海州区等县区10多个乡镇几十个村，带动10 000多户农户使用新品种新技术实现增收致富。

【访谈时间】2021年3月4日

【访谈方式】网　络

【访谈对象】刘敏捷

【整 理 人】刘龙华

郭希娟：
高新技术办农场，巾帼撑起半边天

人物简介

郭希娟，女，1979年生，山东省临沂市河东区郭街村人，现经营管理一家现代化家庭农场。

人物故事

在国家惠农利农、脱贫攻坚的大好政策引领下，热爱家乡的郭希娟大专毕业后，不断自学现代销售模式，同时多次到山东潍坊、寿光和浙江、江苏等地学习现代农业经验。郭希娟抓住现代家庭农场发展的大好时机，贷款300多万元，在城郊接合部承包土地320亩，建起了包含13个日光温室、1座1 100平方米的联栋温室、1座5 200平方米的智能温室、1个农产品检测中心在内的现代化家庭农场，种植了50多种有机蔬菜、水果和小麦、水稻等粮食作物。她以食品安全作为突破点，采取了播种施肥、育苗插秧、剪枝嫁接、采摘收获全透明展示的营销模式,积极开发手机 App,让城里的消费者通过农场视频监控可以随时观看到果蔬生长情况,为农场经营和发展开创了一种新模式。

2014 年,郭希娟通过刻苦钻研和不断创新,开展项目实验,先后获得"越光水稻的栽培方法"和"水稻有机栽培本田除草方法"两项发明专利;在《中国农学通报》和《农学学报》发表两篇论文;参与起草发布临沂市地方标准三项,获得临沂市科技进步二等奖一项。

致富不忘回报家乡,为了把自己的研究成果和致富经验分享给父老乡亲,带动更多的农民发家致富,郭希娟发起成立了有机农业专业合作社,吸收社员 130 多户,种植现代农业产品,建设以精准农业、大数据、互联网为支撑的生物技术工程中心、智能化有机蔬菜日光温室大棚、有机水稻示范区、农耕文化体验示范区、稻文化观光区等。合作社通过技术推广,辐射带动河东区发展有机稻米基地 2 万亩,为全区现代农业的快速发展做出示范。

郭希娟的农场积极参与精准扶贫工作,与贫困户签订帮扶协议,吸纳贫困人员到农场工作,帮助贫困人员实现稳定脱贫。郭希娟用实际行动验证了推动农业技术革新,引领传统农业向现代农业转变,发展当地特色农业经营活动,是实现新时代乡村振兴的有效途径。

【访谈时间】2021 年 3 月 16 日
【访谈地点】山东省临沂市
【访谈对象】郭希娟
【整 理 人】陈 林

蔡盛坤：
寻求新方式传播闽菜文化

🟢 人物简介

蔡盛坤，男，1987年生，福建省厦门市人，中式烹调技师、高级雕刻师。

🟢 人物故事

在闽菜文化的长期浸润与熏陶下，蔡盛坤自幼便对做菜产生了浓厚的兴趣。蔡盛坤来自农村，高中毕业后，家境贫寒的他便进入一家酒店当学徒，从零开始学习厨艺。功夫不负有心人，在不懈努力下，蔡盛坤不仅在食品雕刻、菜肴造型与设计方面渐有心得，还对闽菜制作与闽菜文化有了更深的见解。

此后，蔡盛坤辗转江苏、北京多地任职，十多年间，他走南闯北积累经验，并多次参加全国的烹饪技能大赛，捧回无数金银奖杯，成为炙手可热的闽厨新星。

2015年，为了有更多时间陪伴家人，同时也为能更好地传承美食文化，蔡盛坤选择成为新东方烹饪学校的老师。"当我向学生们教授我所学到的烹饪文化与技艺时，学生们的眼神就让我想到了最初的自己，我会觉得传承是一件很有意义的事情。"蔡盛坤说道。

2016年，全国迎来了短视频制作的新高潮，蔡盛坤便想借此契机，将雕刻技艺与闽菜文化在全国发扬光大。抱着试一试的态度，从未接触过短视频制作的他开始尝试拍摄并发布自己的食品雕刻视频。刚刚接触短视频的蔡盛坤，没有技术也没有团队，有的只是一颗传承烹饪文化的赤诚之心。素材自己拍摄，视频自己剪辑；白天上课带班，晚上开直播。

"刚开始做视频时，想上热门也是千难万难，往往是辛苦了一天下来，没人关注，没人点赞。但在这4年里，我依旧做到了坚持日更。"蔡盛坤说。

当粉丝数达到15万时他遇到了增长的瓶颈，为寻找视频制作的"吸睛点"，蔡盛坤经常彻夜难眠。在近一个月的尝试与调整后，蔡盛坤在更新食品雕刻内容的同时加入了大量菜肴制作的流程视频。整改初期的效果极为显著，但好景不长，随着粉丝数的增多，有粉丝对蔡盛坤专业教学的那一套流程产生了质疑："这样做会更好吃吗？不不不，这样只会更贵。"专业大厨的烹饪技法与食材看似高端、美观，实际上却很不接地气。粉丝的留言点醒了蔡盛坤，他充分意识到，专业厨师做短视频美食教程，要实用、易学，这才是不二法门。只有更接地气，让粉丝在家也能轻松学习制作，才能更好地让闽菜文化在全国发扬光大。

"不论是在学校授课，还是在网上创作短视频，我的目的都是为了将烹饪技艺与闽菜文化传承下去。"在蔡盛坤的不懈坚持下，他的努力也最终获得了社会各界的认可。2019年5月蔡盛坤荣获"福建闽菜名师"称号。时至今日,蔡盛坤的抖音粉丝数更是高达1 783万之多。

【访谈时间】2021年1月22日
【访谈地点】福建省厦门市
【访谈对象】蔡盛坤
【整 理 人】吴　帅

技能人才 篇

卢宜松：
用心做菜，用心做人

人物简介

卢宜松，男，福建省龙岩市人，中国烹饪大师、高级技师、高级营养师。

人物故事

从刚开始步入厨师行业到成为名副其实的大厨，再到现在成为一名优秀的老师，卢宜松最经常说的依然是：用心做菜，用心做人。而他也用了三十几年的时间来亲身感受这句话的真正含义。

1989年，怀着一定要走出农村往大城市发展的想法，加上对美食及烹饪有着极大的兴趣，卢宜松独身一人前往四川旅游学院进修烹饪专业。3年的大学时光过得飞快，毕业之后他满怀憧憬来到了厦门悦华酒店工作，从切配、炉头到厨师长，一步一步付出了艰辛与汗水。刚进酒店的时候，他磕头奉茶拜师，为了学到更多的烹饪技艺，他对师父毕恭毕敬，无微不至。世界万物一直在变化在循环，永无止息，卢宜松也开始带起了徒弟，心里的想法随之慢慢发生了改变，他渐渐地领悟到了传承的重要。

为了让自己的手艺传承下去，卢宜松来到厦门新东方烹饪学校。"教会徒弟饿死师父，我们那个时候，师父教东西自己都会留一手，我不一样，我上了年纪了，想把自己这半辈子学到的最好最精的知识全部传授给我的学生，看到他们能用心学做菜我感到非常开心。"卢宜松这样说道。

卢宜松班上的学生都亲切地喊他"老大"，老大是家里的顶梁柱，是遇到困难第一个想到的人，与其说是师生关系，实际上更像是一家人。在问到卢宜松对教导学生有什么"秘诀"时，他笑着说道："我对学生就像长辈对晚辈，首先要和蔼有爱心，然后用心沟通、用心交流，换位思考为学生考虑。现在的年轻人思维活跃非常聪明，只要你像做菜一样用心对待他们，他们是一定能感觉到的，做人就像做菜，一定要用心。"用心做菜，用心做人，这便是卢宜松 30 多年来的厨师之道。

【访谈时间】2021 年 1 月 22 日
【访谈地点】福建省厦门市
【访谈对象】卢宜松
【整 理 人】吴　帅

技能人才 篇

柴卫国：
扎根煤海献身矿山的新时代农民工

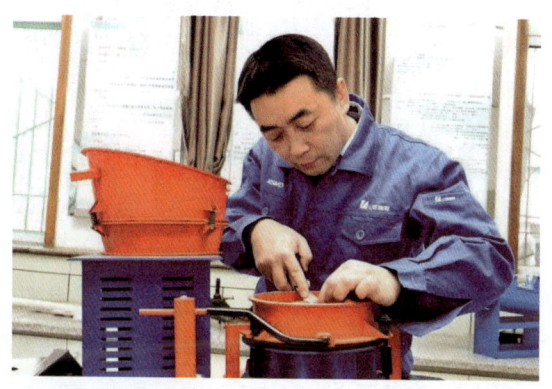

人物简介

柴卫国，男，党员，1977年生，山西省古交市人，现任山西焦煤集团西山煤电西曲矿工程三队党支部书记。

人物故事

2005年的柴卫国还是仅有初中文化不谙世事的农家小伙儿，恰逢西山煤电西曲矿招聘，他作为农民轮换工进入企业。由于身份的不同，柴卫国工作学习起来更卖力，爱学习、爱钻研、爱叫真是他留给工友们最深的印象。"干，就要干好"，是柴卫国在工作中始终奉行的原则。

入职最初的两年，面对陌生的矿山技术问题，柴卫国一边向书本学，一边虚心向老工人学。搁在书桌上的一本《支护工》、一本《锚喷工》技术书籍，早已被他翻看了无数遍。班里的几位师傅被他问得答不上来。靠着这股子劲头，两年后柴卫国成为班里最好的支护工和锚喷工，他打的支护最牢靠，所喷浆的巷道比高级泥瓦匠抹出来的还光滑平直。

2007年，深受工友爱戴的柴卫国顺理成章地被推选为工程二队班长，在这个岗位上一干就是8年。8年间，他探索创新班组管理，总结出"严、简、恒"三字班组管理法，建立工序考核循环制约机制，有效地加强了工友间的协作，提高了工程质量。8年间，他带领班组曾创下月进60米开岩巷道的纪录，工程质量始终保持一级品质；班组年完成岩巷进尺650米以上，达到了全国优秀班组水平，荣获山西省"工人先锋号"称号。2015年，柴卫国被评为"全国劳动模范"。

2016年，"柴卫国技能大师（劳模）创新工作室"成立。柴卫国组织带领44名工作室成员，借着新时代的东风在创新创造的舞台上尽情驰骋。他带领工作室先后完成了远红外自动洒水降尘喷雾装置、煤矿螺旋式湿式搅拌机等技术应用及研究，完成创新项目54项，并在实际生产过程中推广和使用。其中煤矿螺旋式湿式搅拌机的研究与应用、便捷式锚杆角度测量仪获得国家知识产权实用新型专利，为企业创造经济效益近千万元。

扎根煤海15年，柴卫国情系矿山，锐意进取，勇于奉献，从农民轮换工一步步成长为全国劳动模范。通过不懈的努力，他不仅实现了物质生活和精神世界的"脱贫"，还成为新时代的佼佼者，在新时代的征程中成就了自我，奉献了社会。

【访谈时间】2021年3月6日
【访谈地点】山西省太原市
【访谈对象】柴卫国
【整 理 人】锁苗苗

技能人才 篇

罗成福：
用汗水铺就脱贫之路

🔵 人物简介

罗成福，男，1977年生，吉林省通化市柳河县三源浦镇六盘村人。

🔵 人物故事

站在自己的甜瓜大棚外，44岁的罗成福脸上露出了欣慰的微笑，这一大棚甜瓜将为他创造上万元的效益，对他的家庭来说，这是一笔很大的收入。但就在几年前，罗成福的家还始终处于借债、还债，再借债、再还债的循环中。

2016年，作为全家唯一的劳动力，罗成福鼓起勇气外出务工，但是他很快发现自己不在家不行——妻子患有精神疾病，母亲患有肺水肿，两个孩子一个读小学一个读初中，他走了家就没人能去照顾了。罗成福只好回到家里，但是仅靠那 16 亩旱田、5 亩水田的收入很难维持一家人的开销。

2017 年，六盘村利用大棚种起了花卉、甜瓜、蔬菜。罗成福虽然从未接触过甜瓜种植，但是他一边肩负着家庭重担，一边不断刻苦学习摸索，掌握了相关技术。转过年来，村集体把两栋大棚以 3 000 元的价格出售给了罗成福。

罗成福很勤快，干活更用心，他用这两栋大棚种起了甜瓜。2019 年，他种的瓜获得了大家广泛好评。甜瓜收获后，罗成福各地奔走卖瓜，也逐渐熟悉了销售渠道。

种瓜成了罗成福创收的重要方面。罗成福一家 2019 年的纯收入为 28 239.39 元。2020 年，罗成福的玉米水稻和瓜棚收入了上万元，参加集体劳动的收入又有 6 000 元，两个孩子的学习费用得到了减免，母亲的药费报销比例达到 80%，节约了近万元的家庭支出，罗成福一家的日子过得越来越好，生活越来越富足。

"以前我年年春天贷款，孩子一开学就得用钱，秋天卖了粮食再还贷款，就这么一年一年地来回倒，钱到手就得还回去，自己手里剩不下。"这就是罗成福过去的生活状况。

如今，罗成福种下的甜瓜秧长势良好，他又琢磨着提前培育一些西瓜秧，"因为大棚甜瓜 6 月中旬就能上市，接下来把西瓜秧移植过来，正好能赶上中秋节上市，这样既能提高大棚的使用效率，还能增加收入。"

罗成福通过不断学习和创新，用自己勤劳的汗水铸就了现在美好的生活，为家庭解决了负担，在新时代下生活获得了质的飞跃。

【访谈时间】2021 年 3 月 5 日
【访谈地点】吉林省柳河县
【访谈对象】罗成福
【整 理 人】梁天佑

技能人才 篇

于镇榕：
新型职业农民打响威海招牌

● 人物简介

于镇榕，男，1993年生，现任山东省威海市西铺头村休闲农业生态园经理。

● 人物故事

作为土生土长的农村孩子，于镇榕自幼受到祖辈的耳濡目染，热爱农村，热爱土地，一心想让乡亲们过上幸福的生活。

2011年，于镇榕报考了北京林业大学生物科学与技术学院攻读生物技术专业。进入大学后，他怀揣着一颗土地的梦想，如鱼得水、如饥似渴地学习各类专业知识，大二上半年就进入国家级植物生理学实验室从事三抗杨方面的研究，大二下半年从事草莓方面的研究。在本科期间，于镇榕曾联合署名发表一篇 SCI 论文——《基于植物微扩繁器的草莓快繁技术的研究》，与他人合作获得一项发明专利。

大学期间，于镇榕就根据所学知识，利用寒暑假回村和村民一块研究田间经济作物的种植、管理技术，将自己的所学直接落地。在他的努力下，村里的草莓产业总产量提高了 50%，西铺头村草莓园成为威海市品种最多、口味最佳的优质园区。

大学毕业后，于镇榕放弃了在北京留校任职的优越条件，毅然回到家乡，回到了生他养他的农村，一头扎进了田间地头，用自己的所学打开了服务乡亲父老的创业之路。

回到农村后，他一方面引进专家教授进行技术上的帮扶和指导，另一方面也承担起技术员的角色，经常可以看到他奔波在乡村地头为乡亲们解决种植技术上的难题。在他的不懈努力下，威海西铺头村休闲农业生态园有限公司在原有的基础上发展到现有 280 亩果蔬生产基地、20 座冬暖大棚、100 余亩牡丹资源圃、50 亩百合种植基地，直接吸纳西铺头村及周边村民 50 多人就业。

一系列高新技术的引进，让乡亲们看到了希望，也更加坚定了跟他走的信心。有村民说："种了一辈子，没看见一个像镇榕这孩子这样种地的，真不错，样样都是行家里手，和教授、外国人说话也头头是道，跟着这个青年走一准不会错。"

一分耕耘一分收获，在于镇榕身上人们看到了现代新型职业农民的闪亮之处，他本人也先后获得"2018 年泛海扬帆山东省大学生创业行动三等奖""2018 年威海市文登区第八届十大杰出青年提名奖""2019 年山东省农民工之星"等荣誉。于镇榕期望着未来能在农村建设和发展的大舞台上，奋斗不息，步步高歌，铸就更大辉煌！

【访谈时间】2021 年 3 月 16 日
【访谈地点】山东省威海市
【访谈对象】于镇榕
【整 理 人】陈　林

技能人才 篇

刘向东：
满腔热血为群众，发家致富共脱贫

🟢 人物简介

刘向东，男，党员，1970年生，山东省潍坊市坊子区人，现任坊子区坊安街道洼里村党支部书记、潍坊玉泉洼种植专业合作社总经理。

🟢 人物故事

刘向东中学毕业后，先后干过搬运工、泥瓦匠，满怀大志的他不甘心一辈子碌碌无为，立志做勤学肯干、勇于开拓的有为青年，顶着来自方方面面的冷嘲热讽，开始了艰难的创业路程。

在刘向东创业初期，他先后组织人员赴寿光、烟台及全国各地学习农业技术，注册成立了潍坊玉泉洼种植专业合作社，鼓励村民以资金和土地入股的形式加入，共同发家致富。

在村民的积极响应下，洼里村沿村内河流规划建设了玉泉洼生态观光园。观光园集种植、休闲、观光、采摘于一体，规划建设了日光温室蔬菜大棚 60 个、智能棚 1 个，生态酒店 1 家，采摘区 50 亩，玫瑰园 200 亩，果树园 500 亩，观景垂钓区 2 000 余平方米，池塘 20 亩，养殖区 60 亩，以及大型停车场、农贸市场、大型购物超市、农资超市等，大大解决了村民的就业问题，带动了洼里村经济的发展。

除了帮助村民致富，刘向东还一心为群众排忧解难，时时想着为群众办实事、办好事。"水不通、路难走、电压小"是困扰洼里村多年的老大难问题。刘向东个人出资 40 多万元，带领群众整修出村路、硬化村内主大街 2 500 米，砂石村内路 3 条，加固塘坝护坡 210 米，铺设雨水疏通管道 200 米，新打机井 3 眼，健全配套设施，铺设主管道 3 100 米、分管道 15 000 米，保障了村民生产生活环境，致力打造一个新型农村社区。

刘向东这样描绘未来："我们要高标准实施智能大棚、生态牧场、培训中心等项目，在做大做强有机农业的基础上，大力发展二产加工业和三产休闲旅游、住宿餐饮、教育培训等产业，不断延伸拉长产业链条，最终目标就是建设美丽生态有机小镇，让农民早日实现庄园式生活梦想。"

【访谈时间】2021 年 3 月 17 日
【访谈地点】山东省潍坊市
【访谈对象】刘向东
【整 理 人】陈 林

技能人才 篇

陈小英：
绝望山谷开出的涅槃之花

◉ 人物简介

陈小英，女，江西省乐安县谷岗乡圭峰村人。

◉ 人物故事

我家在大山深处，处于三县交界，海拔700多米，离乡集镇有十几公里，都是山路，非常偏僻。我在村里创办了小英家庭农场，主要养殖黑山羊和种植羊肚菌，还有鸡、鸭、鱼。

2012年，对我来说是一个不幸的年份，先是与嗜赌如命的丈夫离了婚，然后当兵退伍不久的儿子得了重病，治疗欠下了20多万元的债务。2013年，村里的干部到我家调查，得知家里的情况后，让我提出申请，经过村民代表评议后，我家被认定为建档立卡贫困户。

我之前在浙江务工，家庭的变故曾一度让我失去了生活的信心，几度轻生，是帮扶干部经常上门开导我，不断地给我鼓励和帮助，帮我树立战胜贫困的勇气和信心，并帮我找准了致富的路子，引导我养殖黑山羊，县、乡技术员经常到我家帮助解决养殖技术上的难题，让我更快地掌握了养殖技术。由于我家周边都是绿水青山，黑山羊食料丰富，是天然的牧场，养殖成本低，羊肉品质好、价格高。经过几年的发展，养殖规模不断扩大，2016年我家黑山羊养殖到了200多头，年出栏100多头，净收入有20余万元。我不仅还清了债务，还走上了致富路，于是在当年主动申请脱贫。

我能有今天的生活，主要得益于党的好政策，是党的精准扶贫政策挽救了我。我现在不仅脱贫致富了，还当选了村妇联主席、乡人大代表，被评为"谷岗乡致富能手""江西省三八红旗手"，光荣地加入了中国共产党。我对祖国的未来更加有信心，对我们农村的未来更加有信心。

人间处处有真情，感恩还要懂得回报。通过精准扶贫，村里的干群关系更和谐了，邻里关系更融洽了，大家互帮互助。我的家庭农场也请了贫困户务工，带动了周边4户农户养殖黑山羊，帮助他们提高养殖技术。另外，我也尽己所能做些公益事业来回报社会。

【访谈时间】2021年1月26日
【访谈地点】江西省乐安县
【访谈对象】陈小英
【整 理 人】吴　帅

技能人才 篇

梁波：
一人富不叫富

人物简介

梁波，男，江西省抚州市乐安县万崇镇人，江西丰裕牧业有限公司创办人。

人物故事

学校毕业后，和村里普普通通的年轻人一样，梁波也外出到上海打工，经过13年的时间他由一个基层打工仔做到了厂里的管理者。为了有更好的发展，2008年他毅然辞去了手上的工作并在上海自主创业。一次偶然的机会他见识了上海的肉牛养殖规模基地，深深地被震撼到了，他想着如果能够在自己的家乡也建立这样的养殖基地，那一定会给家乡人民带去一份财富。

2013年11月，习近平总书记到湖南湘西考察时作出了"实事求是、因地制宜、分类指导、精准扶贫"的重要指示。这一指示深深地触动了梁波，创业发展的这几年，梁波受到了不少乡亲父老的支持和帮助，他亲身实地地感受到了家乡人民的善良和真诚，但另一方面，他也看到了不少乡亲们生活贫困，村里的年轻人基本外出务工，留下的只有老人和小孩。习近平总书记提出的精准扶贫，不禁又让梁波动了在家乡开办肉牛养殖场的念头，他想着这样一方面村民可以不用远离自己的家乡去外面务工，另一方面不用因为缺技术而致使家中贫困，他可以手把手地教会村民。

2015年，梁波开始对肉牛养殖市场进行调研，并于2016年3月毅然决然回到了自己的家乡万崇镇与他人合伙创办了丰裕牧业有限公司（以下简称"丰裕牧业"）。丰裕牧业是一家产业化经营程度较高、辐射带动能力较强的企业，目标年产4 000头肉牛，其中一期1 500头，总投资1.2亿元。

不忘初衷，为使乡亲父老能够切切实实过上好日子，丰裕牧业在发展自己产业的过程中，不断探寻新模式，为贫困户提供就业和发展产业的机会，帮助其实现脱贫。模式一：设立托牛所，鼓励贫困户发展产业，吸收合作社50户左右的贫困户，实行免费认领牛仔，公司包技术指导、包提供牛仔、包成品肉牛回收的"三包"模式。贫困户只要交4 000元押金，便可认领一头母牛仔，之后在自己养殖的过程中，母牛每增加1斤，便可得到10元的补助。另外母牛生出的小牛，丰裕牧业将会按6 000元1头回收。模式二：免费提供已种好草的地块给贫困户，按每户认领4~5亩草地的原则，吸收贫困户负责草地日常管护，草成熟收割后公司统一按市场价收购，每户一年增收可达1万元左右。模式三：公司提供20个左右的长期工作岗位给贫困户，工资标准略高于当地农民实际月务工收入水平，工资通过农户"一卡通"统一发放。模式四：以产业扶贫资金入股。按照当地肉牛产业发展扶贫政策，养殖一头肉牛补助资金2 000元，最高封顶8 000元，以此作为原始资金入股丰裕牧业，按年终收益的15%~20%分红给贫困户。模式五：丰裕牧业基地项目占地13 000平方米，利用现有办公楼屋顶发展光伏发电产业，为那技能人才

些自身家里达不到光伏安装条件且没有场地安装的贫困户提供安装场所，解决 80 户左右贫困户光伏安装场地问题。

梁波正是怀着"一人富不叫富"的情怀，秉承着精准扶贫的指示精神，通过创办丰裕牧业，成功带动了近 200 户贫困户实现脱贫致富。

【访谈时间】2021 年 1 月 26 日
【访谈地点】江西省乐安县
【访谈对象】梁　波
【整 理 人】吴　帅

刘红花：
政策帮助，个人努力，建档立卡户如期脱贫

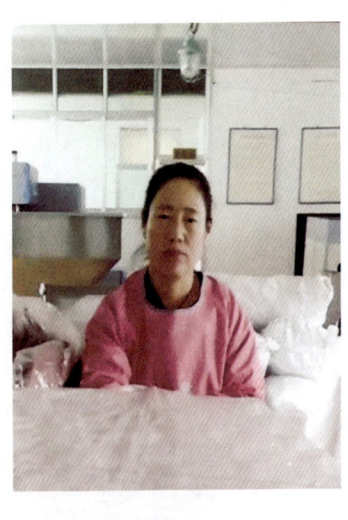

人物简介

刘红花，女，1981年生，宁夏固原市西吉县兴隆镇人。

人物故事

刘红花20岁结婚，婚后与老公一直以务农为主，因为缺少知识，没有读过书的她们也只能务农，但是随着时光的流逝，三个孩子的逐渐成长，渐渐让这个家庭入不敷出。

前几年，她参加了县里组织的编织与刺绣技能培训，曾在外培训一月左右，经不断努力，她学会了些小技巧，可以为家人编，为村民编，对此，村民们也是积极响应，很多妇人向她询问编织技巧，她能耐心教她们。现在，

很多人都学会了纺织技巧并进行自己编织。刘红花现在在一个制作盛醋容器的厂子干活，每月收入 2 000 多元。

为了提高技能，她老公还参加了驾驶技能培训，有驾驶技能培训补贴，并顺利地考取了驾照。2019 年，她老公成了村里的生态护林员，家里又多了一份收入。

被定为建档立卡户后，种植业与养殖业的贴补让她家的生活有所改善，义务教育费用免补和高中教育费用免补给孩子们保障了教育。到冬季非常寒冷的时候，她还收到了新型节能环保烤箱。家里现在还养了 4 头牛。她感到生活很充实，不仅增加了收入，又基本解决了就业。她说："我现在平静且安逸的生活离不开党的好政策与鼓励，感谢国家，感谢共产党。"

在党和国家的关心与扶持之下，刘红花的家庭渡过了生活难关，2020 年实现脱贫。她说："担忧柴米油盐酱醋茶的生活已不再有，现在更多的是一颗望子成龙、望女成凤之心，一颗感恩国家与社会之心，一颗争做国家好公民之心，一颗有责任、积极向上之心。"

【访谈时间】2021 年 2 月 27 日
【访谈地点】宁夏固原市西吉县
【访谈对象】刘红花
【整 理 人】闫毛毛

马海军：
带领大伙做家具脱贫增收

🟢 人物简介

马海军，男，1966年生，浙江省东阳市南马镇下安恬村人，现任浙江省东阳市御乾堂宫廷红木家具有限公司董事长，中国红木经营管理大师。

🟢 人物故事

1966年，马海军出生在东阳市南马镇下安恬村一个普通的农家。当时的东阳农村，生活都比较艰苦。马家子女多，家境非常贫困。因此，马海军早

技能人才 篇

早就辍学了，拜当地一位名叫郭天龙的名木匠为师，学做木工手艺。后来，他背着木作工具，到广东、安徽、江苏、北京等地做木工活，挣钱养家。

当时，中国保健品市场隐藏着巨大的商机。1994年，脑子活络、善于捕捉商机的马海军，毅然从外地回到家乡，创办了东阳市乐芝保健品有限公司，专业生产保健食品——胖大海梨膏糖。

因市场定位准确、市场需求量大，马海军凭着东阳人特有的吃苦耐劳、诚实守信、大气包容、乐于助人的品质，加上自己在市场营销方面有很好的天赋，不但掘到了人生的"第一桶金"，还带动了一大批人发家致富。

后来，东阳红木家具产业蓬勃兴起。出于对中国传统家具文化的热爱，2007年，马海军又回到老本行，创办了东阳市御乾堂宫廷红木家具有限公司，把"三大贡木"之一的大红酸枝（交趾黄檀）定为制作家具的材料，把"满足高端客户需求"作为销售目标，坚定不移地走专业化、品牌化、高质量发展之路。

创办伊始，马海军就给御乾堂红木确立了"重质量、重品牌、重创新、重诚信、重服务"十五字方针，并把它很好地落实到生产经营的各个环节中去，企业稳健、快速发展。近年来，御乾堂红木连年跻身东阳市木雕红木家具龙头骨干企业，税收每年位居同行业第一。2015年，御乾堂红木被认定为"浙江省著名商标"和"浙江省知名商号"；2016年，御乾堂红木生产的家具又被认定为"浙江名牌产品"；2017年，御乾堂红木荣获东阳市人民政府市长质量奖、市长科技创新奖；2018年，荣膺金华市人民政府质量奖，是金华市内唯一获此殊荣的红木家具企业；2019年，获准使用浙江制造"品字标"，称得上是浙江制造业的"标杆"。而后，御乾堂红木在高质量发展道路上又迈出了坚实的一步，创立了"木雕红木家具研究院"，研发、生产独具特色的高端人文家具，取得了骄人的成绩。2020年10月，御乾堂紫檀馆开馆，深受高端红木家具消费者的好评。

红木家具产业是一个富民产业。近年来，许多贫困地区的农民工在御乾堂红木就业，马海军为他们搭建了一个脱贫致富的很好平台。来自江西婺源的农民工刘发生就在御乾堂红木挣到了钱，发了财。2005年，刘发生来到御乾堂红木，担任打蜡组的组长，夫妻两个一年有20万元左右的收入。近些年，刘发生不仅在老家建了房，还买了一辆小汽车，真正圆了自己的致富梦。

马海军说，帮助农民工们过上好日子也是他的一个愿望。

【访谈时间】2021年3月2日
【访谈地点】浙江省东阳市
【访谈对象】马海军
【整 理 人】吴　帅　俞佳平

城归创业篇

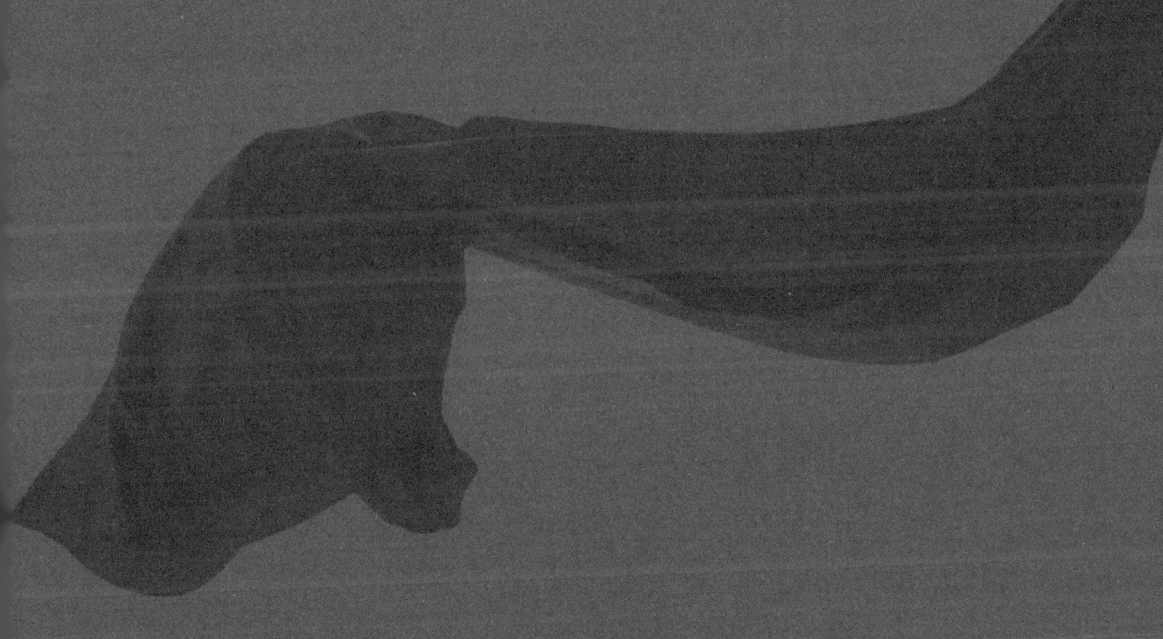

城归创业 篇

郑传玖：
吉他"弹"响致富曲

人物简介

郑传玖，男，1978年生，贵州省正安县人，现任遵义神曲乐器制造有限公司总经理。

人物故事

连五线谱都看不懂的郑传玖，在贵州大山深处做着一桩跨国生意。作为"吉他大王"，郑传玖任总经理的遵义神曲乐器制造有限公司生产的吉他已出口到美国、日本、巴西、西班牙等多个国家和地区。公司所在的遵义市正安县靠着吉他一举拿下"中国吉他制造之乡"的头衔，年制造吉他506万把、产值约50亿元，生产的"芬达""依班娜"等世界知名吉他品牌销往30多个国家和地区，占中国吉他出口额的三成。在网上，该公司每天1 500多把吉他的销量还惊动了马云。

早在1995年，郑传玖从家乡正安到广州打工，进过建筑工地，打过各种零工，最后在别人的吉他工厂一干就是7年。从一名车间小工做到厂长，他付出了比常人更多的汗水与智慧。在吉他厂，他从简单的工序做起，木工、喷漆、打磨……每道工序他都学得十分认真，他很快便掌握了相关技术，成为厂里的骨干。

2001年3月，郑传玖开始搞以旅游业为主的个体经营；2007年5月，他在广州和哥哥郑传祥一起，创办了广州神曲乐器制造公司。万事开头难，由于资金紧张，公司规模比较小，厂房面积不到3 000平方米，工人也只有30余名。由于刚刚起步，只能接一些小订单，一年下来，勉强收支持平。2008年，金融危机爆发，这对一个刚起步的工厂来说，无疑是沉重的打击。转机终于出现，当年年底，正好上海有一个乐器展览会。郑传玖便带着几个人，抱着自己厂里生产的吉他参加了展览。由于技术过硬，郑传玖的吉他制造厂的订单逐年上升。随后，日本依班纳等世界知名吉他品牌也纷纷前来签订合同。五年后，每月的订单量已经超过了上万把。同时，吉他制造厂的厂房面积也扩展到1万多平方米，工人超过了200名。

2013年，希望通过"招商引资"助推县域经济发展的正安县派出10个招商小分队，分赴长三角、珠三角及成渝地区招商引资，并用"家乡情感牌""政策优惠牌"吸引正安籍企业家或外省企业家到正安创业发展。响应省委省政府返乡创业的号召，郑传玖将广州神曲乐器制造公司的生产线搬到正安，成了正安第一家吉他生产企业。神曲公司现有电吉他和木吉他两条生产线，产品基本都出口到巴西、美国、日本等国家。现在，郑传玖的神曲公司一年能生产吉他50万把，实现年产值4亿元人民币，创汇8 000万美元。

郑传玖是一个地地道道的农民工，深知打工的艰辛，所以在返乡创业发展企业过程中积极响应国家、省、市、县大扶贫工作号召，企业招工主要瞄准县内贫困户。创办企业后，不忘"一起致富"的郑传玖优先接纳贫困户就业。2018年，他的企业接纳了713人的就业，其中建档立卡精准扶贫人口

141人，人均每月工资在 3 000 元左右。郑传玖让家乡贫困人口在家门口打工，兼顾其家庭和农业生产，还解决了子女留守、老人空巢等问题。他希望通过企业的微薄之力参与国家大扶贫工作，实现"一人进厂，全家脱贫"的目标。

【访谈时间】2021 年 4 月 17 日
【访谈方式】电　话、网　络
【访谈对象】郑传玖
【整理人】韩　巍

张维林：
奋斗在"扶贫车间"里

人物简介

张维林，男，1976年生，甘肃省天水市人，现任甘肃省甘谷县腾达实业有限公司董事长、甘谷县腾达职业技术培训学校校长。

人物故事

17岁那年，张维林第一次离家来到江苏，开始了自己的打工生涯。他从干搬运、搞销售做起，到介绍老乡进厂务工。在多年打工的过程中，他深深地体会到，没有技术的劳务工去南方只能当小工、出苦力。为了摆脱这种贫穷的生活，他在工作之余虚心学习，考察南方富庶的原因，结合自己家乡的特点，制定出了一套符合家乡发展的规划。于是，在2006年他毅然辞职回家乡创业。他一直坚信，没有技术的农民工在哪个地方都没有竞争力，也挣不到高工资，只有掌握一技之长，才能多挣钱。

2006年3月，张维林以培育技能型、复合型劳务工，打造品牌劳务为目的，创办成立了甘谷县电动缝纫培训学校。创业之初，资金的短缺、员工的质疑都令他感到困难重重，甚至一度想要放弃。但冷静下来他想想当初在外打工的不易，以及家乡的落后，因此咬牙坚持了下来。终于，皇天不负有心人，在他不懈努力之下，电动缝纫培训学校逐渐有所起色，步入正轨，还被县人力资源和社会保障局确定为甘谷县农民工进城务工培训基地。在2008年，又被甘肃省扶贫办认定为甘谷县唯一一家"雨露计划"定点培训基地。

对于以劳务输转和职业培训为主的腾达实业有限公司来说，有了学校，并不等于就有了学生，就可以一劳永逸。转变务工人员观念，让他们真正认识到培训的重要性，主动参加培训依然困难重重。对此，张维林"咬定青山不放松"，抓宣传动员，更抓技术培训，用典型引导，用事实说话。2011年，他将大智公司年加工20多万套工装的服装厂引资迁移至天水市甘谷、清水和武山县进行加工制作，探索开展劳务招商，实现了本地人家门口务工挣钱的梦想。2013年正月十六，又调来63辆大巴车，从甘谷出发奔赴苏州，为苏州一次性输转农民工4 300多人。

有些人可以外出，但还有一部分人因为各种原因无法外出，如何解决一些贫困群众出不去的实际困难，便成了张维林面对的难题。经过深思熟虑之后，他放弃了建设腾达大厦的计划，把原本打算建设腾达大厦的资金，全部用来投资创办了"扶贫车间"。腾达"扶贫车间"主要设立在劳动力相对密集的贫困村，由乡村两级负责提供场地，由甘谷县腾达实业有限公司投入设备，提供原材料，派出专业指导教师，对贫困户进行简单易学的培训，如缝纫、编织等。

目前，公司在全省范围内创建"扶贫车间"70个，在建5个。其中甘谷县建成34个；天水市秦州区建成1个，麦积区3个；张家川回族自治县建成2个；东乡族自治县建成10个，在建2个；积石山保安族东乡族撒拉族自治县建成 2 个，在建 1 个；景泰县建成 2 个；靖远县建成 2 个；文县建成 7 个；成县建成 1 个；宕昌县建成 2 个；定西市建成 2 个；卓尼县建成 2 个，在建 2 个。"扶贫车间"带动 3 500 多名贫困群众就业增收，实现了脱贫的目标。

【访谈时间】2021 年 4 月 17 日
【访谈方式】电　话、网　络
【访谈对象】张维林
【整 理 人】韩　巍

城归创业 篇

刘迎宾：
书写山沟里的绿色文章

🟢 人物简介

刘迎宾，男，1985年生，山西省大同市人，现任灵祥农业科技开发有限公司总经理。

🟢 人物故事

晋西北是温带季风气候，自然条件恶劣。生于斯长于斯的人，长年在黄土里刨食儿，贫困是必然的。1985年出生的刘迎宾，就是在这样的环境下出生长大的。

由于家庭生活条件艰苦，刘迎宾初中毕业后就怀揣梦想开始了创业之旅。他先从小生意做起，摸爬滚打，积累资金，建立人脉，一路筚路蓝缕，逐渐将小生意做大做强。

在一个偶然的机会，刘迎宾结识了中国农业大学的专家，对现代农业科技发展的趋势和方向有了大致了解。2014年，在"绿水青山就是金山银山"理念的指引下，他与一群志同道合的人创立了灵丘县思源农业科技有限公司，按照将现代设施农业引入传统工矿业基地生态脆弱区的发展模式，在农业落后、农民困苦的地区试水设施农业产业基地。

设施农业的前景让刘迎宾激动不已。他针对灵丘土地荒芜沙化、难以修复的局面，引进设施农业技术，结合当地得天独厚的洁净空气和地下水资源，通过有土、无土栽培相结合，环控、灌溉、营养液供给实现全自动化控制，生产出的各种蔬果营养价值高、无残留无污染、口感上佳，达到绿色食品认证标准，在绿色缔造的基础上重塑矿区生态环境平衡。

2017年，刘迎宾亲率公司管理技术团队，到日本、荷兰等先进农业国家进行技术考察，拜访了日本千叶大学校长——被誉为"植物工厂之父"的古在丰树教授及其人工光植物工厂项目，走访了荷兰瓦罗宁根大学、Ride（骑士）公司、荷兰瑞克斯旺种子公司、Viscon公司等在技术管理上走在世界前沿的农业科技公司。

走了这么多路，一个中长期发展规划在刘迎宾的脑海中渐渐形成：将对五年来所积累和掌握的现代设施农业栽培技术和运营模式，以及考察引进的日本、荷兰等先进设施农业国家的技术和经验成果进行全面转化。投资4.5亿元，建设总面积达到10万平方米以上的思源生态农业园区，引进先进的日本人工光植物工厂和荷兰智能连栋温室技术，建立从育苗—种植—仓储—冷链运输—线上线下营销的全产业链绿色农品产业园区，在两年时间内全面占领山西省定制农品、高端农品市场，并抓住雄安新区发展的宝贵历史机遇，将公司产品打入雄安新区、北京、河北等周边省市高端市场。通过产业发展引领地区实体经济振兴和脱贫致富，从而实现公司制定的帮助灵丘2 730平方千米4万农户脱贫致富的目标。

【访谈时间】2021年4月19日
【访谈方式】电　话、网　络
【访谈对象】刘迎宾
【整 理 人】韩　巍

柳中辉：
打造可复制的乡村振兴样板

人物简介

柳中辉，男，1974年生，湖南省长沙县人，现任长沙县果园镇浔龙河村党总支第一书记。

人物故事

青年时期的柳中辉，借着改革开放的东风，早早走出家乡南下珠三角打拼，之后又在长沙发展，凭借出众的商业头脑，30岁出头就已经成为一名资产上亿的青年企业家。

2009年,对柳中辉来说是具有转折性意义的一年。身体向来健硕的父亲,因为一场突发疾病而猝然离世。守灵的15天里,柳中辉夜不能寐,不断反问自己,徒有数亿资产,却救不了父亲,人生到底要追求什么。柳中辉想把母亲接进城,但母亲坚决不肯离乡。他不放心让母亲独守空屋,只好和弟弟轮流回乡陪伴母亲。见过世面,也享过富贵,回乡当然有各种不习惯。"贫困村就是贫困村的样子,出个门,脚粘的是泥巴,鼻子闻到的是猪粪臭,回家洗个澡还是原始的脚盆和木桶,靠山吃不得山,靠水喝不得水……"柳中辉内心五味杂陈,开始苦苦沉思:"这是生我养我的地方,这是父母亲永远不愿离开的地方,现在还是这个样子,我要这么多钱干什么,财富的真正意义在哪里?"也正是这样,柳中辉充分认识到乡村与城市存在的落差,让他反观自己的人生和财富,萌生出要彻底改变家乡面貌的念头。"我有一个浔龙河的梦,要把这里打造成城镇化的乡村、乡村式的城镇,现在这个梦想正在一点点变为现实。"柳中辉返乡后不久就全票当上了浔龙河村党支部书记。

做好顶层规划并明晰产权之后,村里成立了土地合作社,根据依法、自愿、有偿的原则,对村民土地进行集中流转后再统一流转给柳中辉与生意伙伴共同成立的浔龙河公司,推进农业的现代化、规模化经营。为了让老百姓思想统一,拥有共同的愿景,充分参与共享发展,柳中辉全年带领团队召开了163次大大小小的村民代表会议。如何说服村民们放弃原来分散居住的房子,搬到重新规划的区域集中居住,就是一个无比复杂的人命题。柳中辉前前后后组织设计了几十套方案,让村民可以选择自己想住的房子。通过土地确权、土地流转和村民集中居住,柳中辉将乡村资源从零到整彻底盘活,实现了乡村资源的资产化。与此同时,随着国家政策和公共资源的投入不断向农村倾斜,柳中辉创新性地将"多规合一"体系和各级政府的涉农政策、涉农资金进行整合,将水电路气网、科教文卫体等城市功能以及相伴随的城市文明引入乡村,打造出一个"城镇化的乡村、乡村式的城镇"的新型农村生态社区。

乡村光有美好的环境和功能配套还不行,发展产业才是长期兴旺发达的保障。截至2018年,柳中辉先后吸引了棕榈股份、嘉兆国际集团、泰禾集团、星光集团等国内同业领先企业,以及北京师范大学长沙附属学校这一教育金字IP在浔龙河小镇落地,形成了以"生态产业为基础、文化产业为灵魂、教育产业为核心、康养产业为配套、旅游产业为抓手"五大产业并行格局。

正是凭着一股敢于创新、敢为人先的作风,柳中辉作为"领头雁"带领一批"归雁"企业家成功推动了农村土地改革、城乡融合发展。2016年,村民年人均纯收入27 000多元,较2009年增长了6倍多,实现了经济收入从贫困村向富裕村的转变。

【访谈时间】2021年4月12日
【访谈方式】电　话、网　络
【访谈对象】柳中辉
【整 理 人】韩　巍

城归创业 篇

翟云玲：
辛勤劳动脱贫致富

🔵 **人物简介**

翟云玲，女，党员，1979年生，宁夏盐池县花马池镇裕兴村人。

🔵 **人物故事**

2002年，翟云玲一家从20多千米外的老家移民到裕兴村二堡吊庄。刚来时，这里还是一片荒滩，一下雨人都进不去屋，但这里离县城近，翟云玲靠着种蔬菜、种蘑菇，把家安在了这里。平稳安逸的日子没过多久，翟云玲与丈夫张金龙因生意失败导致负债累累，2014年被定为建档立卡贫困户。

夫妻俩不甘心当贫困户，决定自主创业包饺子。刚开始，因启动资金少，冰柜和肉都是赊来的，夫妻二人起早贪黑，既是老板又是员工，自己包饺子、拉客户、跑市场。翟云玲在家没日没夜地洗菜、剁馅、包饺子，丈夫负责走街串巷卖饺子，生意渐有起色，不到两年时间，就还上了之前的巨额欠债，2015年实现了脱贫。

在盐池县政府的大力支持下，翟云玲获得23万元设备补贴，又申请到30万元贴息贷款，生产规模进一步扩大。如今，她的饺子作坊已升级为金龙速冻食品有限公司，日生产速冻饺子350千克，销售收入7 000多元。她把食品加工范围还扩大到了南瓜饼、月饼、麻花等面点产品。

翟云玲说："幸福生活是靠自己努力奋斗出来的，我们在用好国家扶贫政策的同时，也要付出自己的辛勤劳动。"五年来，翟云玲自己脱贫了，还带动其他贫困户脱贫致富，公司现在有40名员工，其中建档立卡贫困户就有15名，她们的人均年收入达到2万元。

"脱贫还不够，我们还要致富奔小康。"翟云玲说，"我正在计划进一步扩大生产规模，拓宽销路，靠着稳定的产业发展，带领更多的村民增收致富。"

【访谈时间】2021年2月27日
【访谈地点】宁夏吴忠市盐池县
【访谈对象】翟云玲
【整 理 人】王瑞英

城归创业 篇

辛宝同：
扶贫协作助残疾人脱贫致富

🟢 人物简介

辛宝同，男，1987年生，宁夏固原市隆德县神林乡辛平村人，现为宁夏隆隆薯闽宁助残商贸中心法定代表人。

🟢 人物故事

2013年，一场重病导致26岁的辛宝同深度昏迷，经抢救后留下了下肢瘫痪的后遗症，高昂的医疗费让原本幸福美满的家庭轰然倒塌，父母经常以泪洗面。屋漏偏逢连夜雨，2015年5月，辛宝同的父亲外出打工时摔伤致使颅内出血全身瘫痪，这让这个贫困的家庭雪上加霜。

就在辛宝同万念俱灰时，隆德县残联得知了他家的情况后，将他们一家安排到了县残疾人托养中心，为这个家庭实施兜底扶贫政策，辛宝同也在县人造花工艺有限公司生产车间开始务工，每个月能领取1 000多元的工资。由于踏实肯干，勤劳奋进，他被选调到残疾人托养中心办公室从事文案工作。

2017年8月，在"大众创业，万众创新"政策的引领下，隆德县残疾人孵化园成立了"残疾人电商协会"，辛宝同和几个热爱电商、心怀梦想、志同道合的残疾青年朋友加入其中，并认真研究电商运营模式，销售隆德县的特产和宁夏土特产。经过不断自学，辛宝同掌握了电商的运营和销售知识。

2018年12月，在县残联的帮助和闽宁扶贫资金的支持下，辛宝同和伙伴们成立了闽宁协作隆德县残疾青年电商创业就业协会，并注册闽宁协作助残乐购微商城、闽宁协作助残乐购平台、淘宝网店，对宁夏的枸杞、隆德县的道地中药材、蜂蜜、牛羊肉等进行线上线下销售。2019年，他们又创办了宁夏隆隆薯闽宁助残商贸中心，注册了隆隆薯扶贫助残商标，吸纳了全县的贫困重度残疾人加入进来入股分红。在不到两年的时间内，通过销售宁夏的农副特产，实现了2 300余万元的销售额。其中仅通过闽宁消费协作扶贫的销售额度就占了70%，为全县2 390名贫困重度残疾人分红186万元，让全县的每一个贫困重度残疾人在他们的带领下获得实惠。

辛宝同不仅自己脱了贫、致了富，还带动一批有志青年一同创业，一起实现梦想。辛宝同也成为自力更生、自强不息的社会榜样，2018年分别荣获市、县残疾人自强模范称号。2019年，被团市委授予第七届"固原市青年五四奖章"。

辛宝同说："希望通过这个平台让全县的每一位贫困重度残疾人都能够获得实惠，最主要的是让我们从之前家里的负担，变成家里的支柱，从生活城归创业

和精神上达到'双向脱贫'。"作为一名残疾人,辛宝同不但没有放弃自己,而且自己学习、自己创业,并带动一大批人脱贫致富,成为脱贫致富的代表,让人敬佩。

【访谈时间】2021年2月24日
【访谈地点】宁夏固原市隆德县
【访谈对象】辛宝同
【整 理 人】康　花　孙琦琦　李　娜

唐小翠：
身残志坚，自强助人

人物简介

唐小翠，女，党员，1974年生，甘肃省临夏县新集镇杨坪村人，现任临夏县翠梦飞服装加工有限责任公司法定代表人。

人物故事

出生于农民家庭的唐小翠，在7个月大的时候因患感冒被小诊所的医生打错针，导致下肢残疾不能正常行走。又由于家境贫寒，她的求学之路也没能走远，还没读完小学就辍学了。一次次的打击仿佛奠定了唐小翠人生的灰色基调。

然而命运的捉弄并没有让唐小翠自暴自弃，年幼的她找到一家毛衣编织店铺做学徒，希望自食其力减轻家庭负担。起早贪黑、勤奋好学的她逐渐掌握了一门手艺，并用积攒的1 000元买了台编织机，尝试自己接单赚钱。

1995年，她认识了因患骨髓炎导致下肢残疾的杨延吉，相同的命运和遭遇让他们很快走到了一起。婚后为了照顾家庭，夫妻俩开了一家裁缝店，靠着质量上乘、诚实守信、热情待客、合理收费等口碑，裁缝店的生意日渐红火。

过上小康生活的唐小翠并没有忘记需要帮助的残疾人群体，从2001年开始，她有意识地招收残疾妇女当学徒，在她的帮助下越来越多的残疾人找回了生活的信心，掌握了吃饭的本领。州县残联、妇联以及社会爱心人士也被她的善举感动，给了她大力支持。同年，她举办了8期以农村残疾妇女为主的服装加工技术培训班，共培训400多人，其中有200多名残疾人、100多名建档立卡贫困群众。

2013年上半年，怀揣着干一番事业的梦想，唐小翠注册成立了临夏县翠梦飞服装加工有限责任公司，借着东西部协作的东风，公司入驻临夏经济开发园区，成为入驻园区并始终正常生产的第一家残疾人服装加工企业。公司现有员工45人，其中女员工37人、残疾员工11人、贫困户员工20人；拥有平缝机及附属设备共计70多件，生产经营面积达660平方米，是集裁剪、缝纫、服装加工、布鞋加工和技能培训为一体的综合性福利企业。

2018年9月，该公司经人力资源社会保障部门现场核实，被认定为"临夏县圆梦服装布鞋农民专业合作社"，提供布鞋、服装、家用纺织品的加工、销售，以及与其有关的技术培训、信息咨询服务等。目前，合作社在社会各界的关心支持下，正在向专业化、规模化、集约化发展，将带动更多的残疾人和贫困家庭走向小康，为脱贫攻坚伟大事业增添新的光彩。

【访谈时间】2020年11月15日
【访谈地点】甘肃省临夏县
【访谈对象】唐小翠
【整理人】李　宇　张高洁

黎凤珍：
创办瑶族蓝靛染布扶贫车间

人物简介

黎凤珍，女，瑶族（白裤瑶），1972年生，广西南丹县八圩瑶族乡瑶寨村人，国家级非物质文化遗产代表性项目瑶族服饰自治区级代表性传承人，现任南丹县凤珍蓝靛染布坊负责人。

人物故事

黎凤珍所在的南丹县是中国白裤瑶之乡，因保留着原始、古朴、神秘、特别的民族文化，被联合国教科文组织称为"人类文明的活化石"。

其中，服饰文化是白裤瑶文化最显著的特征，为国家级非物质文化遗产代表性项目。

黎凤珍8岁起就跟着祖母黎秀珍、母亲李秀群学习白裤瑶服饰制作技艺，精通瑶族服饰所有工序，尤其擅长浸染、刺绣等技艺。"祖祖辈辈传到我手里的技艺一定要世世代代传承下去"，黎凤珍始终坚持制作最纯正、最地道的白裤瑶服饰，她不仅引导丈夫、女儿、女婿等全家人制作，还发动数百名白裤瑶群众参与，手把手教，实打实带，让白裤瑶服饰得以传承。她还多次带队到全国各地进行民族文化交流，大力宣传弘扬少数民族文化。2017年，她被评为国家级非物质文化遗产代表性项目"瑶族服饰"生产性保护示范户。

制作民族服饰如果"小打小闹"，不仅难以养家糊口，而且传承步履维艰，甚至被迫半途而废。黎凤珍深思熟虑，唯有自主创业、扩大规模，才能实现梦想、走得更远。在当地党委、政府的帮助下，她扛起白裤瑶服饰文化传承发展的旗帜，在八圩瑶族乡老家创办了南丹县瑶寨原生态蓝靛蜡染坊，并将业务拓展到里湖瑶族乡，创办了南丹县朵努手绣坊，大力发展白裤瑶族服饰的制作、租赁、销售、展览等业务。2018年，黎凤珍荣获天津荣程集团一带一路"创造之星"奖。

"一枝独秀不是春，百花齐放春满园"，先富起来的黎凤珍，始终心系身边的贫困群众，想方设法、千方百计带领她们通过民族工艺居家就业、增加收入、脱贫致富。她带动八圩瑶族乡瑶寨易地扶贫搬迁安置点（团结社区）及周边村屯54名瑶族妇女（其中建档立卡贫困户34名）发展民族服饰制作业。2018年，她创办的南丹县瑶寨原生态蓝靛蜡染坊被认定为南丹县首家"扶贫车间"，她荣获2018年度"南丹县脱贫攻坚产业引领奖"。她带动里湖瑶族乡王尚易地扶贫搬迁安置点（朵努社区）100名贫困户妇女制作瑶族服饰，2019年她创办的南丹县朵努手绣坊也被认定为"扶贫车间"，并在2020年获自治区妇联授牌为"金绣球"居家灵活就业示范基地。

黎凤珍用勤劳的双手闯出了民族文化传承和民族工艺发展有机融合的致富路。她响应国家号召，积极带贫减贫，是深受群众拥护的脱贫致富带头人。

【访谈时间】2020年2月1日
【访谈地点】北京市
【访谈对象】黎凤珍
【整 理 人】武　唯　张赢方

城归创业 篇

莫丽珍：
脱贫"巾帼标兵"

人物简介

莫丽珍，女，壮族，党员，1970年生，广西百色市田阳区田州镇隆平村人，现任田阳区群姐砂糖橘专业合作社负责人、田阳快乐种植家庭农场负责人。

人物故事

莫丽珍，一个土生土长的壮家妹，嫁到广东多年，与丈夫从事果园管理工作，其间她发现砂糖橘不但好吃而且经济效益高，便萌生了把这种水果品种引回家乡发展的念头。

2007年，莫丽珍携一家老小毅然返乡创业，为家乡发展提供产业——种植砂糖橘。创业初期，莫丽珍在田阳县头塘镇百里村承包了85亩地，开启了她的砂糖橘梦。功夫不负有心人，经过三年辛苦的管护，莫丽珍的砂糖橘硕果累累。种出来的砂糖橘果色橘红，皮薄多汁、清甜可口，果肉脆爽、口感极佳，深受消费者青睐，"群姐砂糖橘"也成为田阳特色水果的一个响当当的品牌！

莫丽珍意识到砂糖橘有很好的发展潜力，是一项促农增收的好产业，于是她又注册了田阳县群姐砂糖橘专业合作社。种植技术成熟后，她希望能带动更多的乡亲们共同发展、共同致富。她鼓励周边23户贫困户加入合作社，特别是带领贫困妇女就业。她还积极响应自治区妇联"产业到家，牵手妈妈，巾帼脱贫"工程，牵手互助脱贫，为基地周边20户建档立卡妇女提供就业岗位。莫丽珍助人为乐、勇于担当，带动周边村屯农民种植水果脱贫，让妇女们不用外出打工，在家门口实现就业脱贫的先进事迹传遍坡洪镇大小村屯，是百色市田阳区有名的致富妇女带头能人。

身为共产党员的莫丽珍，不忘初心、牢记使命。在鼓励带动周边农户发展柑橘种植的同时，她向社员推广优质柑橘生产管理标准和经验，开展柑橘种植和管理技术知识培训500余期，参加技术培训的人数达3万多人。

莫丽珍是返乡创业农民工的成功典范，她带动群众就业脱贫的事迹得到社会各界的好评。她的柑橘基地先后荣获"全国巾帼脱贫示范基地"、自治区"巾帼文明岗"、田阳县人大代表学习培训基地、田阳县妇女之家、广西示范家庭农场、乡级"现代农业示范园""百色示范合作社""就业扶贫车间"等荣誉。

【访谈时间】2020年1月19日
【访谈地点】北京市
【访谈对象】莫丽珍
【整 理 人】武　唯　张赢方

陈梅珍：
从毛衣编织铺到农资连锁店

> ### 人物简介

陈梅珍，女，党员，1965年生，甘肃省和政县陈家集乡上王家村人，现任甘肃华丰庄园农业科技开发有限公司董事长、和政县华丰农资经销有限责任公司总经理、甘肃陇辉丰循环农业开发有限公司总经理、和政县隆兴春苗木种植经营农民专业合作社理事长。

> ### 人物故事

由于家庭贫困，陈梅珍小学二年级便辍学，开始学习手织地毯技术，帮助父母赚钱养家。陈梅珍自己成家后，育有两个子女，生活更加艰难。为了改变这种局面，她和丈夫先是开了一间毛衣编织铺，后承包了城关镇农技站农资门市部。在夫妻二人的苦心经营下，农资门市部起死回生、步入正轨。

2005年，陈梅珍创办了和政县华丰农资经销有限责任公司，如今公司拥有总资产8 000多万元，员工48人，年销售额1.2亿元。服务客户遍布七县一市及周边地区，在乡镇均设立了连锁加盟店，为全州农民提供放心优质的平价农资产品。

2013年，陈梅珍在上王家村成立了甘肃华丰庄园农业科技开发有限公司，投资5 000万元，流转土地1 360亩，带动就近就业200多人，年劳务收入500余万元。

2018年，陈梅珍投资建设了野菜加工扶贫车间和甘肃陇辉丰循环农业开发有限公司有机肥加工厂，带动当地近50名劳动力实现就业。

2020年，为有效助推全县脱贫攻坚，陈梅珍对接7个乡镇，投资260万元，对1 300户贫困户发放鸡苗13万只，由贫困户负责分户舍饲养殖，对鸡蛋和出栏鸡，公司高于市场价进行保底回购，让贫困户实现了无本收益。

与此同时，陈梅珍积极投身公益事业。多年来，先后投入50万元，为367户贫困户捐助农资，为297名贫困学生捐款捐物。

【访谈时间】2020年11月30日
【访谈地点】甘肃省和政县
【访谈对象】陈梅珍
【整 理 人】黎志福

城归创业 篇

陕成才：
雨伞撑起一片天的扶贫车间

人物简介

陕成才，男，党员，1987年生，甘肃省积石山县人，现为扶远新型太阳灶制造厂负责人。

人物故事

陕成才出生在一个偏远落后的小山村，祖祖辈辈都是庄稼人。2009年陕成才参军入伍，8年后转业。

离开部队的陕成才开始创业。初期为了节省成本，陕成才每天都起早贪黑地忙碌，中午常常吃点泡面来凑合。由于没有经验，陕成才走了不少弯

503

路,但是他并没被困难压倒。他曾用半年时间亲自拜访130余家经销商,走街串巷向群众推广产品,企业当年产值净增170余万元。同时,陕成才积极争取当地政府政策支持,企业被人力资源社会保障部门认定为扶贫车间,2019年搬迁入驻由福建省厦门市海沧区投资援建的扶贫工厂。

为了能带动更多的贫困群众稳定就业,陕成才创办雨具加工厂。他积极引进专业技术人才,耐心指导每一名员工,帮助农民顺利转变为职业工人。经过全厂员工一年多的努力,企业年销售额突破400万元。全厂47名员工(其中建档立卡贫困劳动力36名)人均月收入2 800元以上。

随着乡村振兴的发展,陕成才又启动了新型太阳灶项目,想为农村治理和改善生活探索新路。

【访谈时间】2020年12月2日
【访谈地点】甘肃省积石山县
【访谈对象】陕成才
【整 理 人】黎志福

城归创业 篇

冯升晖：
瞄准番石榴的创业者

人物简介

冯升晖，男，1987年生，广西北流市山围镇塘头村人，现任北流市西山果蔬种植专业合作社党支部书记、北流市熠熠升晖生态农业科技有限公司总经理。

人物故事

生于农村的冯升晖一直想改变农村面貌，一心想在农业产业经营上有所作为。2010年，他到云南西双版纳从事香蕉种植。五年后，他带着改变家乡贫穷落后面貌的决心回乡创业，瞄准了低糖水果番石榴项目，投资200多万元在北流市山围镇塘头村租下200亩地种植台湾珍珠番石榴。2016年1月，冯升晖又成立了北流市西山果蔬种植专业合作社，社员从最初的8人发展到现在的50人（其中贫困户12人）。合作社主要从事番石榴种植、种苗培育、线上线下销售、技术指导等业务，通过订单销售和天猫店、淘宝店、微店等电商平台销售拓宽产品销路，把农产品销售到全国各地。加入合作社从事果蔬种植的村民经济收入有了很大的提高，生活质量明显改善。

冯升晖一直都努力提升自己的业务水平，他先后参加过广西大学农学院现代青年农场主培训班，广西现代青年农场主创新研修班，中组部、农业农村部农村实用人才带头人（红岩村）培训班，华南农业大学、四川大学、上海交通大学致富带头人培训班，四川省委党校培训班。通过培训，他的综合素质及生产经营管理水平得到了很大提高。他将所学知识和技术用于实践，主动指导种植户。合作社先后获得了"北流市番石榴特色扶贫产业示范基地""广西现代特色农业乡级示范园""玉林市级星创天地""玉林市级示范社""广西新型职业农民培育示范基地"等称号。

番石榴产业的发展，不仅使村民的生活水平得到了提高，还提高了当地的土地经济效益，降低了种地成本，减轻了村民的劳动强度，更重要的是让村民相信科学，用科学的方法进行农业生产管理。2019 年，塘头村大部分村民和贫困户加入发展番石榴产业的行列，塘头村番石榴种植业已初具规模，为 2020 年全民脱贫奔小康打下了良好的基础。

冯升晖将理论与实践结合，扎根家乡土地，大胆创新发展特色产业，带领贫困户脱贫致富，为脱贫攻坚和乡村振兴树立了榜样。

【访谈时间】2020 年 2 月 2 日
【访谈地点】北京市
【访谈对象】冯升晖
【整 理 人】武　唯　张赢方

城归创业 篇

谢珺：
靠生态养殖脱贫

人物简介

谢珺，男，党员，1978年生，广西贺州市昭平县凤凰乡营盘村人，现为广西昭平县润土农业科技有限公司负责人。

人物故事

谢珺，一个从农村走出来的退役军人。2008年年底，他用全部转业费与他人合伙，在昭平县走马镇福行村租赁山林400多亩，经营种养殖场。万事开头难，半路"出家"的他，不怕苦、善钻研，从租赁土地到建设厂房，从掌握种养技术到企业经营管理，每一步都稳扎稳打。

2016年3月，谢珺成立了广西昭平县润土农业科技有限公司，聚焦产业扶贫，帮助家乡困难群众脱贫致富。经过四年发展，他创办的企业已成为贺州市最大规模的现代环保立体生态循环企业。

2017年，谢珺在黄姚北莱村租赁200多亩旱地打造百香果种植基地。可惜的是，到了霜冻时节，百香果苗全部冻死，导致基地损失了几十万元。但他仍不放弃，赴南宁、桂林等地学习百香果种植技术，不断地探索使得谢珺的技术逐步成熟，成为本土专家，走出了一条观光农业的新路子。他实施"产业到家，牵手妈妈"工程，为留守妇女创业搭建服务平台，创立了自治区、市、县三级巾帼科技示范基地和市、县两级科技特派员示范基地。

谢珺的公司招收了7名退役军人，帮助37名退役军人通过种养殖致富，带动75名退役军人创业就业。公司的创办企业包装组于2020年8月获得贺州市"工人先锋号"称号。

2017年，公司成立党支部，谢珺担任党支部书记，带头抓非公党建，组建企业工会，增强了员工的凝聚力。他奉献爱心，回馈社会，累计捐赠38万元用于助学，修建村篮球场、乡村路，购买乡村变压器等。2019年11月，谢珺所创公司获评昭平县乡土人才创业带富示范基地，公司党支部2020年分别获评市、县两新组织示范党支部。

在2020年新冠肺炎疫情中，谢珺更是主动请缨，捐资捐物价值7 000多元。他穿着迷彩服冲锋在前，主动到家乡疫情监测管控点值守。"若有战、召必回"，谢珺在疫情防控一线，用自己的实际行动诠释了一名退役军人的使命与担当。

【访谈时间】2020年1月29日
【访谈地点】北京市
【访谈对象】谢　珺
【整 理 人】武　唯　张赢方

城归创业 篇

吴绍林：
电商让"苗乡辣味"走出苗山

人物简介

吴绍林，男，苗族，1985年生，广西融水县杆洞乡杆洞村人，现为广西融水县灵睿生态农业有限公司负责人。

人物故事

吴绍林的家乡位于云贵高原苗岭山脉黔桂交界地，这里山清水秀，平均海拔780多米，是广西最偏远的乡镇，也是柳州市海拔最高的乡镇之一。高海拔的生态环境，盛产很多原生态优质农产品，但在吴绍林的印象中，这里只有山高路远的交通环境和被大山困住的生活希望。

2016年，在浙江省电商企业务工多年的吴绍林，辞掉城市的高薪工作回到苗山创业。彼时的杆洞乡依然贫困，吴绍林回乡后，经过调研，开始通过电商打开农产品销路。他从当地名产之一的辣椒入手，办起了杆洞高山辣椒加工坊，运用独特的烘烤加工技术，生产"苗乡辣味"系列辣椒产品，并在微信平台开展电商销售。

没想到，苗山里的辣椒快速"飞"向各地，源源不断的订单也飞进了苗山。"要带领乡亲脱贫致富，光靠自己一个人的力量太单薄"，吴绍林顺势聚集一批有想法、有能力的返乡创业青年，成立了杆洞乡青年创业协会、农产品种植合作社和营销团队，同时创立"呀呀呜"农产品电商品牌。

改变家乡的贫困现状是吴绍林回乡创业奋斗的最终梦想。"苗乡辣味"系列辣椒产品的成功，无疑增强了吴绍林的信心。在苗家木屋的屋檐下，吴绍林通过各电商网络平台连接外部世界，村民自产的农产品向外不断推广，销售渠道不断拓宽，贫困户、种植户销售难的问题得到了有效解决，农副特产附加值也得以提高。吴绍林带动了村镇经济发展，让融水县全县的种植户都搭上了电商扶贫快车。

"青春是用来奋斗的"，吴绍林始终以此作为前进的动力。但他还有更大的"电商梦"，他要将电商销售扩展到融水县全部乡镇，推动全县农产品产业转型发展，帮助更多贫困群众脱贫致富。他通过深入调查，合理规划，确立了适宜的种植区域，积极学习外地的先进技术和经验并带回苗山传授给群众，为更多的贫困户增加收入。

吴绍林作为一名普普通通的农村返乡创业青年，依托互联网，不断整合家乡农产品资源，引导团结优秀的创业青年，仅仅用了四年的时间就完成了电商运营平台的搭建。他打造的融水县扶贫特色农产品电商产业链，带动了一大批贫困户科技致富，为融水县脱贫攻坚事业做出了贡献，成为当地农村名副其实的创业电商致富带头人，也为广大农村返乡创业青年树立了榜样。

【访谈时间】2020年1月23日

【访谈地点】北京市

【访谈对象】吴绍林

【整 理 人】武　唯　张赢方

城归创业 篇

骆礼军：
承包国有林场的打工族

人物简介

骆礼军，男，1960年生，贵州省黔东南苗族侗族自治州丹寨县扬武乡老冬村人，广西国有黄冕林场外来务工带头人。

人物故事

骆礼军生长在贵州一个偏远的小山村，家境贫寒，祖辈都是农民，如何解决一家老小的温饱始终是头等大事。为了改变贫困的家境，骆礼军下定决心毅然带领同村的几个兄弟外出谋生。

1995年，35岁的骆礼军来到广西国有黄冕林场打工，因为没读过书，文化水平低，他只能从最低层的工作做起。深山里的条件是艰苦的，但这些困难并没有击垮他，经过几年的努力奋斗，他的生活有了很大改善。骆礼军成立了一个施工队，他带领的打工兄弟们的家境也开始慢慢好转，家里的子女也读得起书了，大家都看到了希望。

在营林生产中，骆礼军把多年积累的施工、管理经验全部用到实际工作中来。他高度重视工程质量，坚持执行林场营林生产技术规程，同时把好安全关，在安全第一的原则上创建高质量的优秀工程。

2008年，全国多地遭受百年一遇的雪灾，骆礼军所在的林场因大雪封路，道路交通十分不便，为了保障工地上农民工的生活，他冒着严寒天气和道路湿滑的危险，坚持往工地运送生活必需品。

骆礼军在林场承包工地已经有25年，这些年他对居住偏远、生活困难的农民工定期包车接送，为林场输送农民工累计1 000余人，承包林地累计20余万亩。

【访谈时间】2021年1月16日
【访谈地点】广西柳州市鹿寨县
【访谈对象】骆礼军
【整 理 人】王　睿

城归创业 篇

蔡群：
山里姑娘传承蜡染刺绣

人物简介

蔡群，女，1982年生，贵州省毕节市织金县官寨乡大寨村人，现为织金县蔡群苗族蜡染刺绣有限公司负责人。

人物故事

蔡群从小家境贫寒，初中毕业后辍学务农。看着村里的年轻人纷纷外出打工，按捺不住对大都市憧憬的她决定出去闯一闯。初到都市，她收过废品，当过餐厅服务员，做过鞋厂女工。在鞋厂工作时，因过度疲劳导致她精力不集中，她的右手小拇指被机器压断。

2006年一次偶然的机会，蔡群得知贵州省将举办以"多彩贵州"为主题的"两赛一会"活动。她9岁开始跟着母亲学习蜡染，抱着对蜡染的极大热情，她带着自己的刺绣作品去参赛，结果让她喜出望外。蔡群不仅获得了"能工巧匠"的称号，还被邀请参加省级非物质文化遗产传承人认证申请。很多外地的游客、服饰企业都对她的绣品青睐有加，这是她人生中第一次得到如此大的肯定。看到别人的作品可以作为商品出售，蔡群也依稀看到了自己的创业之路。

苗族村寨原本是一个默默无闻的大寨村小妥倮，随着蔡群蜡染的出名也小有名气。许多到织金洞旅游的游客慕名前来选购蜡染刺绣工艺品，或一睹神奇美丽的蜡染刺绣艺术品制作流程。织金洞游客量开始增多，蜡染旅游商品销售的潜力很大，蔡群发现了商机，决定结合苗家传统的蜡染技术工艺开始创业。

在大寨村"两委"的支持下，蔡群于2009年用多年积蓄的3万元购置了5台缝纫机，在自家二楼40余平方米的屋内创办了织金县蔡群苗族蜡染刺绣工艺厂。企业注册后，带着村里姐妹们的绣品，她开始全国各地跑展销、做推广。为了不让传统手工艺失传，蔡群坚持保证产品是纯手工制品，除非客户特别要求机绣。精湛的手艺很快赢得了不少企业的认可和关注，销售渠道终于有了着落。在蔡群的努力下，最初十几个人规模的小作坊如今已发展成为300人的大公司，主要经营钱包、背包、披肩等各类女性饰品和家装布艺。产品远销美国、韩国、马来西亚等地，年销售额近900万元。更让蔡群欣喜的是，她的公司还解决了不少当地农户的就业问题。

2013年2月，蔡群当选为第十二届全国人大代表。在全国两会期间，蔡群没有忘记自己的使命，除了认真学习政府工作报告及履行代表职责外，蔡群随身携带自己企业生产的蜡染刺绣作品，有机会便向来自全国各地的代表及新闻媒体宣传和推荐，介绍贵州苗族蜡染刺绣的工艺制作流程，赢得了众多代表的认同。

2014年，依托"党员创业带富工程"，小妥倮发展蜡染刺绣加工作坊及销售公司5家，乡村旅馆2家，年销售收入在200万元以上，带富了300余人。蔡群创建的苗族蜡染刺绣工艺厂以"公司+农户+基地"的运营方式进行生产经营，吸纳当地农村妇女60余人就近就业，成功带动全寨实现脱贫增收。

多年努力，使蔡群及她的公司也获得了很多荣誉，诸如"毕节名创二等奖""贵州名匠""贵州省百佳创业小老板""贵州省旅游商品产业重点企业""省级蜡染刺绣技能大师工作室"等。蔡群相信，自己取得的这些荣誉只是人生事业的开始，今后的路，仍然任重道远。

【访谈时间】2020年8月20日
【访谈方式】电　话
【访谈对象】蔡　群
【整 理 人】吴亚蓝

胡广芬：
辣椒品牌练就品牌人生

人物简介

胡广芬，女，1969年生，贵州省遵义市遵义县虾子镇人，现任贵州省贵三红食品有限公司董事长。

人物故事

1990年，21岁的胡广芬怀揣着梦想离开老家南下至广东省东莞市厚街镇双威鞋厂打工，一干就是7年，她秉持着敬业负责的工作态度从一线工人做到了副厂长。1998年，胡广芬回到家乡。多年的外出工作经验使得胡广芬敏锐地察觉到家乡丰富优质的辣椒资源可以被好好地开发，她萌生了自主创业办辣椒厂的想法。

有了想法，胡广芬立刻展开行动，和姐妹们正式开启了创业之路。"当时的生产车间就是两个土灶、百余平方米的简易砖瓦房",胡广芬回忆说,她们起早贪黑,一遍遍试制油辣椒。产品生产出来后,考虑到沿海地区有很多贵州、四川、湖南等地方的打工者,她们就带着产品去试销,却没有打开销路。胡广芬的工厂干干停停,最多的时候积压了60多万元的货。不想放弃的她说服丈夫卖掉了家里的汽车保养店,把资金全部注入辣椒厂。2003年,她把家里120万元积蓄花光,还欠下了80万元外债。

天无绝人之路,就在胡广芬一筹莫展时,遵义县虾子镇副镇长主动找到她,承诺免费提供厂房,但必须和农户签下1.3万亩辣椒回收协议。她没有犹豫,毅然将辣椒厂搬至虾子镇,并注册了"贵山红"商标,在千余平方米的新厂房开始了第二次创业。凭着一股韧劲,她带着一瓶瓶油辣椒走南闯北,站在农贸市场和超市门口让路人免费品尝。功夫不负有心人,她叩开了一家家大型超市的大门,与家乐福超市上海总部签订的1 000多件辣椒产品的销售合同是她搬到新厂后签下的第一笔大单。

有了大订单,胡广芬需要更大的土地种植辣椒,在当地政府的帮助下,她打造了首个1万亩辣椒种植基地。她采取"公司+合作社+基地+农户"的模式,发展至今在遵义、贵阳、毕节等周边县市发展辣椒种植基地10万余亩,与椒农签订种植合同,设定收购保护价,带动近20万椒农走上了富裕路。

2011年,遵义县政府出台"筑巢引凤"优惠政策,胡广芬带领"贵山红"再次出击,将年产10万吨辣椒系列食品异地扩能技改项目落户遵义县三岔镇,整个项目总投资1.5亿元。2012年占地280亩的花园式现代超标准厂房建成投产,引进全自动生产流水线,实现年生产辣椒食品10万吨,年生产总产值10亿元。

胡广芬认为"做品牌要响当当,做人更要有担当",在做大做强公司的同时,她积极参与"百企帮百村""春晖行动""贫困大学生捐助"等帮扶活动。

　　从小山沟走出来,胡广芬咬紧牙关朝前迈。她告诉记者：做辣椒品牌也是练就品牌人生!

【访谈时间】2020年2月20日
【访谈地点】贵州省遵义市
【访谈对象】胡广芬
【整 理 人】吴亚蓝

李利：
巧村姑刺出美锦绣

人物简介

李利，女，1989年生，贵州省黔西南布依族苗族自治州晴隆县鸡场镇紫塘村人，现为晴隆县阿妹戚托小镇布依垚工作室负责人。

人物故事

李利因家境贫寒，十多岁时就跟随姑姑到广东打工，在外闯荡十多年，先后在电子厂、服装厂、手袋厂工作，后来改行成为一名销售。李利心思敏捷、领悟力强，在外工作期间，学会了机械缝纫、裁剪，服装手袋设计和销售的技能。之后便有了创业的想法，2018年她的团队注册"布依垚"商标，开始生产民族文创系列产品，有手织土布、手工包、蜡染衣服、织染围巾、床上用品、小工艺品等，产品热销至全国各地。

李利说:"创业不是头脑一热的想法,而是经过深思熟虑的思考做出的决定。布依族的女孩子从小就要跟妈妈学习纺织、染布、刺绣等手工艺,我们的服装、手袋、刺绣作品都很漂亮,但是外界对于我们的布依文化知道得并不是很多,酒香也怕巷子深,我要尽自己的努力,把我们的优秀文化弘扬出去。"

2019年年底,为了全方位多角度地弘扬布依文化,李利有了想要回老家鸡场镇紫塘村发展的想法。她把老手艺人召集起来,学习她们的技术,一起将布依手工艺产品做得更好、更有特色。李利希望布依族的手工艺产品能够代代相传。

2020年9月24日,农历八月八,李利和她的团队成员穿着传统布依族盛装,在阿妹戚托小镇参加了"锦绣助力·巧手脱贫"——晴隆县2020年新市民追梦桥刺绣大赛。在比赛中,她的团队成员获得特等奖、三等奖两个奖项。这时,李利的布依垚工作室从鸡场镇紫塘村搬到腾龙岭易地扶贫安置区刚好两个月,她的展览门店也从鸡场镇的大山深处搬到了阿妹戚托小镇。从城市回归乡村,再从乡村走向城市,李利用了4年的时间。

李利认为,一个人的事业要靠自我奋斗,但更要与时代的发展紧密相连。布依垚工作室以"锦绣计划"为依托,坚持以手工织布、植物染加工,生产极具布依族特色的手工艺品,挖掘更多的民间手工技艺,以勤劳的双手创造"锦绣"生活。

布依垚工作室成立至今带动了20位农村贫困妇女稳定就业。现在,布依垚工作室的订单不断,在淘宝上有专卖店。接下来,李利还将开通直播卖货途径,以期带动更多的贫困劳动力实现脱贫致富。

【访谈时间】2020年2月9日
【访谈方式】电　话
【访谈对象】李　利
【整 理 人】吴亚蓝

城归创业 篇

周礼贵：
小香葱，大发展

人物简介

周礼贵，男，1975年生，贵州省毕节市七星关区对坡镇法泥村人，现为贵州新农汇生态农业发展有限公司股东。

人物故事

周礼贵的小香葱创业路可谓是一波三折。第一次创业，他种植的小香葱因为种植技术不达标，出现了大面积发黄、倒伏的情况，损失惨重。这对周礼贵来说如晴天霹雳，但他很快又振作起来，吸取教训四处求教，向别人学习相关技术。

找到了第一次失败的原因，周礼贵感觉有了底气，决定把小香葱的种植面积扩大到一千多亩。可第二次创业依然没有给周礼贵带来想要的结果。经销商看到周礼贵的小香葱直摇头。原来上海人的习惯是买菜就送小香葱，而他的小香葱个头太大，白送给人太不划算。因为一个小小的消费习惯，周礼贵的努力又一次打了水漂。但周礼贵仍不气馁，反而再接再厉，跑到各大城市去了解当地人关于小香葱的消费习惯，终于摸清了各地不同的需求。通过产品改革，小香葱的资源和品质有了保障，周礼贵的香葱事业也慢慢稳定了起来。

在外摸爬滚打20余年，尝遍生活的酸甜苦辣咸，周礼贵想要帮助家乡致富的念头越发强烈。2016年，他在毕节市赫章县通过技术及资金入股组建了贵州新农汇生态农业发展有限公司。公司按照政府引导、公司主导、贫困户参股的发展模式，发展香葱产业。遵循农田标准化、布局合理化、管理规范化、生产科技化、功能多元化的经营理念，全面推进以香葱种植为主体、乡村休闲观光和物流管理体系为配套的示范园区建设。

截至2019年年底，周礼贵通过"党建引领+龙头基地+村社一体+贫困户"四位一体的扶贫模式，共计带动赫章县松林坡乡518户贫困户1 958人脱贫致富。贵州新农汇生态农业发展有限公司被贵州省人力资源和社会保障厅认定为"优秀就业扶贫企业"。

周礼贵始终坚信，有各级领导的关心关怀，有毕节亲商爱商的良好投资环境，有毕节人民及社会各界的鼎力支持，香葱产业一定能在乌蒙大地发展壮大，贵州的明天一定会更加辉煌。

【访谈时间】2020年2月8日
【访谈地点】贵州省毕节市
【访谈对象】周礼贵
【整 理 人】吴亚蓝

城归创业 篇

崔应朝：
造福桑梓看今朝

🟢 人物简介

崔应朝，男，1975年生，湖北省恩施市崔家坝镇人。

🟢 人物故事

1995年，20岁的崔应朝因高考失利，他带着失落和憧憬一路南下，加入了浩浩荡荡的南下打工大军。

1999年，崔应朝用打工攒下的3万元钱在广东惠州租下几十平方米的厂房，成立了一间加工作坊，办起了电子加工厂。凭借着善良纯朴、勤俭节约和脚踏实地的精神，他在生意场上赢得了赞誉，公司逐步发展成为一家产品行销海内外的大型电子企业。用心做人，用心做事，就有好的回报。

2006年年底，随着生产成本攀升，以劳动密集型为主的产业逐渐从沿海地区向中西部转移，崔应朝也随着产业转移大潮回乡投资。有能力回报家乡就应该回报，崔应朝的第一个投资项目就是投资3 800万元，承接了恩施市建始县东龙河引水发电工程。2007年秋，他又联合台商参股的公司，组建了第一家落户建始县清江工业园的合资企业——恩施奇来富电子有限公司，助推地方经济发展。

此后，不安于现状的崔应朝又瞄准了建始的旅游市场。他踏遍恩施的山山水水，最终锁定享有"世界第一古人、中国第一古河、巴楚第一古道、施南第一佳要"美誉的恩施地心谷景区。2010年，注资5 000万元成立湖北佳音旅游发展有限公司。经过精心打造，2015年恩施地心谷景区被评为国家4A级旅游景区，"最佳避暑景区""湖北最具有发展潜力的旅游目的地"等荣誉纷至沓来。

吃水不忘挖井人。崔应朝积极参与精准扶贫，承担了高坪镇楂树坪村和石门村10户贫困户的帮扶工作。作为一名州政协委员，崔应朝时刻警醒自己要深入学习，贴近员工，加强自身履职能力。结合全州全域旅游发展实际，通过实地调查研究，崔应朝撰写了《关于迅速推进恩施州东部旅游线路建设的建议》，为全州旅游事业发展献计献策。

【访谈时间】2020年5月13日
【访谈方式】网　络
【访谈对象】崔应朝
【整 理 人】贾东岚　蔡婧娟

城归创业 篇

胡全波：
奋力拼搏，化荒山为金山

人物简介

胡全波，男，党员，1972年生，湖北省武汉市新洲区旧街街道石咀村人。

人物故事

胡全波出生在一个普通的农民家庭，初中没毕业就辍学外出打工，卖过日用品、开过出租车、摆过地摊。

2010年胡全波回到家乡入职武汉大雾山茶业有限公司，负责公司技术工作，在大雾山、石咀、姚河、冯岗四个村流转2 200亩荒山，开始投身茶产业的创业之路。经过二十年的奋斗,昔日家乡荒坡岗地旧貌换新颜,公司也成长为武汉市农业产业化重点龙头企业、湖北省林业产业化省级重点龙头企业。

作为公司技术负责人、省劳动模范,胡全波坚持走科技创新之路,组建了"湖北省问津绿院星创天地""新洲区白化茶专家大院""武汉大雾山科协"等创新、创业平台。与中国茶叶学会、湖北省农业科学院果树茶叶研究所、武汉市农业学校等科研单位、专业院校保持紧密合作关系,并经常进行各项业务活动。为了进一步带动农民致富,在胡全波的牵头下,公司成立了武汉通禅茶种植专业合作社,将公司、农民专合组织、农户三方的利益联结起来,并通过合同方式固定下来,结成真正互惠互利、共同发展的利益共同体。合作社吸收种茶农户 500 余户、农民 2 000 余人,辐射带动周边街镇发展茶园 5 000 亩,合作社产业链年产值达到 5 000 万元,茶农人均年增收 4 500 元,受到了当地政府的充分肯定和农民群众的好评。

在助力脱贫攻坚上胡全波勇于担当,以结对帮扶、便民服务、技能培训等方式为载体,多渠道开展精准扶贫工作。一是强力推进基础设施建设,改善群众生产生活条件;二是巩固脱贫攻坚成果,对 49 个建档立卡贫困户反复入户走访调查,制定以种植、养殖业及劳务输出为主的帮扶措施;三是抓民生福祉,特别是对孤、老、残特困户悉心关怀照顾,向困难群众发放救济米、油等物资。

2020 年新冠肺炎疫情防控期间,为配合旧街街道社区做好防控工作,胡全波主动请缨成立志愿者服务队,积极参与社区防控活动。"我是党员我先上!"这是胡全波抗击疫情的庄严承诺,在严峻形势的考验下,他始终用行动践行一名共产党员的初心和使命,哪里有需要、哪里险重累,哪里就有他的身影。

"绿水青山就是金山银山",胡全波表示将继续诚恳待人,勤奋务实,以昂扬的工作热情和高度的责任心,不懈努力、奋斗,回报公司的信任和家乡的期待。

【访谈时间】2020 年 5 月 14 日
【访谈方式】网　络
【访谈对象】胡全波
【整 理 人】贾东岚　蔡婧娟

胡贤利:
为民致富,一往无前

🟢 人物简介

胡贤利,女,湖北省咸宁市通城县大坪乡人。

🟢 人物故事

近年来,我的家乡县委、县政府号召大家回乡创业,我回乡创立了新三汇养殖专业合作社。目前,合作社拥有部级标准化示范养殖小区1个、无公害大棚蔬菜基地100亩、药材基地500亩、果树基地150亩、有机茶园600亩、精养鱼池300亩、油茶基地2 000亩。合作社已发展成集种猪繁育、生猪生产、水产养殖、果树油茶药材等种植、畜产品加工、休闲观光于一体的省级农业产业化重点龙头企业，2012年被评为咸宁市消费者满意单位、全国巾帼现代农业科技示范基地。

为了提高养殖户的综合素质，我利用合作社有利的学习环境，邀请省市县畜牧、水产养殖、果树种植类科技人员、大专院校的老师对合作社的成员进行技术培训，现场操作指导，推广传授实用的种植、养殖技术和先进经验，及时为广大种养殖户提供国家有关惠民富民政策及畜牧、水产、种植信息，倡导健康、生态种养殖模式。几年来，我先后组织举办各类培训班21期，培训5 620人次，发放技术指导资料12 800余份，入户技术指导2 000余次，组织农户到省内外参观学习20次。农户生猪出栏天数由原来200多天缩短到160天，出栏批次由原来一年1.2批提高到2.5批，按每批出栏100头计算，每户社员年增利3万多元。

为了鼓励周边农户养猪，解除他们的后顾之忧，我推出了"四提供一回收"服务，即提供优质仔猪，提供全价饲料，提供防疫治病，提供养殖技术，包回收生猪。这样，农户不用愁饲养，更不用愁销路，一下子吸引了大坪村、来苏村、栗坪村等200多家农户从事养猪业，稳定了民心，保持了他们的养殖积极性。

这些年来，我一直在践行服务于民的诺言，先后投资500多万元，从药姑山田庄水库、东冲水库引水至周边几个库区移民村，解决了村民用水难问题，同时还将合作社养殖场沼气连接到户，使农民用上了清洁、环保的沼气。几年来，合作社安排村民就业120多人，捐款捐物30多万元。

我将继续以自己的实际行动，在为民致富的道路上坚定前行，一往无前！

【访谈时间】2020年5月15日
【访谈方式】网　络
【访谈对象】胡贤利
【整 理 人】贾东岚　蔡婧娟

彭国名：
问渠哪得清如许，为有源头活水来

● 人物简介

彭国名，男，湖北省黄冈市黄州区范家岗村人。

● 人物故事

1995 年，改革开放的春潮涌动，我南下浙江，在绍兴一家棉纺厂打工，成了一名普通的打工仔。通过自己刻苦钻研，我学习并掌握了先进的棉纺织技术，积累了初步的管理经验。

2001 年，我回到家乡，利用在外打工学到的技术和积累的资金，将村里原来濒临倒闭的纺织作坊进行技术改造，并与人合资，建成了现代化棉纺织厂，帮助村里 100 多人就业。创办企业的成功使我得到乡亲们和上级领导的肯定，2002 年我被推选为范家岗村村委会主任，2005 年我又被选为村党支部书记；2008 年我被评为全国优秀农民工代表。

2007 年至今，我一直致力于挖掘村历史，振兴村文化，希望从这方面促进乡村发展。十几年的坚持，我收获颇丰。我通过听村里老人讲述、翻阅历史资料、走访全国多个地区博物馆等，多渠道搜集整理范家岗村历史文化，总结出了古集镇文化、饮食文化、红色文化、孝道文化、民俗文化五个方面。

打好精准扶贫战役，把集体经济搞上去，让村民收入增加是我的一大心愿。从实践到理论，再从理论回到实践、指导实践。我结合村里的实际，带领干部群众，建设新农村，帮助村民脱贫。整改通村道路，整治小集镇；筑巢引凤，招商引资，吸引私营业主投资，建立黄冈市范家岗棉纺织厂、农村供联超市、范家岗农贸市场；带领全村群众大力加强农村基础建设，建设村办公楼和村小礼堂；投资十几万元兴建提水泵站 5 座，开挖抗旱渠道 2 000 多米，解决农田灌溉问题，确保村民旱涝保收；开发精养鱼池 300 多亩，调整水田种植蔬菜 200 多亩，种植西瓜 400 多亩，调整荒地荒滩种植棉花 350 亩，使村民亩平均纯收入由原来的 300 元提高到 1 200 元。村里牵头成立的黄州区范家岗苗木花卉种植专业合作社投建的鼓山月季花基地也已初成规模。

问渠哪得清如许，为有源头活水来。回顾这些年走过的路，党和国家的支持是我事业的活水，源远流长，泽及乡村，滋润了希望的田野。

【访谈时间】2020 年 5 月 16 日
【访谈方式】电　话
【访谈对象】彭国名
【整 理 人】贾东岚　蔡婧娟

向士红：
组建劳务团队改命运

🟢 人物简介

向士红，男，1976年生，湖北省宜昌市秭归县九畹溪镇砚窝台村人。

🟢 人物故事

1993年，因家境贫寒，17岁的我辍学了。我离开家乡，外出打工，希望能够通过自己的努力缓解家里的压力，改变家里贫困的状况。我先后做过餐厅服务员、砖厂搬运工，开过酿酒作坊，卖过摩托车，就这样在外面一闯荡就是10年。10年沉浮，洒下无数心血和汗水，遍尝人间冷暖与酸甜，但依旧没有走出生活的困境。不过我知道，这个社会需要的就是像自己这样肯吃苦、愿意用劳动和汗水改变命运的人，所以我从来没有气馁过。

机遇总是偏向有准备的人。2002年，一个偶然的机会，我得知村里正在实施土地整理项目，需要大批的劳务人员。我知道，机会来了。我立即找到了村委会干部，请求组建一支本地劳务队参与项目施工。没有垫付资金，我就向亲戚朋友借；没有施工设备，我就将别人弃之不用的搬来修理后利用；看不懂图纸，我就晚上挑灯夜战学习；不懂管理，我只要有空就追着老同志请教；没有专业爆破员，我就参加培训考取证书后自己上。没有退路，也不能退缩，所有的苦活、累活、脏活、险活，对我来说都不算什么。

从2002年组建30多人的队伍、年劳务收入不足10万元，发展到如今500多人的劳务团队、年劳务收入近3 000万元。十几年的拼搏发展，我终于靠自己的劳动和智慧改写了命运，也有幸能够帮助一大批和我一样出身贫寒的农民工家庭改善了生活。

这么多年来，我也有过资金不足的情况，但是我知道农民工兄弟们也非常不容易，因为我自己也经历过，所以不管资金的压力多么巨大，我从来没有拖欠过农民工一分钱的工资。就算担了些责任、压力和风险，但只要看到农民工兄弟们能高高兴兴地拿到属于他们的那份工资，我心里也是幸福的。

因为自己曾经是一个贫困家庭的孩子，我深知贫困家庭的难，深知贫困家庭孩子的苦。所以这些年我在自己的能力范围内资助了12名贫困孩子，有留守儿童，有交不起学费的大学生，近到不出村门的乡邻，远到汶川地震灾区的孩子，资助金额累计近10万元，也算是为这些家庭尽我的一份绵薄之力。

贫穷不可怕，可怕的是穷且没志气，没有志向的人，就好比没有动力的船，只能随波逐流。在以后的日子里，我会更加坚定自己的信念，将公司的队伍建设得更强更大，带领更多的人走向幸福之路！

【访谈时间】2020年5月17日
【访谈方式】网　络
【访谈对象】向士红
【整 理 人】贾东岚　蔡婧娟

黄建龙：
迫于生计南下打工，带着梦想返乡创业

人物简介

黄建龙，男，1974年生，湖南省永州市蓝山县土市乡埠头村人，现为湘江源皮革皮具产业园合伙人兼销售员。

人物故事

黄建龙出生在一个普通的农民家庭，是家里的老三。可是由于家境困难，黄建龙的父母只能供一个孩子读书，刚刚初中毕业的黄建龙和姐姐就前往广州市花都区狮岭镇开始打工。出门在外，举步维艰，黄建龙从皮具厂缝纫学徒做起，起早贪黑，不怕苦不怕累，虚心请教，不断积累皮具手袋制作经验，后来不幸遭遇工厂停工，失业的黄建龙只能靠打零工维持生计。

半年后，黄建龙进入洪星皮具厂，承包皮具包装。初次创业，黄建龙

以"精细管理,优化生产"为己任,每天总是迎着初升的太阳上班,披着满天的星光回家。在工作中,他不断创新工作思路,通过实践总结出一套"刚柔并济"的管理方法,同时也造就了一支高素质、高技能、高效率的员工队伍。有一次公司进了一台新的生产设备,面对新设备,黄建龙感受到了知识的匮乏,也切实感受到了自己肩负的责任。他带领员工一边学习理论知识,一边找资料、跑现场,很快掌握了新设备的操作维护方法。

1999年,黄建龙创办兴隆皮具厂,注册了"兴隆""蒙倍龙"等商标,自创品牌,直接对接皮具批发市场。作为皮具厂的负责人,黄建龙没有丝毫的懈怠,他白天深入到各个岗位,实地查看皮具的生产情况,晚上查阅相关资料,了解市场需求,遇到不懂的地方就请教专家。通过近一年的努力,车间每一位员工的专业技术水平和现场管理能力都有了很大的提高,兴隆皮具厂年产值达到2 000多万元,黄建龙成了当地的"创业明星"。

2012年,在蓝山县委县政府的积极推动下,永州市蓝山县驻广州花都区流动党支部正式成立,黄建龙当选为支部书记,他自知责任重大。作为一名基层党务工作者,黄建龙不计较得失,凡事亲力亲为,主动与政府部门联系沟通,经常走在矛盾纠纷的最前线,时刻为父老乡亲"谋利益,干实事",为两地政府分担压力。自流动党支部成立以来,共调处社会治安纠纷300多件、劳资纠纷840多起,推荐外来务工人员就业1 700多人次,提供法律、婚姻等各类咨询服务560余次。

2013年,蓝山县委、县政府号召老乡返乡创办湘江源皮革皮具产业园,黄建龙第一个带着自己的昌达皮具五金商行入驻皮革皮具产业园,并把蓝山县招商引资优惠政策带到狮岭,号召党支部的骨干党员一对一发动蓝山在广东务工经商的能人回乡发展皮具产业。在他们的宣传推动下,2015年10月,蓝山县政府与60名在狮岭打拼的蓝山籍人员正式签订回乡创业协议,黄建龙成为合伙人之一。

2020年,我国突发新冠肺炎疫情,黄建龙得知县委县政府也出现了采购防疫物资难的状况,于是与同乡好友唐盛丹等回家乡办口罩厂,创立蓝山县神盾科技有限公司以支持政府抗疫。口罩厂投产以来,已累计销售成人

KN95 口罩约 8 000 万只，一次性医用口罩约 2 000 万只，儿童 KN95 口罩约 500 万只，同时为国家缴纳税费 1 000 多万元，得到了市委和县委领导的一致好评。

随着我国疫情防控形势逐渐向好，全国各地开始复工复学，黄建龙心系国家，经公司董事会商议后，决定以实际行动回馈社会，先后向相关单位捐赠了 71 万只 KN95 口罩，价值 640 万元。

黄建龙用自己勤奋的汗水及无私的精神，赢得了群众的赞许和好评。谈及往后，他表示会继续努力，带动更多的老乡走上致富之路，为家乡的发展做出更大的贡献。

【访谈时间】2021 年 4 月 16 日
【访谈方式】电　话
【访谈对象】黄建龙
【整 理 人】李　宏

城归创业 篇

李贤辉：
在颠沛流离的生活中走出了小康路

人物简介

李贤辉，男，1983年生，湖南省涟源市荷塘镇牌头村人，现为湖南世标健康科技有限公司扶贫车间负责人。

人物故事

李贤辉15岁时便因家庭困难辍学踏入社会。一开始艰难的生活并没有吓退李贤辉，他在打工中学习技术、积累经验的同时，怀揣着创业的梦想。积累了一定的创业资金后，他尝试开过连锁画廊和家具店、装修公司、酒店，也加入过路桥市政集团分公司并通过努力做到了副总经理的级别。

2019年1月，为响应国家"脱贫攻坚，振兴农村经济"的号召，李贤辉把眼光瞄准到大健康产业，毅然放弃省城优越的生活条件和创业基础，回到家乡与朋友合伙在涟源市荷塘镇成立湖南世标健康科技有限公司，他占45%的股份。

公司依托中南大学、湖南农业大学等高等院校的科研成果，带动村民生产各类足贴、泡足粉、生姜产品、艾条、艾饼、艾柱、艾灸贴等艾制品，以及艾绒、艾粉、艾油等半成品原材料，年销售额突破几千万元，年创利税上百万元。产品销售覆盖全国，远销加拿大、韩国、泰国、新加坡、新西兰等国家和地区。

李贤辉致富成功了，但他不忘父老乡亲，捐资助学、赡养孤寡老人，深入宣传"考出一个孩子、脱贫一个家庭、带动一个寨子"的理念，让乡亲们充分认识到教育对于改变贫穷落后面貌的重要意义，将"创业"和"扶贫"紧紧地联系在一起。扶贫是一份"感情活"，要把扶贫当事业，把群众当成亲人，带着感情帮、带着问题思、带着责任干，这样才能真正"帮"到点上，"扶"出实效。近年来，他和公司同事一起资助多名寒门学子，勉励他们在学习中尊重师长、崇尚知识、刻苦钻研，比贡献、比骨气、比专长，树立正确的价值观，学有所成后报答父母，回报家乡，努力实现人生理想。

为了帮助贫困农户树立信心，鼓起脱贫致富的勇气，李贤辉组织举办各种形式的培训10余次，积极探索新形势下种植业的发展方式，利用农村荒山优势，引导群众开垦荒地种植艾蒿，发展艾草种植2 000余亩，采用统一采购种苗、统一保护价收购，降低了种植户的风险，带动贫困户60多户，解决了180人的就业问题。

2020年6月李贤辉的公司被评为"湖南省示范性就业扶贫车间"。

【访谈时间】2021年4月16日
【访谈方式】电　话
【访谈对象】李贤辉
【整 理 人】李　宏

城归创业 篇

张仁伟：
打工创业回馈家乡

人物简介

张仁伟，男，1970年生，吉林省通化市辉南县平安川镇人，现任吉林省鹏程建筑工程有限公司总经理。

人物故事

张仁伟高中毕业后因家庭贫困不再继续学业，为了挣钱补贴家用，他尝试过各种各样的工作，卖鞋、卖烧烤、摆地摊、赶大集。张仁伟不怕苦和累，三伏天顶酷暑，三九天冒严寒，风里来雨里去为了糊口而奔波。张仁伟开始思考，艰辛的体力劳动换来的微薄薪水不过是杯水车薪，都是劳动，如果能结合智慧创一番事业,是不是能更快地摆脱贫穷,创业的想法在他脑子里萌芽。积累创业基金是第一步,终于机会来了。1999年的春天,他成为辉南县开发区的第一批投资者,他买下了760平方米的地皮,建了一栋600平方米的楼房。

随着县城经济发展的渐好,张仁伟看准时机,响应镇政府号召,投资建造厂房创办塑钢门窗厂。基于打工时期积累的经验和诚实可靠的信誉,他的客户数量和公司效益渐涨。随着市场需求的不断扩大,张仁伟在2002年又引进了防盗门生产设备,增加了企业的生产项目,扩大了工人队伍规模。如今,张仁伟引领的企业集团在建筑、特色产业种植、劳务输出等多行业齐头并进,形成了良好的发展态势。

张仁伟创业成功,摆脱贫困的同时心系家乡,他知道百姓脱贫致富需要的不仅仅是机遇,还有抓住机遇的能力,所以帮助乡亲们拥有一技之长才是核心。有了想法就付诸行动,张仁伟积极和辉南县就业局以及镇人力资源社会保障所联系,为有创业想法的村民提供就业培训指导,为缺少资金的村民办理小额贷款,使他们充分享受国家的相关扶持政策,给他们的创业之路开辟一条绿色通道。在张仁伟的热心帮助下,很多村民都走上了小康之路!

2005年,张仁伟正式加入了中国共产党,同年家乡的村书记换届选举时他以高票数当选。上任伊始,张仁伟采取了一系列富民强村的举措。在他的带领下,全村修建了水泥路,家家喝上了自来水,民宅统一改造,绿化美化,全村焕然一新。村里组织投建高标准蔬菜种植园区,解决了剩余劳动力的就业问题,增加了农民的收入。

在带领同村人脱贫致富的道路上,张仁伟心系祖国的未来。由于自己年少辍学的经历,他十分重视教育,认为孩子是未来的希望,穷啥不能穷教育,有钱更要重教育。张仁伟带头维修村小学,自己的企业以低于成本的价格为小学安装了塑钢门窗。

为了打赢脱贫攻坚战,张仁伟努力扛起肩上的责任,尽自己所能惠及家乡人。他说:"这些都是我力所能及的,看到他们过上好日子,我也挺有成就感的。"

【访谈时间】2020 年 8 月 28 日
【访谈方式】电　话
【访谈对象】张仁伟
【整 理 人】吴亚蓝

蒋宇霞：
当好"孩子王"的乐趣

人物简介

蒋宇霞，女，1967年生，江苏省南京市浦口区珠江镇人，现任南京市浦口区霞光幼儿园园长。

人物故事

蒋宇霞从幼师毕业后就开始从事农村幼教工作，一干就是十多年，后于1996年被借调至教育局幼托办工作，1998年年底因机关工作人员精减而下岗。下岗这个对很多人来说难以迈过的坎，却成为蒋宇霞人生中重大的转折点。"我一直注意到在传统产业工人集中居住的原江浦县珠江镇南门一带，由于缺少幼儿园配套，不少适龄儿童不能按时入园，得不到很好的照顾与教育，我当时就在想，要是能让这些孩子在自己家门口上幼儿园该有多好啊！"为此，蒋宇霞认真研究了江苏省关于"鼓励多渠道办园，提高全省幼儿入园率"的倡议，走访了教育主管部门，摸清了相关政策。在家人和朋友的支持下，蒋宇霞承租下一个停办已久的厂办幼儿园，于1999年2月开办了霞光幼儿园。就这样，蒋宇霞开启了创业的征程，重新做回了"孩子王"。

创业之路道阻且长，幼儿园虽然开张了，但是招生难、经费紧等种种问题接踵而来。新学期伊始，只有26名适龄儿童报名入学，与当初摸底的情况相差甚远，这着实给了蒋宇霞当头一棒，但是她没有气馁，反而把更多的心思用在提升办学质量上。精心培养教师，提高保教水平，坚持低廉收费，随着一届届幼儿经培育后进入小学，学生们良好的行为习惯、学习习惯，全面发展的素质受到社会的高度赞扬，蒋宇霞的幼儿园在农民工家长中赢得了良好的口碑，争相把孩子们送来上学，幼儿园逐渐从"招生难"变成了"进门难"。

为此，蒋宇霞想到了通过开办分园来缓解招生压力。她四处奔走，先后多次致信市、区主要领导，与街道有关部门积极交涉，她的想法得到了市、区领导的关心与支持，争取到了开办分园的场地资源。新园建筑面积3 780平方米，共设有12个班，在园幼儿400余名，教职工50余人。霞光幼儿园进入了全新的发展时期。

在扩大校园和招生的同时，蒋宇霞意识到加强幼儿教育的根本在于提高农民工对于早教的认识。经过调研发现，不少农民工家庭因为文化素养偏低且忙于生计，早教意识淡薄、方法不当，导致孩子在身体素质、行为习惯、思维开发等方面存在严重欠缺。为此，她一方面开设"农民工幼儿家长必修课堂"，采取多种手段督促农民工家长"持证上岗""合格上岗"，为孩子健康成长奠定坚实基础；另一方面，对特困家庭、单亲家庭的孩子给予学费的适当减免。

蒋宇霞用自己的实际行动展现了农民工代表的担当。"我深知农民工群体对城市建设贡献之大，也能够体会到他们生存的艰辛，既然代表了广大农民工群体的利益，我就有义务尽最大努力，兑现让更多农民工子女享受优质教育的诺言。"她先后荣获浦口区"三八红旗手"浦口区"优秀创新创业女性""南京市创业明星"等多项荣誉称号，还是全国、省、市劳动模范。

【访谈时间】2020 年 12 月 20 日
【访谈地点】江苏省南京市
【访谈对象】蒋宇霞
【整 理 人】吴亚蓝

陈二霞：
响水湖畔的黑山羊产业

🟢 人物简介

陈二霞，女，1982年生，江苏省盐城市响水县双港镇东吴村人。

🟢 人物故事

陈二霞高中毕业后就去了上海开始独立生活，并找到了一份在餐馆的工作，因为表现优秀，争取到了去北京参加餐饮管理培训的机会。通过努力，她从餐馆服务员做到大堂经理，但她心中一直有创业的梦想。2012年，她在上海成了家，并用多年攒下的积蓄开了一家水果店。

同年，陈二霞回老家过年，刚好镇里开创业座谈会，她得知省扶贫工作队计划在响水县东吴村创建扶贫示范点，有一个黑山羊养殖项目需要人领头来做。她知道机会来了，便果断返乡创业。陈二霞得到了县妇联和扶贫工作队领导的有力支持，申请到了10万元无息贷款。

创业之路并非坦途，最初购买的200多只黑山羊因卖家注水导致生病，一晚上死了15只，这个不太好的开始让陈二霞慌了神，但是她快速冷静下来，寻找相关专业书籍，请教有经验的人，夜以继日地一边照顾黑山羊一边观察记录。功夫不负有心人，通过她两个多月的精心照顾，黑山羊的情况稳定下来了，陈二霞不仅熟练掌握了基本的喂养技术，还学会了给黑山羊注射防疫针，一切都走上了正轨。

2013年，由于陈二霞黑山羊养殖很成功，有四五位乡邻加入她的行列，和她一起养羊。陈二霞决定进一步扩大养殖规模，她带领养羊团队来到邻近的双港镇，租下200亩河边草地，新建一个养殖基地，并注册成立了双港镇盛远藏山羊养殖专业合作社。

2014年秋天，响水县政府在风景秀丽的响水湖畔，开发了响水风味小吃一条街，临街建了好几个门市楼。陈二霞再一次抓住了机遇，购置了一栋建筑面积近800平方米的四层独立商品门市楼。2015年3月，她又投资200万元，在响水县最繁华的财富广场租下300余平方米的店铺，开了一家以炭烤羊腿、羊排、香辣虾为主的风味餐馆。为了提高服务质量，距开业还有半年时间，她就亲自开始招聘员工。来她餐馆应聘的员工，很多都是下岗职工，虽然有些人没在餐饮业做过，但陈二霞还是录用了他们，并亲自带领员工到大城市大宾馆、大饭店学习服务经验。

为了满足消费者的饮食需求，陈二霞和员工不断观察、记录，研究当地饮食习惯，推出新式菜品。食品卫生是陈二霞最关心的问题，她制定了严格的制度规范，坚持采购渠道实行合同制，不用假料，不用劣质食材。她始终坚信，做餐饮就是做良心，创建维护品牌是关键。由于食材上不偷工减料，服务上细致入微，陈二霞的风味餐馆终于"酒香四溢"，闻香而来的客人络绎不绝，连锁店开了一家又一家，从家乡开到了上海，生意蒸蒸日上。

2016年3月，陈二霞注册了响水龙凤家庭农场，经营范围包括水产品、畜禽养殖与销售，农产品、蔬菜水果、办公用品、劳保用品和建筑材料销售。面对今后的人生，陈二霞表示，将继续用自己勤劳的双手将产业做大做强，带动更多的农户走上科学致富之路，为家乡的发展做出更大贡献。

【访谈时间】2020年11月15日
【访谈方式】电　话
【访谈对象】陈二霞
【整 理 人】吴亚蓝

蔡灿平：
小箱包助推大扶贫

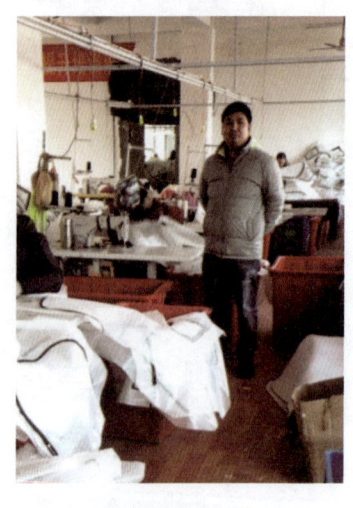

人物简介

蔡灿平，男，1989年生，江西省九江市瑞昌市高丰镇永丰村人。

人物故事

我自小家境贫寒，2004年初中毕业，为减轻家中负担，毅然选择了远赴福建泉州打工。从大街清扫工到车间搬运工，一路走来，什么活都干过，最后我看准了箱包这个行当。经过几年的打拼，一点一滴地积累着加工技术和管理经验，从打样部到设计部到车间主管再到企业副总，我终于在这个行业内数一数二的国有企业——"得泉箱包"干出了成绩。

2018年年初，我回乡创业。在村、镇干部的帮助下，经过筹备，车间终于建起来了，即使只有为数不多的几个工人，但生产总算走上正轨。可是 2018 年年底的大雪打乱了正常生产的步伐，长期的恶劣天气和年底乡村繁多的红白喜事让工人们无法按时工作，产品无法交货，订单无法完成，面对高额的违约金，我心急如焚。在镇、村干部和乡亲们的帮助，紧急招来十几个工人日夜加班，顺利渡过难关。

现在我管理的扶贫车间有工人 40 多名，残疾人、低保户、贫困户等就业困难人员占到 1/3 以上，这些曾经的贫困人口终于有了稳定的收入。我知道，经历过贫穷的人更会懂得生活的不易，而我能帮助他们也是一种快乐。我针对不同的贫困户安排不同的工作岗位：在家带孩子读书的留守妇女，采取灵活的上班时间，按件算钱，多劳多得，让她们能兼顾工作和家庭；年纪大一点的、没有工作技能甚至身体残疾的贫困户想来做事，立刻安排新员工培训，通过"老带新"，老员工手把手教，同时参加政府举办的"以工代训"培训班，对其进行扶智（志）教育，宣传就业增收脱贫致富的典型，激发他们的内生动力。30 多岁的聋哑人朱澄林，原本劳务市场都不敢去，去了也没人要，只能靠低保和残疾补贴过日子，一直在家里无所事事，是老父亲一辈子的负担。但是自从在扶贫车间通过培训成为一名车工后，每月工资在 2 500 元以上，一条条拉链熟练地从他手中"飞过"，他原本暗淡无光的眼中充满了对美好生活的向往。除了主动吸纳贫困户到扶贫车间就业，我也会多多照顾家庭困难的工人，逢年过节为村里的贫困家庭发放慰问品，第一时间给突发困难的贫困人员提供帮助，及时送上爱心，给他们带去温暖。

目前公司正在朝着年销售 400 万元的目标稳步前进。"让乡亲们学到手艺，让扶贫车间附近所有的贫困人员通过自己的勤劳致富实现脱贫"，这是我的心愿。

【访谈时间】2020 年 6 月 6 日
【访谈方式】网　络
【访谈对象】蔡灿平
【整　理　人】贾东岚　蔡婧娟

彭学诠：
从"打包"中掘得了第一桶金

> 人物简介

彭学诠，女，1963年生，江西省吉安市遂川县雩田镇雩田村人，现任遂川县雩田镇上新手提袋加工厂厂长。

> 人物故事

2001年，为改变家庭贫穷的面貌，我跟随本村村民远赴广东打工。我在广东惠州一家日资企业（广东惠州新流工业有限公司）找到了一份打包员的工作，从最基层做起，认真学习打包技术。我以厂为家，业绩突出，技术精湛，得到了老板的信任和赏识。到2006年，我通过自己的努力成了公司总经理助理，参与公司经营与员工管理，各方面能力素质得到了很大提升，赚到了人生"第一桶金"，也积累了一定的人脉资源。

2007年，由于多年在外无法照顾家里的老人和小孩，我萌生了返乡创业的想法——加工手提袋。我多方奔走，积极争取政府支持，投入了仅有的务工积蓄，历经一年多的准备，于2008年8月创办成立了遂川县雩田镇上新手提袋加工厂。工厂开起来后，我同广东惠州新流工业有限公司老板商量，以分公司的名义争取订单回来生产，产品直接通过总公司出口到日本，顺利解决了产品订单和销路问题。原先雩田村很多劳动力因要照顾老人小孩而无法外出打工，本地就业资源有限，导致他们的经济收入较低。加工厂开办之后，很快吸引了当地村民积极加入，解决了近百人的就业问题。

上新手提袋加工厂在我的悉心管理下，订单不断，销路不愁，营业额逐年攀升，员工工资不断增长，促进了当地大批群众就地就近转移就业，得到了当地政府和群众的充分肯定，社会反响良好。在2016年遂川县开展的首届创业典型评选中，我被评为遂川县"十佳返乡创业之星"，同时被人力资源社会保障部门聘为全县首批创业指导专家服务团成员。

作为返乡创业典型，我时刻不忘带动当地贫困群众脱贫致富。在人力资源社会保障部门的扶持下，上新手提袋加工厂以"帮扶贫困人员及农村富余劳动力就近就地转移就业"为宗旨，大力吸纳周边农村扶贫对象及富余劳动力就业。工厂现有员工119人，其中建档立卡贫困人员20人、残疾人员5人、单亲家庭人员3人。工厂长年生产，保证员工待遇，对新招入的贫困人员和残疾人员在3个月培训期内每月给予保底工资2 000元，熟练员工月收入可达3 000～5 000元，工资发放准时且高于周边企业水平。2016年工厂被评为省人力资源社会保障厅"扶贫示范点"，连续多年被评为县级"扶贫车间示范点"。

【访谈时间】2020年6月9日
【访谈方式】网　络
【访谈对象】彭学诠
【整　理　人】贾东岚　蔡婧娟

舒龙岗：
养殖生态"小虫"的致富人

人物简介

舒龙岗，男，1983年生，江西省南昌市进贤县张公镇铜岭村人。

人物故事

2002年，为了减轻家庭负担，19岁的我放弃了上大学的机会，跟随同乡南下江西赣州在钢结构工地做工。没有学历、没有背景，我只能从最底层的苦工做起。工作中我不怕苦不怕累，虚心求教、认真学习，靠着顽强的意志和坚忍的毅力，从一个苦力小工慢慢成长为30人钢结构建筑工程队的领头人。

事业上的成功让我懂得了能力有多大，责任就有多大，我一直想着能为家乡的建设做点贡献。一次偶然的机会，我接触到了蚯蚓养殖行业。蚯蚓这个小家伙儿能处理畜禽粪污，变废为肥，循环利用，形成良好的生态循环链条，改善生态环境。结合家乡的发展状况，我产生了回乡创业的念头。

2015年春，在得到镇党委政府的支持后，我放弃了在赣州的钢结构工程行业，回到家乡成立了腾越生态科技有限公司，流转60亩土地，投入数百万资金建造蚯蚓养殖基地，与江西农业大学动物科学技术学院的教授协同创新，钻研养殖技术，打造集蚯蚓养殖、畜禽粪便处理、污泥和有机垃圾处理的示范中心。公司紧密结合畜禽养殖产业发展面临的实际问题，利用蚯蚓生物转化畜禽粪便，构建小生物与畜禽养殖良性结合的生态发展模式，每年处理畜禽粪便1.5万吨，生产蚯蚓300吨、高端有机肥4 500吨，年生产总值达600余万元，不仅解决了进贤县畜禽养殖所带来的资源污染问题，还带领全村乡亲致了富。

2018年，我当选村干部后，聚焦村扶贫工作，采取"公司+合作社+农户"的模式，增强贫困户内生动力，为贫困户提供蚯蚓种，教授养殖技术，带动10户精准扶贫户发展蚯蚓养殖业，每户一年创收近3万元，让贫困家庭真正脱贫致富，实现了生态环保与脱贫攻坚的双赢。我还自掏腰包及组织村里其他能人志士修建基础设施。

2020年年初新冠肺炎疫情突发，我始终冲锋在基层疫情防控第一线，协助公安、卫健等部门完成防疫任务。2020年7月，疫情得到控制，可洪魔又来肆虐。在这次洪灾中，公司近十亩的蚯蚓养殖大棚遭受洪水浸泡，损失惨重。但我不顾个人得失，投身张公镇组织的抗洪抢险队，不分昼夜巡查堤坝，对薄弱堤口用沙袋加固加高，安装防浪网。哪个堤口有危险就去哪里。此外，我还捐款捐物为张公镇四个抗洪抢险值守点捐助矿泉水300箱、泡面200箱、面包200箱。

作为共产党员、村干部、返乡创业青年，我会继续用实际行动践行自己当初的承诺，用不悔的青春书写自己奋斗的人生，实现人生价值。

【访谈时间】2020年6月10日
【访谈方式】电　话
【访谈对象】舒龙岗
【整 理 人】贾东岚　蔡婧娟

城归创业 篇

张燕红：
淘宝网上的葡萄店

人物简介

张燕红，女，1980年生，江西省上饶市玉山县四股桥乡车头村人。

人物故事

高中毕业后，怀揣梦想，一身闯劲的我只身来到深圳打工，当过药店店员，开过餐馆，做过服装生意。由于勤奋和经营头脑灵活，我积累了经验和资金。2011年，我回到家乡，和丈夫一道创办了农业公司，开办葡萄园，搞生态立体种植。当年，我投资200多万元，在四股桥乡十七都村租地200亩，种植葡萄，并亮出了"香格里拉葡萄庄园"的牌子。

2013年夏，正值葡萄园丰收之际，一场台风夹着暴雨掀翻了葡萄园中的大部分塑料大棚，2/3的葡萄树被吹倒浸泡在水中，许多即将采摘的葡萄烂在地里，只能倒掉或摘剪下来给鸡吃。但我并没有被台风吹倒摧垮。台风刚过，我就连夜组织劳力清沟排水，扶正葡萄架，加固大棚，抢收可吃可卖的葡萄，把损失程度减到最小。2014年、2015年，我进一步完善了排灌设施，增强了抗旱排涝能力。老天爷也没再为难我，香格里拉葡萄园连续奏响丰收乐曲，葡萄平均亩产达到1 500千克，年收入突破百万元。我终于成功了，实现了青春第一梦！

2013年，我以万丰农业开发有限公司为基础，借党和政府好政策的东风，吸纳106户农民，组建了七里香果业专业合作社，专业种植葡萄、西瓜、草莓、香瓜等水果，目前种植面积已达1 500亩。果业专业合作社成立后，我引导农民改变种植观念和传统生产模式，并实现了种养结合、良性循环、综合利用、生态发展。

为提高公司人员技术水平和专业素质，我带头学习。除看书之外，我还去县农业局向技术员求教，自费去外地学习实践并参加培训班。在县农业局技术员的帮助下，合作社推广了抹芽、摘蕊、绿色防控等葡萄管理新技术，改善了葡萄的品质。此外，我还着力改善生产条件，引进优良品种，保障品种的纯正与口感。2013年七里香果业专业合作社荣获全国农技推广示范基地称号，2014年又成为全国新型职业农民培训实训基地。

创业需要激情，激情是我们年轻人最大的创业资本。八年来，我正是凭借着这股激情，将千亩农庄开发成一年四季有水果蔬菜可摘，集开心农场、垂钓场、儿童乐园等于一体的现代化文化生态庄园。凭借这股激情，我开始走互联网+特色农业之路：在淘宝网上注册葡萄网店，实行网络直销，提高品牌知名度，扩大销路；投资新建中型冷库，错季销售，力求效益最大化。

正因为有了梦想，就有了激情；有了激情，就会去创新、创造；有了创新、创造，踏踏实实地干，梦想就一定能够步步实现。

【访谈时间】2020年6月12日
【访谈方式】网　络
【访谈对象】张燕红
【整 理 人】贾东岚　蔡婧娟

吴朝辉：
让留守妇女老人有活干

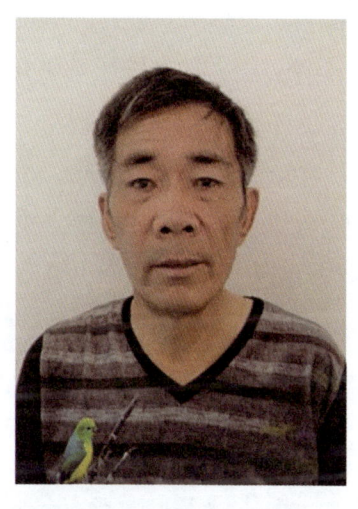

人物简介

吴朝辉，男，1965年生，江西省鹰潭市余江区画桥镇葛家店村人。

人物故事

我和妻子两人慢性病缠身，儿子弱智残疾，我家被列为建档立卡贫困户。为了谋生，我以前也在外打工，学会了做织布箱包的手艺。2019年，村里建起了扶贫车间，我觉得自己年纪大了，在外打工也不是长久之计，在家门口就业可方便照顾家里。于是，回家创业做织布箱包的想法在我心中油然而生。

由于我做事实在、诚信，我承包扶贫车间办工厂的想法得到了大家的支持。在镇、村干部的帮扶下，我筹借 30 万元，购置了机器设备。2019 年 11 月，我向村集体缴纳 5 万元租金，箱包车间正式生产，40 余名当地群众走进厂房，跟着我学习手艺，转身变成了朝九晚五的"上班工人"。

车间的员工多是留守人员，妇女占多数，有老人，还有 5 户贫困户。员工实行计件工资，多的每月能拿到 3 000 多元，少的也有近 2 000 元，还有一位肢残贫困低保户在车间做剪线头工序，每月也能有 1 500 多元的收入。

2020 年 3 月，在帮扶干部的帮助下，我克服了新冠肺炎疫情造成的种种困难，扶贫车间复工复产。车间复工了，防疫不得马虎。为确保有一个安全生产的好环境，每天我都对车间全面做好消毒防疫措施。员工们加班加点赶订单，我既是车间主任又是生产工人，打包、裁料、装车亲力亲为。车间里 30 余台电动缝纫机列队摆开，"哒哒哒"响个不停，每天加工生产 1 000 余个织布箱包发往浙江。

信誉是事业的基石，我认真对待每一笔订单，按时保质完成。如今，我的箱包生意越来越红火，我会带着乡亲们一起增收致富。赶上了好时代，我们要努力奋斗，要靠自己的双手把日子过得越来越好。小康路上我们也是追梦人！

【访谈时间】2020 年 6 月 15 日
【访谈方式】电　话
【访谈对象】吴朝辉
【整 理 人】贾东岚　蔡婧娟

曾存良：
与钢化玻璃结缘

人物简介

曾存良，男，1973年生，江西省赣州市宁都县东山坝镇大布村人，现任汕头市兴良达玻璃工艺实业有限公司法人代表、执行董事。

人物故事

曾存良出生在一个普通的农民家庭，少年丧父，母亲辛苦拉扯大家中几兄妹。1990年，初中毕业的曾存良揣着母亲辛苦为他攒下的100元盘缠，踏上了南下汕头打工的路。从此，汕头这个东南沿海重要的港口城市，就成了曾存良梦开始的地方。

一开始,他进入了桑尼钢化玻璃有限公司,也正是这家公司,让曾存良跟玻璃结下了不解之缘。"那时候年纪小,家里穷,就想着多赚钱,不分昼夜、加班加点地干活",曾存良回忆道。逐渐地,曾存良靠着踏实勤奋,努力肯干,成了大家眼里的"拼命三郎",不仅得到了老板的赏识和信任,也得到了同事工友的肯定和支持,到公司第三年就升任了车间主管。

升任车间主管的曾存良依旧兢兢业业。玻璃生产工艺复杂,有十多道工序,他见缝插针地学习技术,遇到不懂的问题就跟同事交流,向老技术员请教。因平时热情善良、为人厚道,大家也愿意跟他分享,他渐渐成长为一名精通各道工序的技术管理人员。

机会总是垂青有准备的人。1998年,朋友建议曾存良自己创业。他辗转反侧好几天,亲自前往其他工厂调研,了解行业前景。终于,他做出了自己创业的决定:汕头市兴良达玻璃工艺实业有限公司(以下简称"兴良达")成立了。如今,经历了20余年的发展,兴良达已成为一家技术优秀、管理完善的现代化公司,目前有100多名员工,年生产能力达到1 500多万件。

曾存良说,他的名字就是心存善良之意。创业成功后,他开始回馈家乡。他的家乡宁都县是革命老区,脱贫攻坚任务艰巨。为此,他积极带动村民就业,招收了不少建档立卡贫困户;逢年过节回家,他都会给村里的老人买东西,关爱老人、关心邻里,陪他们谈心聊天;他关心村里的公共事业,筹资捐款修建公路,为家乡的发展贡献力量。

【访谈时间】2021年1月18日
【访谈方式】电　话
【访谈对象】曾存良
【整 理 人】魏小平　纪燕玲

城归创业 篇

陈权宝：
靠香芋种植脱贫摘帽

人物简介

陈权宝，男，1972年生，江西省赣州市宁都县石上镇人，现经营宁都县恒泽家庭农场，是石上镇创业致富带头人。

人物故事

陈权宝出生于农村一个再普通不过的家庭，命运坎坷不平，8岁时父亲因肺结核病逝，残疾的母亲带着陈权宝三兄妹苦苦地撑起这个家庭。因家境贫寒，懂事的陈权宝初中毕业便踏上了前往福建的打工之路。由于年纪小又没有什么技术，寻找工作四处碰壁，后来返回家乡种地。深感家庭责任重大的他从不怕苦、不喊累，他深深地感觉到，自己不能和父辈一样做一个墨守成规的农民。在劳作之余，他自己订阅科技类报纸杂志，不断学习，不断充实自己，他种地的收成总是要比边上的农户多。

1996年，陈权宝与同村女子李细秀结了婚。婚后，夫妻二人勤劳努力，并生育一子一女，生活一天天地好起来。

然而天有不测风云。1999年年底，屡感身体不适的陈权宝去医院检查，被确诊脑梗塞，随时都有生命危险。住院三个月后出院，一年不到便花光了家中所有积蓄。因为得了脑梗塞，陈权宝不能干重体力活，不能剧烈运动，身心受到极大的打击，一度出现消极心理。

2015年，村第一书记陈昌栋在走访中发现了陈权宝，经过与他交谈了解情况后，只要有时间就和村书记廖林贞去找他聊天，向其宣传政策，做他的思想工作。最终陈权宝想通了，并且马上行动起来。他多次前往外地考察农业种植项目，2017年在村委干部和帮扶干部的协助下，流转土地320亩，引进了南丰芋农来村里种植香芋，自己也种了5亩，边学技术边发展，当年实现亩产值12 000元，纯利达到8 000元1亩。尝到甜头的陈权宝更有劲了，借助党的扶贫好政策，在乡村干部的帮助下，申请到了扶贫产业贷款，成立了"宁都县恒泽家庭农场"。2018年，陈权宝重新流转土地120亩，开始自己单干，在经营过程中，雇用贫困劳动力30名，解决了贫困户用工问题，实现了年纯收入22万元。2019年，更多的乡亲也加入香芋种植行列中来，12户贫困户和6户非贫困户相继在他的带动下，种植面积5~30亩不等，实现人均收入8 000元，如愿脱贫摘帽。

尽管已经光荣脱贫，但陈权宝依然没有停下致富奔小康的步伐，在治病的同时，考虑到现有的土地资源有限，且香芋必须实行轮作，2021年年初，他决定在周边村继续流转土地，以便规模化种植。同时，作为一个新型产业

项目，陈权宝的愿望是，能带动更多的乡亲尤其是贫困户从事香芋种植，实现创收脱贫。

"只要思想不滑坡，办法总比困难多。"陈权宝相信，在党的扶贫政策指引下，在乡亲们的共同努力下，乡村定将过上美好生活。

【访谈时间】2021年1月16日
【访谈地点】江西省宁都县
【访谈对象】陈权宝
【整 理 人】廖林贞

刘彦文：
独腿青年创业记

人物简介

刘彦文，男，1980年生，江西省九江市德安县丰林镇紫荆村人。

人物故事

刘彦文2004年从部队退役后，成为一名货车司机。天有不测风云，2014年一场交通事故不仅让他失去了左腿，妻子也离他而去，留下年仅8岁的儿子和4岁的女儿与他相依为命。从此，他沉默寡言，萎靡不振，对生活一度失去了信心。

在亲朋好友的开导下，刘彦文重新站了起来，他决心靠自己的双手撑起这个家。于是,他开始辗转广东、福建、河北等地打零工,当过门卫,做过仓库管理员,多年来一直在外漂泊不定。

但造化弄人,2018年11月,刘彦文正在外地务工,家中却传来一个坏消息——他母亲摔断了腿。真是福无双至,祸不单行,这个消息对刘彦文无疑又是一次重创,他不得不辞去工作,返回家乡。

回到家中几天,内心坚强的刘彦文逐渐整理好心情,决定留在家乡创业,他要用事实证明他曾经是一名军人——军人举起手是枪,匍匐是炮,躺着也要当炮台。经过深思熟虑,他决定利用当地的气候及土壤条件种植葡萄,并将这一想法跟村支书进行了沟通。村支书听后眼前一亮,觉得刘彦文很有眼光,立即与村里其他干部商量。几天后,村里就为他协调好了5亩土地,并联系好了葡萄苗。

但搭建葡萄苗生长所必须的葡萄拱棚需要一大笔资金,这一下子成了刘彦文心中的大难题。德安县人力资源社会保障局在了解到他的困难后,立即指定专人主动上门对接,为他发放贷款5万元助其创业。

铲土、起沟、打桩、立柱、拉铁丝,刘彦文一根拐一只脚立在天地间,日夜劳作,在亲朋好友的帮助下,用勤劳的双手完成了一道道工序。葡萄园的拱棚搭起来了,葡萄也挂上了果,看着一排排整齐的大棚和紫红葡萄,刘彦文无比激动地逢人便说:"感谢政府、感谢所有关心帮助我的人们,是他们让我看到了生活的希望,让我感受到了人间真情,让一颗孤独沮丧的心找到回家的路。我一定好好珍惜,用心经营,早日致富,回报社会。"

【访谈时间】2020年12月26日
【访谈地点】江西省德安县
【访谈对象】刘彦文
【整 理 人】夏泽民

吕妙霞：
草莓种植大王

人物简介

吕妙霞，女，1968年生，河南省洛阳市孟津县城关镇孟庄村人。

人物故事

1989年，21岁的吕妙霞离开家乡，和丈夫一起到北京打工。慢慢地从板车到汽车，一辆汽车变几辆汽车，陆续开了3家水果超市，一家人在北京站稳了脚跟。

2008年，吕妙霞发现村里不少人在家没事儿干，日子过得紧巴巴的。2009年春节刚过，她把北京的生意交给丈夫照顾，自己通过考察草莓反季节种植，萌生了种植大棚反季瓜果带领乡亲们致富的想法。此后，吕妙霞成立了种植专业合作社，并对乡亲们开出优惠条件：有资金的可以承包土地，自己建棚、自己管理，合作社在技术上给予大力支持；没有资金的可以租用园区的大棚，等有了效益再给钱；基地周边发展草莓种植的，同样算加入合作社，可以使用合作社的品牌、种苗和技术，统一包装、收购、销售。

经过几年的滚动发展，吕妙霞的高效农业种植基地规模不断扩大，她又成立了洛阳龙浩农业有限公司，采用"公司+合作社+基地+农户"的管理模式，增强帮富带富能力。在孟津、洛阳、三门峡、焦作、济源都有吕妙霞带动发展的农户。截至2020年年底，吕妙霞已累计投资5 000万元，流转承包土地1 200余亩，建设草莓大棚420余个；带动316户农民走上致富路，种植草莓上万亩；带动5 000多人就业，其中妇女占90%，残疾人占8%。为此，吕妙霞被全国妇联授予"全国三八红旗手"荣誉称号。

【访谈时间】2020年11月20日
【访谈方式】网　络
【访谈对象】吕妙霞
【整 理 人】张沐阳

王竹红：
创建魔术第一村

人物简介

王竹红，男，1967年生，山西省长治市武乡县大有乡李峪村人。

人物故事

因家里贫困上不起学，王竹红只念到小学三年级就无奈退学。从卖麻糖到学木匠、铁匠手艺，到后来跟村里人收粮食、卖粮食，王竹红逐渐成为村里的富裕户，他的经济头脑也得到了乡、村干部和村民们的认可。2005年村委换届，他被选举为村委会副主任。2008年秋，王竹红又当选为村党支部书记兼村委会主任。

王竹红从小喜欢魔术表演，自2008年当选村委会主任以来，他自掏腰包几十万元，为村里购置了一批魔术器材，利用自己的魔术特长，教会全村老少变魔术，创建了中国"魔术第一村"。王竹红把自己的兴趣变成了全村人的事业，设计排演了两百多个魔术节目，并多次赴外地演出。除了教授村民魔术表演外，王竹红还带领村干部，积极争取项目、多方筹措资金。他们以打造中国"魔术第一村"为目标，投资300余万元新建1 000平方米村文化活动中心，建成后预计全年可接待游客1万人次，演出200场次，门票收入可达50万元，仅演出一项户均可增收3 000元。

【访谈时间】2020年11月27日
【访谈方式】网　络
【访谈对象】王竹红
【整 理 人】张沐阳

胡应祥：
脱贫路上的追梦人

人物简介

胡应祥，男，湖南省怀化市芷江侗族自治县大树坳乡小思乐村人。

人物故事

胡应祥从小就目睹了甜茶护佑当地侗族同胞健康的种种神奇和自己长期饮用甜茶的效果，渐渐地萌发了将甜茶做成商品入市，护佑更多人健康的梦想。但是，这对一个长期生活在贫困村，只有小学文化，连温饱都成问题的农民来说，堪比登天还难。

1995 年秋，胡应祥的梦想迎来了转机，他被推选为小思乐村村委会主任，为了帮助乡亲们脱贫和发展集体经济，他带领大家种烤烟、栽葡萄、搞养殖，并暗自思考着甜茶的产业开发。他不顾家人的劝阻，踏上了调查甜茶资源的漫漫山路，毅然搬到了方圆十里无人烟，饮水要到山脚挑、照明要用松脂油的茶场，住进了四处透风漏雨的破木屋，而且一住就是近5年。为了不把发展甜茶产业的负担和风险带给村集体，他执意辞去了村委会主任职务。

2000年的春天，胡应祥向工商局提交了"大树坳"甜茶商标注册申请和"芷江野生甜茶厂"营业执照注册申请，经历艰辛，终获新食品原料许可。如今，他开荒种植甜茶3 100余亩，与609户茶农签约，其中贫困户403户，将沉睡侗乡深山千年的甜茶做成了走俏市场的宝贝，成为乡亲们稳定的收入来源。他用实际行动践行了习近平总书记精准扶贫的重要指示精神，谱写了一曲带领侗乡同胞发展甜茶产业脱贫致富的新篇章。

【访谈时间】2020年11月30日
【访谈方式】网　络
【访谈对象】胡应祥
【整理人】韩　巍

本书因篇幅所限,未能将此次征选到优秀农民工口述脱贫案例一一收录,请大家扫描二维码登录中国劳动学会微信公众号,我们将陆续在公众号上登载相关案例,敬请期待!

后记

  在去年扶贫攻坚战犹酣中，2020位农民工口述脱贫一经推出，就得到亿万农民工关注和多方支持，大数据嵌入的效果超乎想象，人力资源社会保障部主要分管领导、国务院农民工工作领导小组办公室、人力资源社会保障部扶贫办公室和农民工司、国务院扶贫办公室给予积极指导，提出建设性意见和真挚帮助，中国劳动社会保障出版社精心编辑，研究出版社、中国口述史研究中心等精诚合作，人民日报人民网、新华财经、新华信用、中国劳动保障报社等，从始至终都给予具体深入的报道……这些点点滴滴都在创造人间奇迹中历史留痕，实录2020位农民工"切片"中自己也留痕。重庆农民工博物馆已将"样书"永久收藏，国务院农民工工作领导小组办公室将其中的全国优秀农民工已建立信息库、人力资源社会保障部农民工司将给予持续指导和帮助，使"切片"中每一位农民工都能像"网眼"一样受到网络关注又反映网点信息，所列名录中的动人故事将得到持续"挖掘"，让大数据将我们联结在一起，让助力农民工脱贫将我们在乡村振兴的大道上持续发展紧紧联结在一起。